FRANCE.

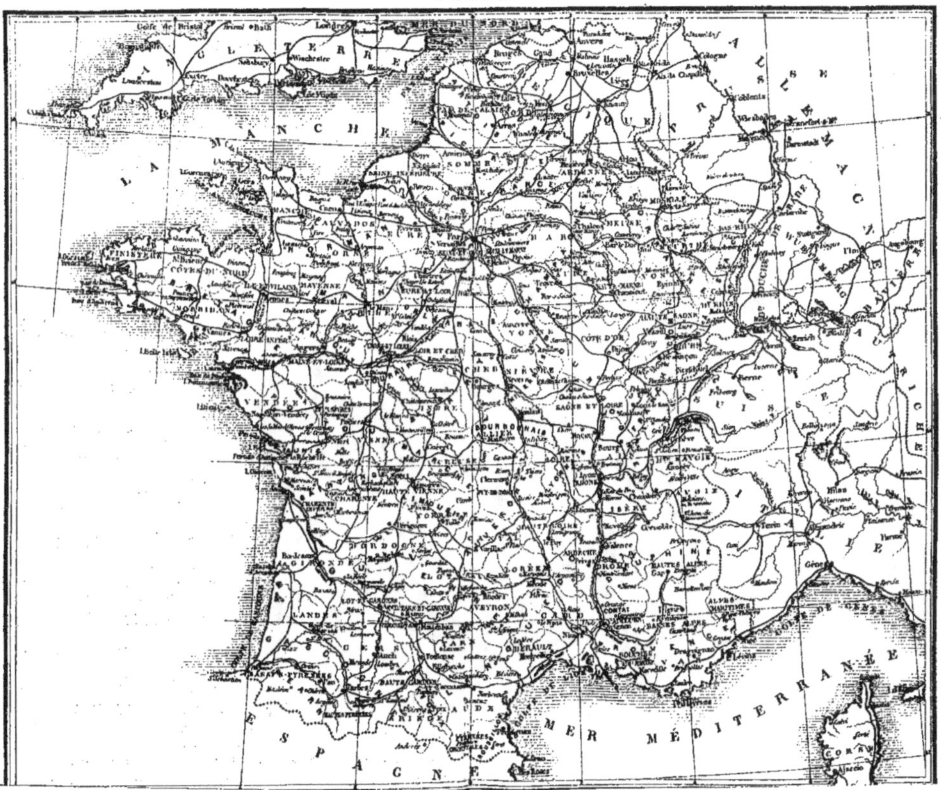

AGENDA DE POCHE

DE

L'INDUSTRIE TEXTILE

A L'USAGE DE

MM. les FILATEURS, FABRICANTS de TISSUS
TEINTURIERS, APPRÊTEURS
CONTRE-MAITRES et EMPLOYÉS de ces Industries

PAR

H. SPENLÉ, Ingénieur

AVEC LA COLLABORATION DE

L. BIPPER, Professeur de Filature et Tissage

3e Édition revue et augmentée

TOUTE TRADUCTION OU REPRODUCTION INTERDITE

PARIS

H. SPENLÉ, INGÉNIEUR

BUREAU TECHNIQUE

70 — RUE LAFAYETTE — 70

TABLE DES MATIÈRES

	Pages
Note de l'auteur	9

PREMIÈRE PARTIE
MATIÈRES TEXTILES D'ORIGINE ANIMALE.

Soie. — Bombyx du mûrier, Bombyx du ricin, Bombyx de l'ailante, Bombyx du chêne 10

Laine. — Propriétés de la laine, qualités suivant les races, laines de France, laines d'Angleterre, laines de Russie, laines d'Allemagne, laines de Hongrie, laines d'Italie, laines d'Espagne, laines de Perse, laines des Indes orientales, laines d'Algérie, laines du Cap, laines de l'Amérique du Sud, laines d'Australie 11

Cachemire. — Poils de chèvre, poils de Lama, Alpaga, Vigogne, poils de chameau 12

MATIÈRES TEXTILES D'ORIGINE VÉGÉTALE.

Coton. — Propriété du coton, classement, qualités suivant les lieux de production 13

Lin. — Propriété du lin, classement, qualités suivant les lieux de de production 13

Chanvre. — Propriétés du chanvre, classement, qualités suivant les lieux de production 13

Jute. — Propriété du jute, classification, qualités suivant les lieux de production 13

Phormium. — Propriétés du phormium, classement, qualités suivant les lieux de production 14

Ramie. — Propriété de la ramie, classement qualités suivant les lieux de production 14

DEUXIÈME PARTIE
PRINCIPES DE FILATURE.

Cardace 15
Étirage 15
Doublage 15
Écartements 17
Pression 17
Torsion 18

TROISIÈME PARTIE
TITRAGE DES FILS.

Titrage français du coton. — Tableaux des poids en grammes d'un écheveau de coton 19

Titrage anglais du coton 19

Tableau des poids en grammes d'un écheveau pour un poids constant de 500 grammes 20

Titrage français de la laine peignée. — Reims, Nord, Alsace 20

Tableau comparatif des numéros anglais et des numéros français 21

Tableau comparatif des numéros français et des numéros anglais 21

Pages.

TRAGE FRANÇAIS DE LA LAINE CARDÉE. — Reims, Elbeuf. 22
TRAGE ANGLAIS DE LA LAINE. 22
TRAGE DU LIN 22
TRAGE DU CHANVRE, JUTE ; PHORMIUM 22
TRAGE DE LA SOIE 22
TRAGE DE LA BOURRE DE SOIE 22
TRAGE CONVENTIONNEL. 22

CONDITIONNEMENT.

EPRISES POUR LES MATIÈRES TEXTILES 23
UREAUX DE CONDITIONNEMENT 23

QUATRIÈME PARTIE.

FILATURE DE LA LAINE PEIGNÉE.

RIAGE 24
ESUINTAGE. 24
ÉGRAISSAGE (Rendement) 24
ÉCHÀGE ET ENSIMAGE. 25
ARDAGE 25
ABLEAU DES VITESSES D'UNE CARDE, RÉGLAGE, DÉFAUTS, DÉBOURRAGE,
    AIGUISAGE, PRODUCTION. 26
r ÉTIRAGE 26
ISSAGE. 26
e ÉTIRAGE. 28
EIGNAGE. — Vitesse, production, réglage de différentes peigneuses. . 28
ILLBOX. — Vitesse et production. 31
TIRAGE 31
OBINOIRS 32
ABLEAUX DONNANT LES DISPOSITIONS D'UN ASSORTIMENT DE PRÉPARATION . . 33
ABLEAU DONNANT LE NUMÉRO DES MÈCHES AUX MACHINES DE PRÉPARATION . 33
ALCULS DES ÉTIRAGES ET DES PRODUCTIONS AUX MACHINES DE PRÉPARATION. 34
ILAGE. — MÉTIERS renvideurs, fonctionnement, réglage, calculs pro-
    duction et torsion, MÉTIERS continus à anneaux, fonctionnement pro-
    duction et torsion 34

CINQUIÈME PARTIE.

FILATURE DU COTON.

ÉLANGES 40
MPLOIS DES DIFFÉRENTES QUALITÉS DE COTON 40
UVREUSES ET BATTEURS 40
ABLEAUX DES VITESSES DES OUVREUSES ET BATTEURS. REGLAGE, DÉFAUTS,
    PRODUCTION. 42
ARDAGE 43
ABLEAUX DES VITESSES DES CARDES, RÉGLAGE, DÉFAUTS, PRODUCTION . . 44
ANCS D'ÉTIRAGE. — Vitesses et production 45
EIGNAGE. — Vitesses et productions 47
ANCS A BROCHES. — Fonctionnement, calculs, réglage, production et
    emploi des bancs à broches. 48
ILAGE. — MÉTIERS continus à anneaux, fonctionnement, production et
    torsion, MÉTIERS renvideurs, fonctionnement, réglage, calculs,
    production et torsion. . . . . 52 à 54

SIXIÈME PARTIE.

PRINCIPES DE TISSAGE.

RMURES FONDAMENTALES. — Toile, batavias, sergés, satins, satins
    réguliers, satins irréguliers. 55

Pages.

ARMURES, DESSINS. 60
ÉTOFFES DAMASSÉES ET FAÇONNÉES. 61
REMETTAGE. — Remettage suivi, à pointe et retour, sauté, interrompu,
    à paquets, à plusieurs corps 61
COMBINAISONS D'ARMURES 66
PRINCIPES de la mécanique Jacquard 71

SEPTIÈME PARTIE.

TISSAGE MÉCANIQUE DE LA LAINE.

BRUISSAGE. 73
BOBINAGE. — Bobinoirs à bobines horizontales, bobinoirs à bobines
    verticales, vitesses et productions. 73
OURDISSAGE. — Vitesse et production 75
OURDISSAGE DIRECT 76
ENCOLLAGE. — Encollage à la gélatine, à la fécule, comparaison et prix
    de revient, vitesses et production. 76
REMETTAGE OU RENTRAGE ET NOUAGE. — Production. 78
MÉTIERS A TISSER. — Marche générale, réglage, défauts, calculs, pro-
    duction et vitesses, mouvement des lames, tracé des excentriques
    pour toile, pour batavias, sergés, satins et armures diverses, mou-
    vement des lames par tambours par mécaniques d'armures, MÉTIERS
    à plusieurs navettes 78
MANUTENTION APRÈS TISSAGE. 89

HUITIÈME PARTIE.

TISSAGE MÉCANIQUE DU COTON.

BRUISSAGE. 96
BOBINAGE. — Vitesse de la production. 96
OURDISSAGE. — Vitesses et production, ourdissoir casse-fils 96
PARAGE ET ENCOLLAGE. — Encolleuse à tambours et encolleuses à air
    chaud. Recettes de parage et d'encollage, productions 97
REMETTAGE OU RENTRAGE ET NOUAGE. 100
MÉTIERS A TISSER. — Vitesses et production 100

NEUVIÈME PARTIE.

ÉTABLISSEMENT DE FILATURES ET TISSAGES, COMPTABILITÉ.

Filature.

DISPOSITION des bâtiments d'une filature de laine 101
DÉTERMINATION des prix de revient 101
COMPOSITION d'un peignage de laine. 102
PRIX de revient d'un peignage à façon. 103
COMPOSITION d'une filature de laine peignée proprement dite 104
PRIX de revient d'une filature à façon. 104
DISPOSITION des bâtiments d'une filature de coton. 106
COMPOSITION d'un assortiment d'une filature de coton pour nᵒˢ ordin. 106
   —   —   —   —   —   mi-fins. 107
                                 —   —   fins . . 107
PRIX de revient d'une filature de coton 108

Tissage.

COMPOSITION d'un tissage 109
PRIX de revient de tissage 109
DÉCOMPOSITION de tissus. — Face d'endroit, Sens de la chaîne, Contex-
    ture du tissu, nature des fils employés, moyen de reconnaître la
    nature des fils, compte et réduction, raccourt, retrait, ourdissage,
    montage, duitage. 109

Pages.

PRIX de façon. — Frais généraux, frais de montage, frais de main-d'œuvre, prix de la matière première, déchet. 109
PRIX de revient d'un tissu mérinos 111
PRIX de revient d'un calicot 113
COMPOSITION des principaux genres de tissus de laine et de coton . . .
TISSUS à croisures. — Formules pour déterminer le rapport entre les croisures, les fils et les duites, tableau donnant le rapport pour différentes croisures 116

DIXIÈME PARTIE.

MATHÉMATIQUES.

CIRCONFÉRENCES et cercles 120
LONGUEUR des arcs, cordes et hauteur des arcs dont le rayon = 1. . . 125
LIGNES trigonométriques naturelles. 126
CARRÉS, cubes, racines carrées, racines cubiques, longueurs et surface des circonférences construites sur ces nombres comme diamètres 127
TRANSFORMATION des pentes métriques en degrés d'inclinaison et vice-versa 130
RACINES carrées et cubiques de quelques fractions 131
RACINES et puissances du nombre π 131
CALCUL des intérêts. 132
AMORTISSEMENT 133
FORMULES de géométrie. 134

ONZIÈME PARTIE.

POIDS DES MÉTAUX.

POIDS, par mètre carré, de feuilles de divers métaux 136
POIDS en kilogrammes de 1 mètre de tuyaux de différents calibres (en fer étiré) 136
POIDS par mètre courant des fers à section rectangulaire. 137
POIDS des tuyaux de fonte par mètre courant, en kilogrammes 140

DOUZIÈME PARTIE.

VAPEUR ET CHAUDIÈRES A VAPEUR.

UNE ATMOSPHÈRE mesurée par la hauteur d'une colonne de mercure . . 140
UNE ATMOSPHÈRE mesurée par la hauteur d'une colonne d'eau 141
PRESSION de l'atmosphère sur des airs données 141
CHEVAL-VAPEUR 141
QUANTITÉ d'eau à injecter pour la condensation 141
SURFACE de chauffe des chaudières 141
HAUTEUR des cheminées. 141
ÉPAISSEUR des chaudières. 141
VITESSE du piston. 141
TABLES donnant les dimensions des tuyaux à vapeur, des chaudières et cylindres à vapeur 142
TEMPÉRATURE de fusion 143
TRANSFORMATION de 1 kilogramme d'eau en vapeur saturée de même température, d'après la théorie mécanique de la chaleur 144
POINTS d'ébullition 144
TABLE des vitesses d'écoulement de la vapeur d'eau. 145
VITESSES d'écoulement de la vapeur d'eau saturée sèche 145

Pages.

TREIZIÈME PARTIE.

DÉCRETS ET RÈGLEMENTS SUR LES CHAUDIÈRES A VAPEUR.

MESURES de sûreté relatives aux chaudières placées à demeure 146
ÉTABLISSEMENT des chaudières à vapeur placées à demeure 148
CHAUDIÈRES locomobiles 149
CHAUDIÈRES de machines locomotives 150
RÉCIPIENTS 150
DISPOSITIONS générales 151

QUATORZIÈME PARTIE.

LOIS OU DÉCRETS CONCERNANT LES ENFANTS DANS LES MANUFACTURES.

AGE d'admission. — Durée du travail 153
TRAVAIL de nuit, des dimanches et jours fériés 153
TRAVAUX souterrains 154
INSTRUCTION primaire 154
SURVEILLLANCE des enfants. — Police d'atelier. 154
INSPECTION 155
COMMISSIONS locales. 156
COMMISSIONS supérieures 156
PÉNALITÉ 156
DISPOSITION spéciale 157

QUINZIÈME PARTIE.

MESURES, POIDS ET MONNAIES.

MESURES et poids 158
CONVERSION des mesures étrangères en mesures françaises et réciproquement 159
VALEUR, poids et diamètres des monnaies françaises. 163
VALEURS au pair des principales monnaies étrangères. 164

SEIZIÈME PARTIE.

RENSEIGNEMENTS UTILES.

PAYS compris dans l'union postale. 166
TAXE, poids et dimensions des lettres, imprimés, etc 166
TIMBRES-POSTE, enveloppes et bandes timbrées. 167
MANDATS-POSTE 168
BONS de poste, valeurs déclarées, valeurs à recouvrer. 168
COLIS postaux en France, et de France à l'étranger 169
PETITS PAQUETS 170
TARIF des télégrammes et mandats télégraphiques 171

SUPPLÉMENT DE L'ÉDITION 1887

DIXIÈME PARTIE
Laine Cardée.

	Pages.
Filature des laines cardées.	110 *bis*

ONZIÈME PARTIE
Soie,

Étouffage	123 *bis*
Triage.	123 »
Filature.	123 »
Moulinage	124 »
Force motrice. — Personnel. — Coût.	124 »
Devis de l'établissement d'un moulinage.	124 »

DOUXIÈME PARTIE
Déchets de Soie.

Battage	125 *bis*
Nappage.	126 »
Grande mise en pointes	127 »
Peignage.	128 »
Petite mise en pointes.	129 »
Étalage. — Nappage	130 »
Filature	131

TREIZIÈME PARTIE
La Ramie.

Dégommage et désagrégation des fibres	
Peignage et Cardage.	
Blanchiment.	
Filature.	
Teinture.	
Tissage.	132 *bis*

QUATORZIÈME PARTIE
Tricotteuse mécanique.

Machine à tricotter.	133 *bis*

QUINZIÈME PARTIE
Lin, Chanvre et Jute.

	Pages.
Lin	135 *bis*
Peignage	135 »
Étoupes	133 »
Jute	138 »
Produit et calcul du numéro	132 »
Filature	140 »
Torsion	141 »
Tableau des torsions par pouce et décimètre des numéros de fil pour tissage, les plus usités	142 »
Tableau du numérotage	143 »

COMPTOIR DE L'INDUSTRIE

BUREAUX & MAGASINS   **MAGASIN D'EXPOSITION**

1, rue de la Grue   **10, rue Cérès**

REIMS

FONDÉ EN 1870

MAISON SPÉCIALE POUR LES ACCESSOIRES

DES INDUSTRIES TEXTILES

MONOPOLE DE VENTE

DES PARCHEMINS, PAPIERS, DRAPS, MANCHONS, CORDES, COTON

à broches, à tambours et scrolls, des premières fabrications

COURROIES DE TRANSMISSION & CUIRS

Caoutchouc appliqué à tous les emplois industriels

NOUVEAU TAQUET DE MÉTIER A TISSER, EN BUFFLE

B. S. G. D. G. LÉGÈRETÉ ET GRANDE DURÉE

CUIR POUR CHASSE-TAQUET

Tannage à fond, reconnu pour le tissage supérieur à tous autres.

NAVETTES, BROCHES ET TOUTES PIÈCES DÉTACHÉES POUR PEIGNEUSES
ÉTIRAGE, BANCS A BROCHES ET BOBINEAUX
MÉTIERS A FILER SELF ACTING ET MÉTIERS A TISSER, ETC.

Quincaillerie spéciale pour Usines, Outillage, Machines Outils

L. TOURNEUX, LAURENT & Cie

1, rue de la Grue, REIMS

Envoi des Catalogues et Albums sur demande.

Note de l'Auteur-Éditeur

L'étranger étant, depuis longtemps, doté de documents simples et pratiques (sous forme d'Agendas de poche) et propres à faciliter ses travaux, nous avons voulu, sans toutefois dépasser les dimensions restreintes du Carnet de poche, présenter à nos industriels tous les éléments capables d'aider ou de fournir des données précises à leurs directeurs, contremaîtres et employés.

Chaque année nous traiterons un ou plusieurs sujets nouveaux et nous nous efforcerons d'y introduire une foule de renseignements indispensables et en rapport avec les progrès constants des sciences et de l'industrie; ce sera toujours avec la plus vive gratitude que nous recevrons toutes communications susceptibles d'aider ou de compléter notre œuvre de vulgarisation.

Nous pensons que ce modeste ouvrage atteindra le but que nous nous sommes proposé.

Nous espérons que par nos soins et notre empressement à produire des documents essentiellement pratiques et tout d'actualité, notre Agenda des filateurs et tisseurs deviendra en quelque sorte le vade-mecum de tout ceux qui s'occupent de l'industrie textile.

H. SPENLÉ.

PREMIÈRE PARTIE.

MATIÈRES TEXTILES D'ORIGINE ANIMALE

1° Soie

La soie est le brin avec lequel les chenilles du genre Bombyx construisent le cocon qui leur sert d'abri pour se transformer en papillons ; elle est sécrétée par des glandes situées près de la mâchoire, sort à l'état liquide d'une espèce de filière et se durcit au contact de l'air. La chenille éclot au printemps d'œufs pondus l'année précédente. On emploie actuellement la soie de plusieurs Bombyx que l'on distingue suivant le genre de nourriture qu'ils absorbent.

1° Bombyx du mûrier. — Il est originaire de la Chine qui en a long-temps conservé le monopole, et actuellement on l'élève en Chine, au Japon, au Bengale, et dans les différentes contrées du midi de l'Europe. La chenille se nourrit exclusivement des feuilles du mûrier et vit à l'état domestique dans des établissements spéciaux appelés Magnaneries.

La soie fournie par ce Bombyx est la plus brillante et la plus fine, mais sa qualité varie suivant les races.

La race chinoise dite Sina de Hêde produit des cocons petits d'un grain très fin et des brins très recherchés pour les travaux exigeant des soies fines. La race japonaise a beaucoup d'analogie avec la précédente, la longueur de ses brins est de 350 mètres environ. La race milanaise jaune produit des cocons généralement gros, dont les brins de quelques-uns atteignent une longueur de 800 à 1.000 mètres. Les cocons moyens de cette race fournissent des brins propres à toute industrie mettant en œuvre la soie.

La race française des Cévennes est de bonne qualité et croisée avec la race Sina produit une soie très régulière, propre à la confection des blutoirs pour la meunerie.

La finesse des brins de soie varie 0,018 à 0,055 de millimètre, ce qui correspond à une longueur de 5 millions de mètres au kilogramme, quant à **sa résistance** elle est double de celle d'un fil de fer de même grosseur.

Nous résumons dans un tableau la **production de soie grège** des principaux pays éleveurs :

CONTRÉES	1877	1879	1881
France	872,000	225,000	800,000
Italie	1 500,000	1,276,000	3,500,000
Espagne	66,000	40,000	60,000
Turquie d'Europe	122,000	136,000	130,000
Syrie	140,000	171,000	150,000
Chine (exportation)	3.675,000	4,105,000	3,500,000
Japon	1,101,000	1,000,000	1,000,000
Indes	671,700	240,000	250,000

Avant 1850 tous les produits appartenaient à la race des cocons jaunes de 2me qualité, mais depuis la maladie des vers la fabrique s'est surtout attachée à la fantaisie et nos éleveurs français qui déjà produisaient moins ont eu à supporter la concurrence étrangère. La production annuelle en France, qui avait été en progression jusqu'en 1853, époque de la maladie des vers à soie, où elle s'est élevée à 1,900.000 kilos, est descendue en 1876 à 155,000 kilos, pour se relever ensuite à 800,000 kilos grâce aux travaux remarquables de M. Pasteur qui, à la suite de recherches laborieuses a pu indiquer les remèdes à apporter.

2° Bombyx du ricin originaire de l'Inde.

3° nombyx de l'ailante ou vernis du Japon, originaire du Japon.
4° Bombyx du chêne (Yama-Maï) originaire du Japon.

Ces bombyx vivent à l'état libre, sur ces arbres mêmes qui paraissent prospérer dans presque tous les terrains ; leur éducation est donc très facile. Malheureusement la soie est beaucoup plus grossière et le cocon est presque impossible à défiler ; les dissolvants employés pour dissoudre la matière cireuse des brins n'agissant que très imparfaitement. Cependant ils peuvent être employés et filés comme Bourre de soie.

2° Laine.

La laine est le produit particulier du mouton, elle se distingue du poil par sa finesse et les sinuosités qu'elle présente sur sa longueur, en sorte que vu au microscope un brin de laine paraît recouvert d'écailles. Cette conformation du brin explique le toucher rugueux et la propriété de cette matière de **feutrer**, c'est-à-dire de former des étoffes sans le secours de la filature et du tissage. La laine est sécrétée par des espèces de glandes sous-cutanées et sort à travers les pores de la peau qui lui sert de filière, aussi présente-t-elle de nombreuses variétés non seulement suivant les races, mais encore suivant les positions qu'elle occupe sur le dos de l'animal. En même temps que cette laine, est sécrétée une matière jaunâtre appelée **Suint** composée de carbonate de potasse, de matières grasses (oléine, stéarine, etc.) et de matières terreuses. La quantité de suint dont les laines sont chargées est très variable, toutes choses égales d'ailleurs, elle augmente avec la finesse des brins, elle donne aux laines les plus fines une coloration jaune-brun sale et aux plus communes une teinte légèrement jaunâtre. Or, il est très important de pouvoir apprécier le degré de pureté de la laine et, par suite, le rendement dont elle est susceptible, rendement qui a une grande influence sur sa valeur. En général, la quantité de suint est de 20 p. c. pour les laines ordinaires, et peut atteindre jusqu'à 75 p. c. pour les laines extra fines. Une partie de ce suint (sels de potasse) est soluble dans l'eau froide, c'est ce qui donne lieu dans le commerce à deux états principaux de laine, 1° laines en suint, 2° laines lavées à dos.

La qualité des laines varie non seulement suivant les climats et les races, mais même suivant les pâturages, cependant grâce à des croisements intelligents on est arrivé à améliorer sensiblement les qualités dans les différentes contrées, et c'est la race **Mérinos** importée d'Espagne qui a servi à cet effet.

Le mérinos pur a le corps bien développé, couvert d'une laine serrée fine nerveuse et frisée, il pèse de 16 à 24 kilos et sa toison lavée à dos pèse de 800 à 1,500 grammes.

La petite race indigène des Ardennes de la Bourgogne, du Berry, de la Sologne, du Midi fournit des moutons de 15 à 20 kilogrammes et leur toison à brins généralement courts, pèse en suint de 1 à 2 kilogrammes.

La grande race indigène de Picardie, de la Flandre, de la Normandie fournit des moutons de 30 à 50 kilogrammes et des toisons de 2 à 5 kilogrammes à brins longs en suint.

Ces races croisées avec les races étrangères, Mérinos, Dishley, etc. ont produit d'excellents résultats.

La laine est d'autant meilleure que ses brins sont plus égaux entre eux en longueur et en épaisseur, qu'ils ont plus de finesse, de force, de souplesse et d'élasticité ; la finesse du brin varie de 16 à 66 millièmes de millimètres ; quant à sa longueur elle varie de 4 à 5 centimètres jusqu'à 25 et 30.

La laine peut alors être divisée en deux catégories : 1° laines courtes ou laines à carde qui doivent fournir beaucoup d'ondulations et servent à la fabrication des étoffes foulées ; 2° laines longues dites laines à peigne qui s'emploient pour les tissus ras.

En France les laines sont en général assez estimées ; ainsi nos laines fines de la Champagne, de la Brie, de la Bourgogne sont douces, soyeuses, nerveuses et servent, aussi bien comme laines à carde que comme laines à peigne. Les laines longues du Soissonnais, de la Picardie, de la Flandre et de la Normandie s'emploient comme laines à peigne. Les autres provenances fournissent des laines de qualité inférieure qui sont utilisées dans la fabrication des tissus ras, des draperies communes, couvertures, feutres, etc.

On évalue à 24 millions environ le nombre de têtes de moutons élevés en France. La production de laine étant de beaucoup inférieure à la quantité nécessaire à l'alimentation de l'industrie, il a fallu s'adresser aux pays étrangers pour obtenir le supplément qui varie de 300 à 350 millions de francs annuellement.

L'Angleterre fournit des laines longues, nerveuses et brillantes, telles que la race Dishley, Cheviot et New-Kent, et des laines courtes rudes et grossières telles que la race South-Down.

La Russie fournit plusieurs variétés, en première ligne la race Negretti (Pologne) à toison très fine ; les provenances d'Odessa sont de qualité moyenne ; on les utilise pour la draperie.

L'Allemagne se distingue surtout par ses laines de Saxe, douces, soyeuses, fines et qui peuvent servir aussi bien pour les tissus ras que pour les tissus foulés.

La Hongrie fournit de très belles qualités de Mérinos.

L'Italie ainsi que les provinces du Levant produisent des laines longues, blanches et fermes employées pour draperie, couvertures, etc.

L'Espagne qui avait considérablement dégénéré se relève actuellement ; ses laines de la province de Léon et de Ségovie sont fortes et nerveuses.

La Perse fournit des laines longues qui s'emploient dans les tissus qui ont besoin de soutien et de brillant.

Les Indes orientales produisent des laines d'assez bonne qualité employées dans la fabrication des tissus ras.

L'Algérie produit des laines d'assez bonne qualité, elles sont sèches, lourdes et, par suite du manque de soins, elles sont souillées de sable et de chardons.

Le Cap de Bonne Espérance fournit des laines de mérinos espagnols de bonne qualité.

L'Amérique du Sud (République Argentine) a développé considérablement l'élevage du mouton et amélioré la qualité des toisons qui étaient chargées de gratterons. La Plata, Monte-Video et Buenos-Ayres expédient annuellement de 30 à 35 millions de kil. de laine.

L'Australie produit depuis les laines ordinaires jusqu'aux plus fines, on les emploie aussi bien dans la fabrication des tissus ras que pour la draperie fine, sa production tend toujours à s'accroître, elle est actuellement de 320 à 330 millions de livres anglaises.

Outre les différents types énumérés ci-dessus, on emploie encore seuls ou mélangés avec d'autres matières des poils et duvets d'animaux, tels que :

Le Cachemire, poil d'une certaine race de chèvre originaire, soit du Thibet, soit des monts Ourals, est une des matières les plus souples dont l'industrie dispose, aussi l'emploie-t-on dans la fabrication d'étoffes spéciales, telles que châles, cachemire, robes haute nouveauté. Il n'est pas comme la laine enduit de suint, mais il est mélangé à quelques impuretés qu'une eau de savon enlève facilement, il est arraché sur la peau de l'animal vivant et contient une certaine quantité de poils jarreux.

Le duvet de cachemire varie de ton et de nuance du blanc au gris plus ou moins foncé ; c'est celui du Thibet qui est le plus blanc et le plus estimé.

Les poils de Chèvre Angora sont longs, blancs, soyeux et mélangés de duvet ; ils sont originaires de l'Anatolie et des provinces du Levant.

Les poils de Lama, d'Alpaga et de Vigogne sont originaires des Cordillères des Andes (Amérique du Sud). Le Lama et l'Alpaga sont des animaux domestiques, ils ont des toisons abondantes, un pelage noir, brun ou blanc et un poil généralement doux. Le Vigogne vit à l'état sauvage et fournit une toison rousse et d'une grande finesse.

Les poils de Chameau sont longs et irréguliers, généralement durs, mais ils sont mélangés avec un duvet très fin, susceptible de donner de beaux produits. Ils proviennent de l'Inde, de la Perse, de l'Arabie et de l'Afrique.

MATIÈRES TEXTILES D'ORIGINE VÉGÉTALE.

1° Coton.

Le coton est le duvet qui entoure la graine contenue dans les gousses d'un arbre ou arbuste appelé Cotonnier. Cet arbre est cultivé dans les climats chauds et principalement dans les Etats-Unis, les Indes orientales et occidentales, la Chine, l'Amérique du Sud, l'Egypte, les provinces du Levant, etc.

Les qualités de coton varient suivant les lieux de production et parmi ces qualités, la principale est la longueur de la fibre qui de 10 millimètres pour le Japon, va jusqu'à 45 et 50 pour le Georgie extra. Aussi a-t-on classé les cotons en deux catégories comprenant 1° les cotons, longue soie dont la longueur des filaments varie de 25 à 50 millimètres. Et les cotons courte soie dont la longueur des filaments est inférieure à 25 millimètres.

Parmi les longue soie se trouvent les Georgie, longueur de 20 à 40 millimètres, le Jumel originaire de l'Egypte, longueur de 28 à 45 millimètres. Le Bourbon, Cayenne, Martinique, etc.

Parmi les courte soie se trouvent par ordre de qualité, le Louisiane, l'Alabama, Mobile, Tennessée, puis les cotons des provinces du Levant, des Indes et du Japon.

Pour une même origine les qualités sont variables, ce qui a nécessité l'adoption de classements établis sur les principaux marchés cotonniers, tels que Liverpool, le Havre, Marseille, Anvers, Amsterdam; ces classements servent alors de base aux transactions commerciales.

2° Lin.

Le lin est une plante de la famille des Linées, sa tige est grêle, elle atteint 60 à 80 centimètres. Il peut être cultivé dans tous les pays et la matière textile, désignée sous le nom de *filasse*, se trouve dans le liber de la tige comprise entre l'écorce et la partie ligneuse.

Les lins les plus estimés sont ceux de Belgique (Gand, Malines, etc.,) et ceux de France, principalement du Nord et du Pas de Calais. La Russie, la Hollande et l'Italie produisent aussi de bonnes qualités de lin.

La longueur de ces filaments varie de 3 à 7 millimètres pour fibres courtes, et de 35 à 40 millimètres pour fibres longues : leur diamètre varie de 1/50 à 1/140 de millimètre.

3° Chanvre.

Le chanvre a beaucoup d'analogie avec le lin, mais ses filaments sont plus grossiers, c'est une plante de la famille des Urticées dont la tige atteint jusqu'à 2 mètres de hauteur. Il peut être cultivé sous tous les climats, mais les pays producteurs sont principalement la France, l'Italie, la Russie et l'Allemagne.

La longueur de ses filaments varie de 5 à 55 millimètres, leur diamètre varie de 1/40 à 1/70 de millimètre.

4° Jute.

Le jute se trouve dans la tige d'une plante exclusivement cultivée dans les Indes, nous en importons annuellement une assez grande quantité qui est filée dans les départements du Nord et de la Somme. Ses filaments qui ont une longueur de 12 millimètres environ sont très irréguliers, diamètre 1/33 à 1/100 de millimètre et peu élastiques, ils ont, en outre, l'inconvénient de se désagréger très facilement à l'humidité, aussi l'emploi le plus fréquent de cette matière est-il dans la fabrication de tapis, étoffes d'ameublements, cordages, etc.

5° Phormium.

Le phormium ou lin de la Nouvelle Zélande, est une matière textile que l'on retire des feuilles battues, tordues et lavées d'une plante qui vient dans tous les pays chauds. Ses fibres sont blanches, soyeuses et régulières sur leur longueur, mais, comme celles du jute, elles se désagrègent facilement à l'humidité, l'emploi de ce textile en France est moins répandu que celui du jute, bien qu'il soit susceptible de produire des fils et des tissus plus fins que le premier. La longueur de ses filaments ne dépasse pas 12 millimètres, leur diamètre varie de 1/50 à 1/120 de millimètres.

6° Ramie.

La ramie est une herbe originaire de la Chine, vivace, se propageant presque d'elle-même et atteignant dans les pays chauds une hauteur de 1ᵐ50 à 3 mètres, où elle donne jusqu'à trois récoltes par an. Ses tiges, pour fournir **la filasse** subissent la décortication, opération délicate et qui doit se faire sur les lieux mêmes de production, en prenant la plante à l'état vert. Cette filasse est utilisée depuis un certain temps déjà en Angleterre, son emploi en France est encore assez restreint, cependant, c'est un textile d'avenir employé seul ou mélangé avec d'autres matières. La filasse est d'un blanc nacré et lorsqu'elle est peignée, elle a l'aspect de la soie, on peut en obtenir des fils très fins, mais peu élastiques et duveteux, et elle a sur les matières précédentes l'avantage de résister parfaitement à l'humidité. La longueur des filaments atteint 55 millimètres et leur diamètre varie de 1/20 à à 1/90 de millimètres.

Nous ne mentionnerons pas d'autres textiles d'un emploi très restreint dans la fabrication des tissus.

DEUXIÈME PARTIE.

PRINCIPES DE FILATURE.

Les différentes matières textiles doivent, pour être transformées en fils, subir une série plus ou moins grande d'opérations diverses auxquelles on donne le nom de **filature.**

Un **fil** est un cylindre d'une longueur indéfinie, composé de filaments de matières textiles réunis entre eux par la torsion; le fil doit être cylindrique, sur toute sa longueur et élastique, pour se prêter aux combinaisons du tissage. Pour la filature de la laine et du coton, dont nous avons à nous occuper plus spécialement, nous trouvons les éléments suivants qui entrent en tout ou en partie, dans les différentes machines : 1° Cardage,, 2° Étirage, doublage, écartements, pression. 3° Torsion.

1° Cardage.

Le cardage a pour but de démêler les brins de matière textile, de les paralléliser et d'éliminer les matières étrangères, de manière, à former un ruban.

Un ruban est un assemblage de filaments qui n'ont d'autre liaison que l'affinité ou le **crochet** obtenu par la pression.

Supposons une plaque fixe F. recouverte de dents métalliques. recourbées flexibles, montées sur du cuir ou du caoutchouc; sur cette plaque, on applique la matière textile que l'on fait pénétrer dans lés dents, au moyen d'une plaque mobile M à dents inclinées en sens inverse.

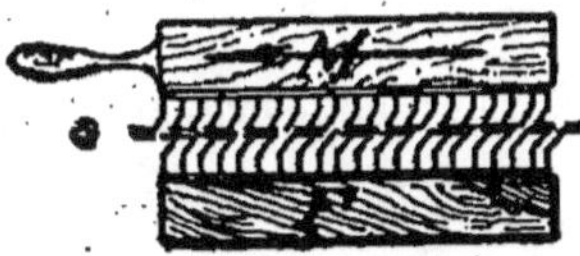

Fig. 1.

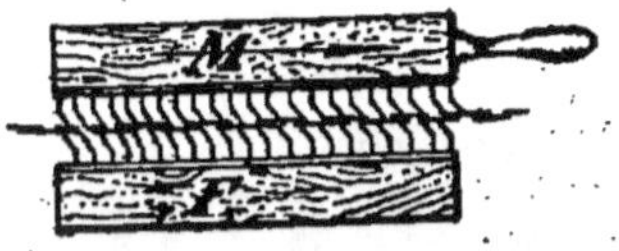

En imprimant à la plaque M un mouvement de gauche à droite, les filaments se peignent, s'épurent et se rangent parallèlement entre eux et dans la direction du mouvement; c'est ce que l'on appelle **Cardage.** c'est-à-dire que les filaments maintenus par un des organes sont peignés par l'autre.

Fig. 2.

Pour retirer ces filaments, il suffit de retourner la plaque M et de lui imprimer un mouvement de droite à gauche; l'extrémité de ses dents frottant sur le dos des dents de la plaque E détache les filaments sous forme de boudins ou de rubans. C'est ce principe qui a été appliqué dans les cardes mécaniques.

2° Étirage, doublage, écartements. pression.

Étirage. — On appelle étirage, l'opération qui a pour but de faire glisser les filaments les uns sur les autres, de manière à réduire la section des rubans ou des mèches et à les allonger proportionnellement; mais, il est indispensable de combiner avec l'étirage le doublage, l'écartement entre les cylindres et la pression.

Le **doublage** a pour but de réunir plusieurs rubans, de manière à corriger ou à atténuer les défauts de chacun d'eux, et, bien qu'il retarde d'autant l'affinage des rubans, il est indispensable pour obtenir un fil régulier.

Avant de parler des écartements et de la pression, nous expliquerons en quoi consiste l'étirage..

Les rubans passent entre trois ou quatre paires de cylindres animés de vitesses progressives; les cylindres d'entrée sont appelés **alimentaires**, les cylindres de sortie sont appelés **délivreurs**.

Les cylindres inférieurs sont métalliques et portent des cannelures parallèles à leurs axes; les cylindres supérieurs tournent sur les inférieurs par leur propre poids ou par une pression.

Dans un système d'étirage, la commande vient toujours du délivreur et se transmet à l'alimentaire; et l'on appelle **étirage** le rapport entre la vitesse des cylindres délivreurs et des cylindres alimentaires, ou

$$E = \frac{\text{Vitesse D}}{\text{Vitesse A}}$$

Cherchons donc la vitesse de ces deux cylindres, ou pour simplifier la vitesse de A. pour un tour de D.

Fig. 3.

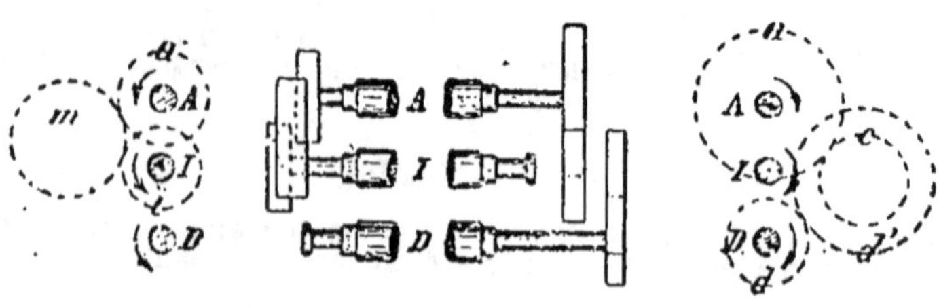

Légende :

D Cylindre délivreur.
I   »   intermédiaire.
A   »   alimentaire.
d pignon calé sur le délivreur qui commande.
d' Roue de la tête de cheval.
c Pignon de change solidaire de la tête de cheval.
a Roue calée sur A et commandée par c.
a Pignon calé sur A et qui commande.
m Marborough engrenant avec
l' pignon calé sur le cylindre intermédiaire I.

La vitesse du cylindre D pour un tour est π D, cherchons la vitesse du cylindre A dans le même temps.

Pour un tour de cylindre D ou du pignon d calé sur son axe, la roue d' fait un nombre de tours représenté par $\dfrac{d}{d'}$ pour un tour de d' ou de c qui en est solidaire, la roue a ou le cylindre A sur lequel elle est calée, fait un nombre de tours représenté par $\dfrac{c}{a}$ et pour une fraction de tour $\dfrac{d}{d'}$ ce cylindre A fait un nombre de tours $\dfrac{d}{d'} \times \dfrac{c}{a}$

Sa vitesse est égale à $\pi\, A \times \dfrac{d}{d'} \times \dfrac{c}{a}$

L'étirage est égal à $\dfrac{\text{Vitesse D}}{\text{Vitesse A}} = \dfrac{\pi\, D}{\pi\, A \times \dfrac{d}{d'} \times \dfrac{c}{a}} = \dfrac{D}{A} \times \dfrac{d' \times a}{d \times c}$, c'est-à-

dire que l'étirage est égal au rapport des diamètres des deux cylindres multiplié par le produit des nombres de dents des roues commandées, divisé par celui des pignons de commande.

Application numérique. D = 30 millimètres. — A = 29 millimètres. — d = 41 dents. — d' = 105 dents. — c = 30 dents. — a = 60 dents.

$$\text{L'étirage } E = \frac{30}{29} \times \frac{105 \times 60}{41 \times 30} = 5.29.$$

On voit d'après la formule ci-dessus que le pignon de change était au dénominateur plus il sera grand, plus l'étirage sera petit, au contraire ; plus il sera petit plus l'étirage sera grand ; c'est-à-dire que les étirages sont inversement proportionnels aux pignons de change ou $\dfrac{E}{E'} = \dfrac{c'}{c}$.

Application numérique. L'étirage $E = 5.29$ avec un pignon de change 30, quel sera le nombre de dents du pignon pour un étirage de 6. 1 ?

$$\frac{5.29}{6.1} = \frac{c'}{30} \text{ d'où } c' = \frac{5.29 \times 30}{6.1} = 26.$$

Le nombre de dents du pignon de change sera 26.

Fig. 4.

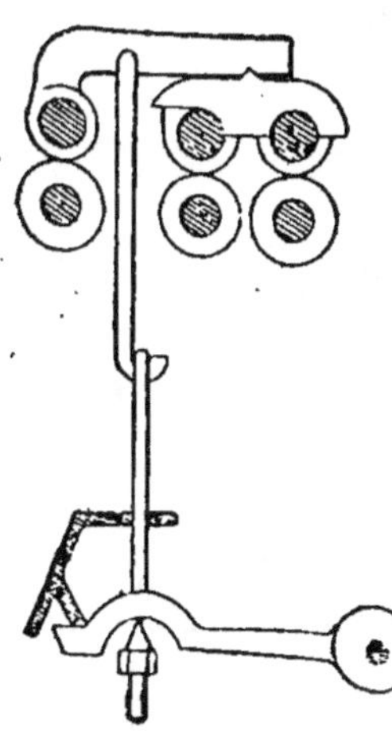

La vitesse du cylindre A doit être intermédiaire entre celle de D. et celle de A., l'étirage qu'il produit se détermine d'après les principes précédents ; mais il n'a aucune influence sur l'étirage, total qui est toujours égal au produit des étirages partiels.

Écartements et pression. Théoriquement, l'écartement entre deux paires de cylindres est égal à la distance entre leurs axes, mais cet écartement est plus faible en pratique, à cause de l'aplatissement causé par la pression exercée sur eux.

L'écartement ne doit jamais être inférieur à la longueur des filaments ; mais légèrement supérieur à cette longueur, d'où ce principe : **Telle longueur de fibres, tel écartement.** On doit tenir compte également, pour déterminer les écartements, de l'épaisseur de la nappe, de l'étirage et de la pression, plus la nappe est épaisse, plus l'écartement peut être grand ; plus l'étirage est faible, plus l'écartement peut être grand ; plus la pression est faible, plus l'écartement peut être grand ; c'est ce qui explique pourquoi, dans les machines, les écartements vont en diminuant des cylindres alimentaires aux cylindres délivreurs ; enfin, les cannelures des cylindres cannelés, diminuent de grosseur, à mesure que les rubans s'affinent.

Pour exercer la **pression** sur les cylindres, on emploie plusieurs dispositions :

1° La **pression libre ;** le poids du rouleau supérieur suffit pour faire pression par lui-même, tels sont les rouleaux d'appel des cardes, les cylindres d'alimentation dans certains étirages. La pression est égale à

P pression = Poids du rouleau supérieur.

Fig. 5.

2° La **pression directe.** Dans ce cas, la pression s'exerce au moyen de contrepoids accrochés à la partie inférieure de **sellettes** dont la partie supérieure repose sur le collet des cylindres ; telles sont les pressions pour bancs à broches ; dans ce cas P pression = { Poids du cylindre supérieur — des sellettes — des contrepoids.

3° La **pression par leviers.** On emploie dans ce cas, des leviers du troisième genre, c'est-à-dire que la puissance ou la pression s'exerce entre le point d'appui et la résistance ou le contrepoids, telles sont les pressions pour bancs d'étirage et métiers à filer.

Dans ce cas, le produit de la puissance P' par son bras de levier l est égal au produit de la résistance ou contrepoids Q par son bras de levier L, c'est-à-dire $P' l = Q L$ d'où $P' = \dfrac{Q L}{l}$ on voit d'après cette formule que plus le bras de levier L augmente, plus la pression Q' augmente.

$$\text{La pression totale exercée } P = \begin{cases} \text{poids du cylindre supérieur} \\ \quad - \text{ des sellettes} \\ P' \text{ ou } \dfrac{Q\,L}{l} \end{cases}$$

Torsion.

La torsion a pour but d'enchevêtrer les filaments et de les disposer à peu près en hélice, afin de rendre le fil élastique et résistant. **Cette torsion pour des filaments de même longueur** est inversement proportionnelle à la racine carrée des sections des fils et, par suite, **proportionnelle à la racine carrée des numéros**, c'est-à-dire que T et T' étant le nombre de tours de torsion au décimètre pour deux fils de numéros N et N', on aura

la formule $\dfrac{T}{T'} = \dfrac{\sqrt{N}}{\sqrt{N'}}$

Application numérique. La torsion pour de la chaîne laine peignée, n° 80, est de 50 tours au décimètre, quelle sera la torsion à donner à de la

chaîne 70? $T' = \dfrac{T\sqrt{N'}}{\sqrt{N}} = \dfrac{50 \times \sqrt{70}}{\sqrt{80}} = 47.4$

Cette loi est d'une application suffisamment exacte dans la pratique pour des filaments de même longueur, mais on ne peut l'employer lorsque l'on traite des matières de longueurs différentes; la torsion, dans ce cas, est inversement proportionnelle à la longueur des filaments et dépend de l'élasticité de ces filaments et du plus ou moins de crochet qu'ils possèdent.

La torsion se donne 1° au moyen de manchons ou frottoirs comme dans les bobinoirs; 2° au moyen de broches et d'ailettes comme dans les bancs à broches; 3° au moyen des broches seules comme dans les métiers à filer mull-Jenny et renvideurs; 4° au moyen d'anneaux et de curseurs comme dans les métiers continus à anneaux.

La torsion se donne généralement de droite à gauche, mais quand on réunit deux ou plusieurs fils (que l'on nomme Retors), on leur donne une torsion en sens inverse ou de gauche à droite.

Fig. 6.

Tors droit.   Tors gauche.

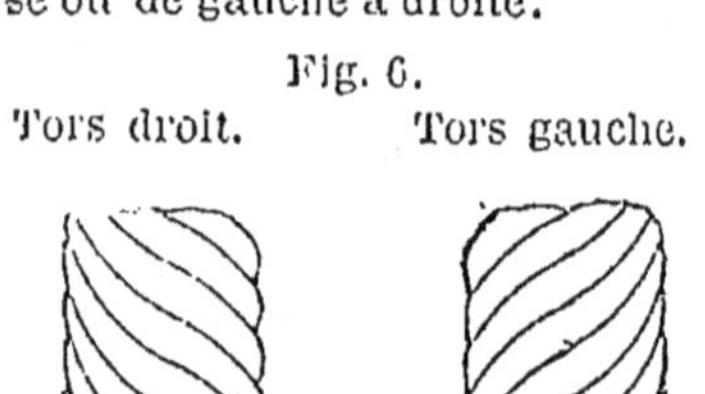

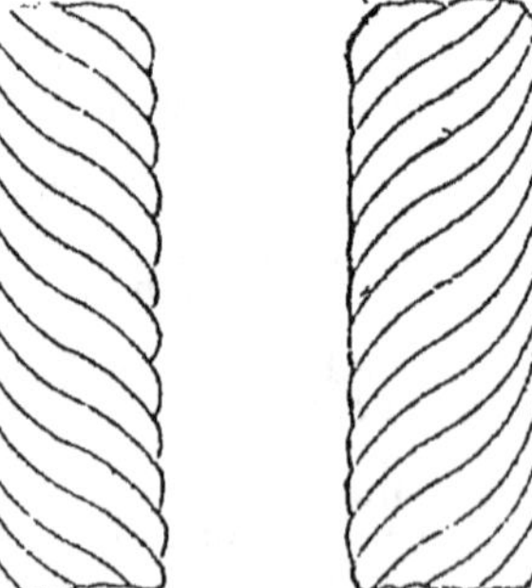

Dans les tissus en soie ou en laine principalement, le sens de la torsion des fils employés a une grande influence sur l'aspect des étoffes; et l'on s'est servi de cette propriété pour faire des tissus crêpe et même des étoffes formant des dessins produits uniquement par les combinaisons de fils et de duites de torsions différentes.

TROISIÈME PARTIE.

TITRAGE DES FILS.

Il est nécessaire de pouvoir comparer entre eux des fils de même nature ou même de matières différentes; c'est dans ce but que l'on a recours au numérotage ou au titrage.

Titrer un fil c'est chercher un numéro, lequel doit indiquer le rapport qui existe entre la longueur et le poids de ce fil; de là 2 éléments: l'un la longueur, l'autre le poids, et l'on a pris comme quantité constante l'un de ces éléments pour en déduire la valeur correspondante de l'autre. Malheureusement, il n'a pas été possible jusqu'à ce jour d'arriver à un mode de titrage uniforme pour tous les pays; cependant, des délégués des principaux centres industriels de l'Europe se sont réunis en Congrès à différentes reprises à Vienne, Bruxelles, Turin et en dernier lieu, en 1878, à Paris. Ils ont jeté les bases d'un accord qui serait fort désirable au point de vue des transactions commerciales, aucune sanction officielle n'ayant rendu ces résolutions obligatoires, elles n'ont pas encore reçu d'application générale: néanmoins, après avoir passé en revue les différents modes de titrage, nous indiquerons brièvement celui qui a été adopté en 1878 à Paris.

1° Titrage français du coton. La base du numérotage est un fil d'une longueur de 1,000 mètres avec un *poids constant* de 500 grammes; ainsi pour un fil de:

n° 1	1,000 mètres pèsent 500 grammes.
2	2 × 1,000	—	500	—
3	3 × 1,000	—	500	—
28	28 × 1,000	—	500	—

Cette longueur de 1,000 mètres porte nom d'*Echeveau*, chaque écheveau est divisé en 10 *échevettes* de 100 mètres chacune, ces échevettes sont faites à l'aide d'un dévidoir d'un périmètre de 1^m425 et faisant 70 tours.

Le *numéro* d'un fil d'après ce qui précède indique donc le *nombre d'écheveaux* nécessaire pour peser 500 grammes.

On désigne sous le nom de gros numéros le fils des numéros 1 à 20 numéros ordinaires, — 21 à 40 mi-fins, — 41 à 70 fins, — 71 à 250 et au delà.

On détermine le numéro d'un fil en pesant un écheveau de ce fil et en divisant le poids constant 500 grammes par le poids trouvé, si nous désignons par

N le numéro du fil à chercher,
Q le poids constant,
P le poids de l'écheveau,

le numéro $N° = \dfrac{Q}{P}$ ainsi un écheveau pesant 10 grammes, par exemple sera

un fil de $N = \dfrac{500}{10} = 50$.

Pratiquement pour éviter les calculs, on se sert d'une Romaine, on suspend au crochet de l'aiguille, l'écheveau dont on cherche le numéro et le point où s'arrête l'aiguille qui se meut sur un cadran gradué indique le numéro de ce fil.

Titrage anglais du coton. La base du numérotage est un fil d'une longueur de 840 yards ou 708^m0792 avec un poids constant de une livre anglaise ou 453 grammes. La longueur de 840 yards porte le nom de *Hank* et se divise en 7 *lays* composés chacun de 80 tours du dévidoir anglais dont le périmètre est de 1 1/2 yard, soit 120 yards par lay ou $120 × 0^m91,438 = 109^m7256$ (le yard équivaut à $0^m91,438$).

Tableau des poids en grammes d'un écheveau pour un poids constant de 500 grammes.

NUMÉROS	POIDS en grammes	NUMÉROS	POIDS en grammes	NUMÉROS	POIDS en grammes	NUMÉROS	POIDS en grammes
1	500	26	19.231	51	9.804	76	6.579
2	250	27	18.519	52	9.615	77	6.494
3	166.667	28	17.857	53	9.446	78	6.410
4	125. —	29	17.241	54	9.259	79	6.329
5	100. —	30	16.667	55	9.091	80	6.250
6	83.333	31	16.129	56	8.928	81	6.173
7	71.429	32	15.625	57	8.772	82	6.098
8	62.500	33	15.152	58	8.621	83	6.024
9	55.556	34	14.700	59	8.475	84	5.952
10	50. —	35	14.286	60	8.333	85	5.822
11	45.455	36	13.889	61	8.197	86	5.814
12	41.667	37	13.514	62	8.065	87	5.747
13	38.462	38	13.158	63	7.936	88	5.682
14	35.714	39	12.821	64	7.812	89	5.618
15	33.333	40	12.500	65	7.692	90	5.556
16	31.250	41	12.195	66	7.576	91	5.495
17	29.412	42	11.905	67	7.463	92	5.435
18	27.778	43	11.628	68	7.353	93	5.376
19	26.316	44	11.364	69	7.246	94	5.319
20	25. —	45	11.111	70	7.143	95	5.263
21	23.809	46	10.809	71	7.042	96	5.208
22	22.727	47	10.638	72	6.944	97	5.155
23	21.739	48	10.417	73	6.849	98	5.102
24	20.833	49	10.204	74	6.757	99	5.051
25	20. —	50	10. —	75	6.667	100	5. —

Le numéro anglais indique le nombre de *Hank* nécessaire pour 453 grammes.

Les numéros anglais sont aux numéros français dans le rapport de 1 à 0,847, c'est-à-dire que $\dfrac{N^o \text{ anglais}}{N^o \text{ français}} = \dfrac{1}{0.847}$

d'où l'on tire N^o français $= N^o$ anglais $\times 0.847$

$$N^o \text{ anglais} = \dfrac{N^o \text{ français}}{0.847}$$

Titrage français de la laine peignée. La base du numérotage est, à elms, un fil d'une longueur de 700 mètres avec un poids constant de 1 kil. Chaque écheveau est divisé en 10 *échevettes* composées chacune de 50 tours de dévidoir dont le périmètre est de 1^m40 soit 70 mètres.

Ainsi n° 1 fil dont 1 écheveau de 700^m pèse 1 kil.

    — 2 — 2 × 700 — 1 —

    — 80 — 80 × 700 — 1 —

Lorsqu'on emploie comme c'est le cas dans le Nord et en Alsace le dévidoir qui sert à titrer le coton d'un périmètre de 1^m425, l'échevette a une longueur de 71^m2.

On tend à généraliser le titrage par écheveaux de 1,000 mètres pour une pèse de 1 kil. dans ce cas :

    n° 1 1 écheveau de 1,000^m pèse 1 kil.

    2 2 — × 1,000 — 1 —

    56 56 — × 1,000 — 1 —

Tableau comparatif des numéros anglais et des numéros français.

Numéros anglais	Numéros français	Numéros anglais	Numéros français	Numéros anglais	Numéros français	Numéros anglais	Numéros français
1	0.847	22	18.63	62	52.51	110	93.17
2	1.693	24	20.33	64	54.21	120	101.64
3	2.540	26	22.02	66	55.90	130	110.11
4	3.388	28	23.72	68	57.60	140	118.58
5	4.235	30	25.41	70	59.29	150	127.05
6	5.082	32	27.10	72	60.98	160	135.52
7	5.929	34	28.80	74	62.68	170	143.99
8	6.776	36	30.49	76	64.37	180	152.46
9	7.623	38	32.19	78	66.07	190	160.93
10	8.470	40	33.88	80	67.76	200	169.40
11	9.313	42	35.57	82	69.45	210	177.87
12	10.16	44	37.27	84	71.15	220	186.34
13	11.01	46	38.96	86	72.84	230	194.81
14	11.86	48	40.66	88	74.54	240	203.28
15	12.70	50	42.35	90	76.23	250	211.75
16	13.55	52	44.04	92	77.92	260	220.22
17	14.40	54	45.74	94	79.62	270	228.69
18	15.25	56	47.43	96	81.31	280	237.16
19	16.09	58	49.13	98	83.01	290	245.63
20	16.94	60	50.82	100	84.70	300	254.10

Tableau comparatif des numéros français et des numéros anglais.

Numéros français	Numéros anglais	Numéros français	Numéros anglais	Numéros français	Numéros anglais	Numéros français	Numéros anglais
1	1.18	22	26.—	62	73.1	110	130.—
2	2.36	24	28.3	64	75.5	120	141.6
3	3.54	26	30.7	66	77.9	130	153.—
4	4.72	28	33.—	68	80.2	140	165.—
5	5.90	30	35.4	70	82.6	150	177.—
6	7.08	32	37.8	72	84.9	160	189.—
7	8.26	34	40.1	74	87.3	170	201.—
8	9.44	36	42.5	76	89.7	180	212.—
9	10.6	38	44.8	78	92.—	190	224.—
10	11.8	40	47.2	80	94.4	200	236.—
11	13.—	42	49.6	82	96.8	210	247.8
12	14.2	44	51.9	84	99.2	220	260.
13	15.3	46	54.3	86	101.5	230	271.4
14	16.5	48	56.6	88	103.8	240	283.—
15	17.7	50	59.—	90	106.2	250	295.
16	18.9	52	61.4	92	108.6	260	307.
17	20.1	54	63.7	94	110.9	270	318.6
18	21.2	56	66.1	96	113.2	280	330.—
19	22.4	58	68.4	98	115.6	290	342.2
20	23.6	60	70.8	100	118.—	300	354.—

Il est facile de trouver le numéro métrique étant donné le numérotage de Reims ; ainsi du numéro 80 pour 700 mètres, indique 80 × 700 = 56,000 mètres au kilogramme, c'est-à-dire du numéro 56.

Inversement étant donné un numéro métrique pour trouver le numéro correspondant aux 700 mètres, il suffit de diviser le numéro donné par 7 et de multiplier le quotient par 10. Ainsi de la trame numéro 84 correspond à

$$\frac{84 \times 10}{7} = 120 \text{ pour } 700 \text{ mètres.}$$

Titrage français de la laine cardée. A Reims, la base du numérotage est un fil d'une longueur de 1000 mètres avec un poids constant de 1 kilogramme.

```
n°  1    1 écheveau de 1,000 mètres pèse 1 kilogramme.
    2    2      —        × 1,000    —      1    —
   30   30      —        × 1,000    —      1    —
```

L'écheveau est donc de 1000 mètres se subdivisant en 10 echevettes.

A Elbeuf, la base est une longueur de 3,600 mètres avec un poids constant de 500 grammes. Cette longueur ou *Livre de compte* est divisée en 4 *quarts* de 900 mètres chacun et le quart se subdivise en 10 *sons* de 90 mètres.

Ainsi on dit qu'un fil a 1 livre 3 quarts 4 sons ; c'est-à-dire que pour un poids de 500 grammes, il a une longueur de :

$$3,600 + 2,700 + 360 = 6,660 \text{ mètres.}$$

Titrage anglais de la laine. — La base du numérotage est un fil d'une longueur de 560 yards ou 512 mètres avec un poids constant de 1 livre anglaise ou 453 grammes. Cette longueur de 560 yards porte le nom de **Hank** et se divise en 7 **lays**, composés chacun de 80 yards. Le numéro indique donc le nombre de Hank nécessaires pour peser 453 grammes.

d'où l'on tire N° français = N° anglais × 1.13.

Ainsi du numéro 56 français correspondra à du 47.5 anglais — et du numéro 70 anglais correspondra à du 79.1 français.

Titrage du lin. — Le lin se vend au paquet de 100 écheveaux ; l'écheveau est de 3,600 yards ; le paquet de 360.000 yards ou 329,184 mètres ; on a donc adopté en France le titrage anglais pour le numérotage du lin.

```
Le paquet de numéro 1 ou 329,184 mètres pèse 540     kilogrammes.
               2              —            270          —
               3              —            135          —
              10              —             33.750      —
              20              —             27          —
              45              —             12          —
              54              —             10          —
```

Titrage du chanvre, jute, phormium. — On emploie également le titrage anglais. L'unité de longueur est l'écheveau de 300 yards, soit 274 mètres pour un poids de 453 grammes ou livre anglaise.

Ainsi numéro 1 est 1 écheveau de 274 mètres pesant 453 grammes.

```
        2    2      —        453    —
        3    3      —        453    —
       10   10      —        453    —
```

Titrage de la soie. — La soie est dévidée en flottes de 400 aunes, le denier ou grain est le poids que l'on y rapporte.

L'aune vaut 120 mètres, le denier ou grain pèse 0.053 grammes.

On dit que la soie est à :

```
   10 deniers, c'est-à-dire 480 mètres pesant 10 × 0.053 grammes.
   20      …               480      —        20 × 0.053    —
```

La bourre de soie ou déchets de soie est titrée comme tous les fils spéciaux, c'est-à-dire par 1,000 mètres au kilogramme.

Titrage conventionnel. — (Congrès de Paris 1878.)

L'unité de longueur adoptée est l'écheveau de 1,000 mètres pour un poids uniforme de 1 kilogramme ; l'écheveau se subdivise en 10 échevettes.

Le numérotage des fils doubles, retordus, écrus, etc. est de 1,000 mètres au kilogramme sans considération du numéro du fil simple.

Pour la **soie**, le titrage se fait par 10,000 mètres pesés par gramme avec faculté d'essai par 500 mètres, pesés par 50 milligrammes.

Conditionnement.

On donne le nom de conditionnement à l'opération qui consiste à déterminer l'état hygrométique d'une matière textile et, par conséquent, la quantité de vapeur d'eau qu'elle contient, afin de la ramener à la **condition ordinaire et marchande.**

Cette condition ordinaire varie suivant les matières textiles, elle consiste à tolérer une certaine quantité de vapeur d'eau ajoutée après **dessiccation à l'absolu**, c'est ce que l'on appelle **Reprise**.

La reprise est de 11   p. c. pour la soie.

18 1/4	—	la laine peignée.
17	—	la laine cardée.
8 1/2	—	le coton.
12	—	le lin et chanvre.
13 3/4	—	le jute et phormium.
12 1/2	—	étoupes.

Les bureaux de conditionnement créés en France, dans les centres industriels et les pays producteurs de soie, sont administrés soit par les Chambres de Commerce, soit par l'autorité municipale. Ces bureaux sont :

Amiens, Aubenas, Avignon, Fourmies, Lyon, Marseille, Montelimart, Nimes, Paris, Privas, Reims, Roubaix, St-Etienne, Tourcoing. Valence.

QUATRIÈME PARTIE.

FILATURE DE LA LAINE PEIGNÉE.

La première condition que doivent remplir les laines destinées au peignage, c'est d'être longues et nerveuses, et c'est en essayant une mèche prise à l'épaule que l'on peut se rendre compte de la qualité d'une toison.

Triage.

La première opération de la filature est le **triage**, qui a pour but de séparer les différentes parties des toisons par qualité, les plus fines pour les numéros les plus élevés, les plus nerveuses pour chaine et les autres pour trame, puis, on met à part les qualités inférieures et les **pailleux**. Les parties les plus fines d'une toison sont les longées du cou, les épaules, les flancs, le dos, le haut de cuisse et le ventre.

Les laines à chaine doivent être plus élastiques que les laines à trame auxquelles on demande surtout d'être creuses, ainsi on ne prendra pas pour chaine le dos et le ventre qui sont composés de mèches trop faibles.

Comme laines à **chaine** on prend, de préférence, les Port Philippe, Adelaïde en Australie, les Buenos-Ayres, puis les laines françaises de Champagne, de la Beauce, du Soissonnais.

Comme laines à **trame**, les Adelaïde, Sydney en Australie, les laines de Russie, de Hongrie, de Bourgogne, etc.

Le triage se fait à la main, en étalant des toisons sur des claies.

Un trieur produit environ 150 kilogrammes par journée de travail.

Désuintage.

Lorsque la laine est en **suint** on la passe au désuintage qui a pour but d'enlever par un trempage de quelques heures dans de l'eau tiède (30 à 40°) la partie soluble du suint. L'eau de désuintage est recueillie et vendue à des maisons spéciales pour en extraire la potasse.

Dégraissage.

La laine **lavée à dos**, comme la laine désuintée, est soumise au dégraissage, qui a pour but d'enlever les parties du suint qui n'ont pas été dissoutes par l'eau, ce sont principalement des matières grasses que l'on pourrait traiter soit par le sulfure de carbone, soit par la benzine ou par les savons. Les deux premiers agents sont des dissolvants trop énergiques et trop coûteux, les savons à base de soude sont efflorescents et durcissent la laine, c'est pourquoi on emploie, de préférence, les savons mous à base de potasse.

Pour que la laine soit dégraissée à fond, il est indispensable de faire dissoudre le savon dans des eaux **potables**, c'est-à-dire débarrassées des calcaires qu'elles renferment. A cet effet, on a des réservoirs spéciaux dans lesquels on fait arriver l'eau destinée au dégraissage; cette eau est épurée chimiquement et rendue propre à dissoudre le savon.

Un dégraissoir se compose de trois ou quatre grandes bassines à double fond, dans lesquelles se trouve l'eau de savon. Cette eau est plus ou moins concentrée suivant la nature des laines et la température du bain est proportionnelle à la quantité de savon; ainsi, pour des laines fines, on met dans la première bassine dite de trempage jusqu'à 12 kilogrammes de savon pour 100 kilogrammes de laine et la température du bain s'élève jusqu'à 60 degrés, tandis que, pour des laines ordinaires, il suffit de 4 à 5 kilogrammes et la température du bain peut être abaissée à 45 degrés.

La quantité de savon diminue aussi jusqu'à la dernière bassine dite de **Rinçage**, où elle est à peu près la moitié de celle du premier bain.

La laine passe d'une bassine à l'autre et elle est remuée à l'aide de fourches mues à la main ou automatiquement. On reconnait qu'une laine est bien dégraissée en en prenant une poignée et en la frottant entre les mains. Si elle colle, elle contient encore du suint.

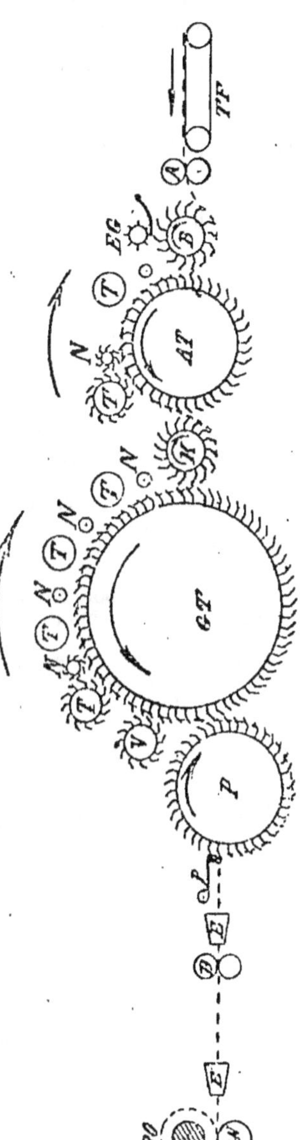

Carde pour laine peignée.

Rendement moyen des laines après dégraissage.

AUSTRALIE

En suint	0.53
A dos	0.76

FRANCE

En suint	0.32
A dos	0.63

BUENOS-AYRES

En suint	0.45
A dos	0.73

Séchage et Ensimage.

Après dégraissage, la laine passe dans une grande caisse en tôle, où elle est séchée au moyen d'un courant de vapeur amenée par des ventilateurs. Elle est ensuite ensimée, c'est-à-dire lubréfiée avec 2 à 4 p. c. de son poids en huile d'olive, afin de faciliter le glissement des filaments les uns sur les autres et d'éviter leur rupture pendant le cardage. Cette opération se fait en arrosant la laine étendue par nappes.

Cardage.

Nous ne reviendrons pas sur les principes du cardage. Il s'agit de paralléliser les filaments et de former un ruban.

Légende.

TF Table sans fin.
A Cylindres alimentaires.
B Briseur.
EG Cylindre égratteronneur à hautes cannelures.
AT Tambour d'avant-train.
T Travailleur.
N Nettoyeur ou balayeur.
K Communicateur.
GT Grand tambour.
P Peigneur.
p Peigne.
EE'Entonnoirs.
D Cylindres délivreurs.
EN Enrouleur.
Bo Bobine sur laquelle s'enroule le ruban de laine.

Tableau des vitesses d'une carde.

Désignation des organes	Diamètre	Développement pour 1,000 mèt. du G. T.
Table		0.76
Cylindres alimentaires . . .	0.045	0.69
Briseur	0.300	139 »
Egratteronneur	0.100	731 »
Avant-train	0.600	743 »
Travailleur	0.200	15.10
Nettoyeur	0.110	503 »
Communicateur	0.450	30.90
Grand tambour	1.200	1000 »
Travailleurs	0.200	21.80
1er balayeur	0.110	371 »
Autres balayeurs	0.110	349 »
Peigneur	0.570	20.70
Volant	0.300	1287 »

Le grand tambour fait 96 tours par minute.

On emploie actuellement des chargeurs automatiques qui ont pour but de fournir aux cylindres alimentaires une quantité constante de laine en sorte que le ruban sortant de la carde est plus régulier.

Réglage. — Ce réglage doit se faire de telle façon, que tous les cylindres soient bien parallèles entre eux, leur écartement, ainsi que la force et l'écartement des dents des garnitures, allant en diminuant du briseur au peigneur.

Défauts. — Le principal défaut à éviter consiste dans les boutons qui peuvent provenir d'un réglage défectueux et d'un débourrage insuffisant des tambours, des travailleurs et des nettoyeurs.

Les coupures peuvent être dues à un trop grand étirage entre les rouleaux d'appel et le peigneur, ou d'un cylindre qui tourne faux rond.

Les grosseurs proviennent d'inégalités dans l'alimentation ou de faux ronds dans les cylindres.

Production. — Pour une carde d'une largeur de 1m20 d'arrasement la production varie de 50 à 55 kilog. par jour.

Débourrage. — Le débourrage du grand tambour se fait 3 à 4 fois par jour ; celui du peigneur à peu près aussi fréquemment, et celui des travailleurs et nettoyeurs suivant l'état des laines.

Aiguisage. — A pour but de donner du mordant aux garnitures, au moyen de cylindres garnis d'émeri et animés de deux mouvements : l'un de rotation, l'autre de translation.

1er Etirage.

Les rubans de laine sortant de la carde sont régularisés en même temps qu'on leur donne de la consistance en les soumettant à un premier passage au **banc d'étirage**. Par la combinaison du doublage et de l'étirage on enroule sur les bobines des rubans de section plus régulière. (Voir plus loin le banc d'Etirage.)

Lissage

Les rubans sont dégraissés à une machine appelée **Lisseuse,** qui remplit le même but que le dégraissoir. Elle se compose de deux bassines à double

Légende.

A. Cylindre alimentaire.
L.   —   lisse.
P.   —   peigneur.
DD'   —   délivreurs.
E. Enrouleur à fortes canne-
    lures.
K. Chariot animé d'un mou-
    vement de va-et-vient.
C. Cannelle destinée à rece-
    voir le ruban de laine
    qui s'enroule en hé-
    lice.

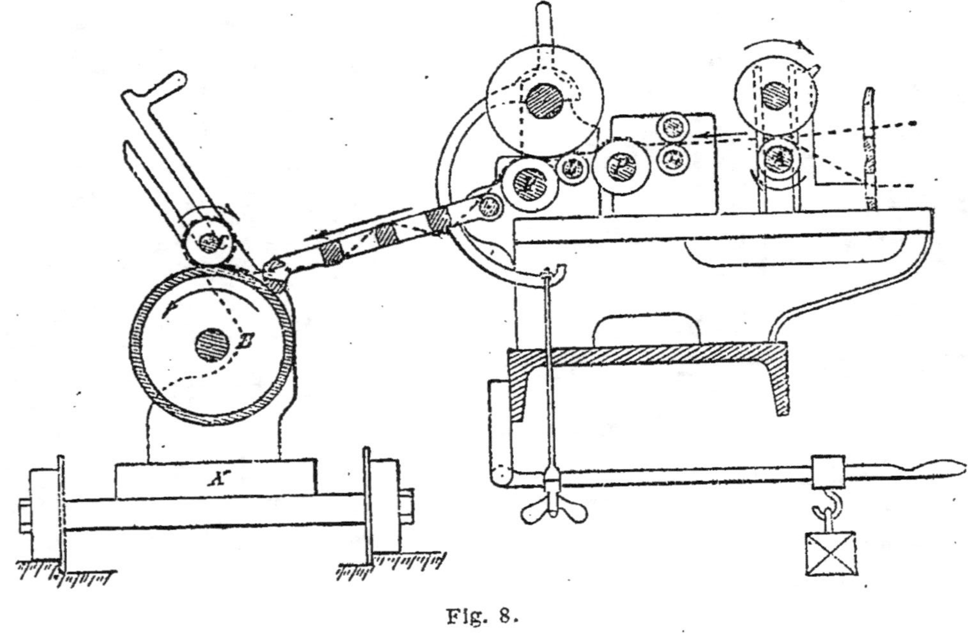

Fig. 8.

fond, cylindres sécheurs et d'un chariot. Les bassines contiennent de l'eau de savon, 3 à 8 kilogrammes pour 100 kilogrammes de laine, et la température du bain varie de 40 à 55 degrés. Les rubans ne sont nullement étirés et sont produits par douze bobines à l'entrée et le même nombre à la sortie.

2e Étirage.

En sortant de la lisseuse la laine passe à un ou deux étirages avant d'être peignée et à deux étirages après peignage, ces machines sont toutes semblables, il n'y a de variation que dans l'étirage.

Ainsi à l'un des passages on doublera de trois et l'on étirera de trois, la section du ruban sortant sera donc la même que celle d'un ruban entrant.

A l'autre passage on doublera de trois et l'on étirera de 3.25, la section du ruban sortant sera donc diminuée dans le rapport de $\frac{3.25}{3}$.

Peignage.

Les rubans ainsi formés contiennent encore des boutons provenant du cardage, des gratterons, des pailles, etc.

Le peignage a pour but de fractionner en mèche un ruban convenablement préparé, peigner cette mèche sur toute sa longueur avec une régularité parfaite, en enlever toutes les impuretés et inégalités sans y laisser le moindre bouton ni fibre au-dessous d'une longueur donnée et reconstituer un ruban continu avec ces fragments ainsi préparés, tout cela par des moyens automatiques.

Ces opérations peuvent être effectuées soit à l'aide de la peigneuse à mouvement continu, soit à l'aide de la peigneuse à mouvement intermittent ou peigneuse Heilmann.

Les peigneuses à mouvement continu Lister et Holden peignent généralement en gras, et nécessitent un cardage parfait, sans boutons, difficile à obtenir des laines fines; elles produisent jusqu'à 150 kilogrammes par jour et présentent peu de difficultés pour être conduites.

La peigneuse à mouvement intermittent Heilmann fournit un ruban très épuré mais irrégulier et coupé ce qui nécessite un passage à deux étirages avant de le soumettre à la préparation de filature.

Nous donnons ci-dessous l'épuré des organes essentiels de cette machine, et son fonctionnement pour les quatres positions différentes du tambour peigneur.

Réglage. — Il faut une distance de 1 1/2 millimètres entre les mâchoires et les dents du peigneur, pour que la laine entre bien dans les aiguilles. — Les mâchoires doivent se fermer un peu avant l'arrivée de la première ba-

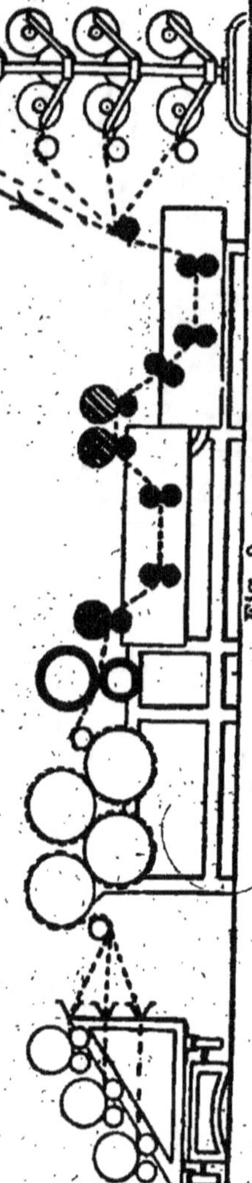

reite du peigneur et s'ouvrir un peu avant l'arrivée du segment de cuir.
Il faut une distance moyenne de 32 millimètres entre la partie inférieure
de la mâchoire et le cylindre arracheur ; pour les laines longues on augmentera, pour les laines courtes ou diminuera ; plus la distance entre les

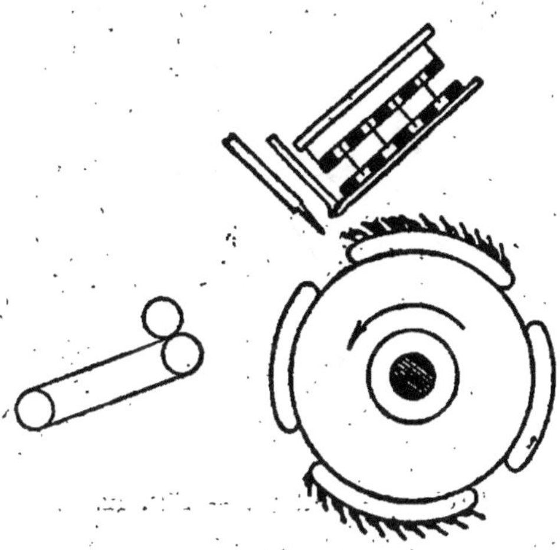

Première position. — Fig. 10.

mâchoires et le cylindre arracheur ,sera grande, moins celui-ci entraînera
de laine et réciproquement. A sa partie inférieure l'alimentation doit être à
10 millimètres de la partie inférieure de la mâchoire, elle doit descendre
quand la mâchoire s'ouvre.

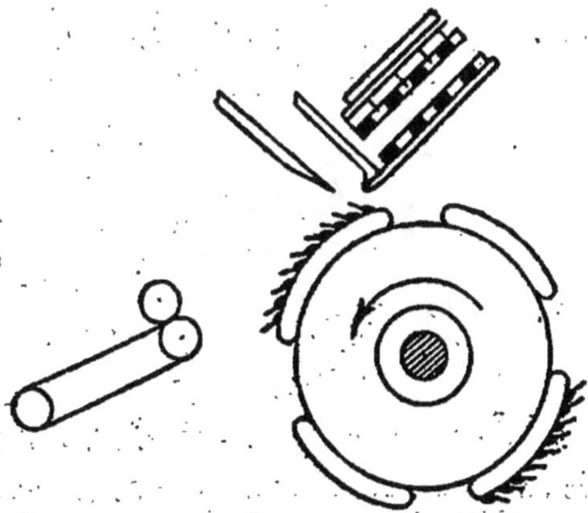

Deuxième position. — Fig. 11.

Le peigne nacteur doit être dans sa position inférieure aussi près que
possible du secteur et du cylindre d'arrachage.
La brosse doit entrer jusqu'au fond des aiguilles du peigneur et effleurer
seulement le rouleau de carde.

Le tambour peigneur faisant 30 à 32 tours par minute, la table d'arrachage ainsi que la mâchoire-pince fait nécessairement de 60 à 64 tours, —

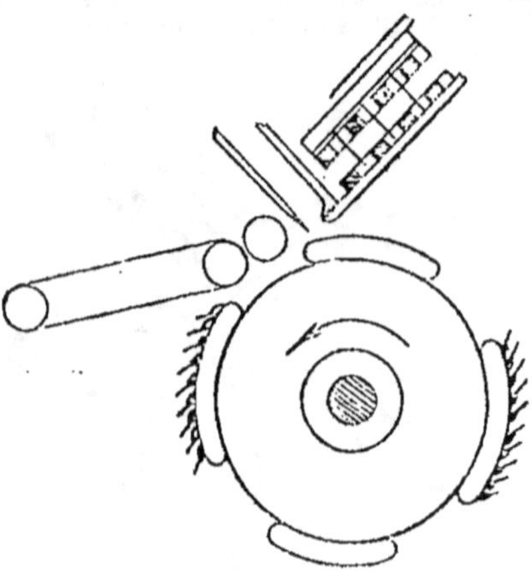

Troisième position. — Fig. 12.

cette machine produit 35 à 40 kilog. par jour, grâce à des modifications qui ont été apportées par différents ingénieurs ; on évalue à 81 p. c. la production en peigné, 19 p. c. la production en blousse.

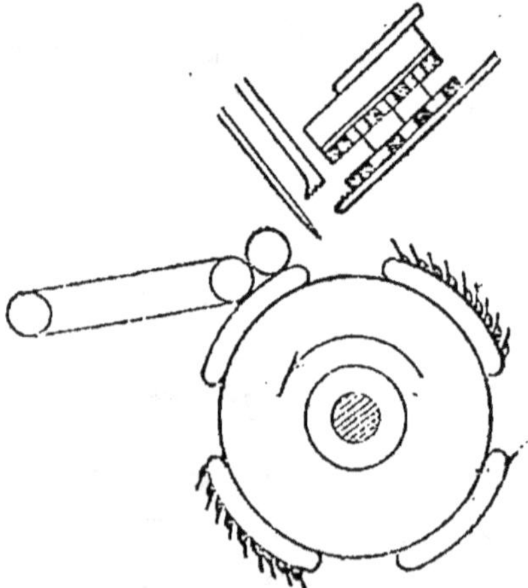

Quatrième position. — Fig. 13.

Il y a quelques années M. Heilmann, le fils de l'inventeur de la première machine, a inventé un nouveau système de peigneuse qui permet de mieux ménager les filaments tout en épurant d'une façon plus parfaite.

Le nombre d'arrachages par minute est de 36/38, sa production varie de 80 à 100 kilog. par jour avec 10 p. c. de blousses, et de 60 à 70 kilog. pour 20 p. c. de blousses.

Plusieurs filatures d'Alsace ont adopté cette machine qui donne d'excellents résultats.

Comme nous l'avons dit, le ruban de laine sortant de la peigneuse est régularisé pour être vendu à l'état de peigné, il pèse environ 1 kilog. pour

80 mètres; quelquefois il est plus gros ou plus fin, sa longueur varie de 60 à 100 mètres. Il faut alors transformer ce ruban en fil; à cet effet, il est dégrossi successivement en passant par une dizaine de machines qui ont pour but de le régulariser et de l'étirer :

1° Le gill-box pour faire les mélanges de laine;

2° 2 ou 3 étirages pour réduire les rubans;

3° Bobinoirs pour transformer les rubans en mèches arrondies et légèrement tordues au moyen des frottoirs.

Gill-box.

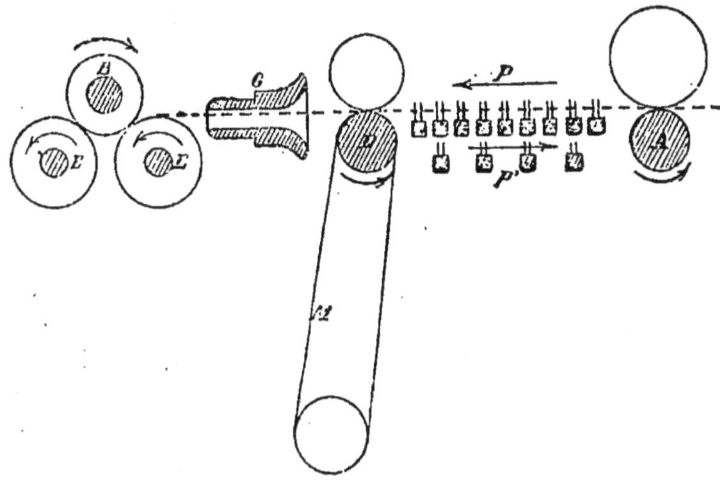

Fig. 14.

LÉGENDE.

A Cylindres alimentaires.

P Peignes à 2 rangées de dents. Chacune des extrémités de ces peignes est engagée dans les filets d'une vis.

P' Peignes ramenés à leur point de départ par d'autres vis à filets doubles.

D Cylindres délivreurs.

G Entonnoir.

E Enrouleurs sur lesquels se forme la bobine B.

M Manchon sur le cylindre délivreur.

On réunit au gill-box de quatre à six rubans pour en former un à la sortie.

La vitesse du cylindre cannelé est de 9 à 10 mètres par minute; celle des barettes varie de 160 à 190, et l'étirage varie de 4 à 5.

La production se détermine d'après la vitesse du cylindre délivreur comme on l'a vu pour les autres machines, le numéro sortant du gills étant généralement de 80 mètres au kilog. La production par tête de gills serait donc de 70 à 75 kilog. par jour.

Étirages.

Au *premier passage* on double par 18 mais l'on a deux étirages l'un à la suite de l'autre ou *étirage double*, en sorte que l'étirage pour chacun étant de 4, l'étirage total est de 16, c'est le *Défeutreur*.

Au *deuxième passage* on double de 4 avec un étirage de 4.75.

Au *troisième passage* ou *machine de chute* on ne double pas, l'étirage est de 4.20; on fait passer deux rubans à la même table et l'on forme des bobines à double mèche. Avantages, production double et moins de casse à la machine suivante pour dérouler de la bobine sur le rateller.

Bobinoir.

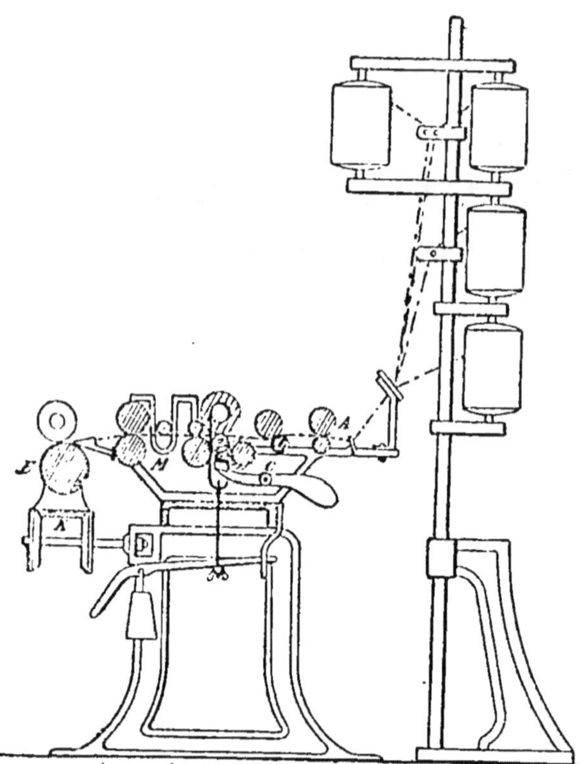

Fig. 15.

LÉGENDE.

A Cylindres alimentaires.
C Cylindre peigneur.
D Cylindre délivreur.
M Manchon en cuir.
E Enrouleur, K Charlot, B Bobine ou Cannelle.

1ᵉʳ passage doublage	2	étirage	4.20.
2ᵉ —	—	4	—	4.75.
3ᵉ —	—	3	—	4.50.
4ᵉ —	—	3	—	4.50.
5ᵉ —	—	4	—	4.75.
6ᵉ —	—	4	—	4.75.
7ᵉ —	—	3	—	4.50.

Tableau donnant les dispositions d'un assortiment de préparation.

	Doublage	Cylindres étireurs		Frottoirs		Peignes		Vitesse
		Diamètre	Table	Largeur	Longueur	Diamètre extérieur	Aiguilles au cent. carré	
		millim.	millim.	millim.	millim.	millim.		mèt.
Étirage double						60	8.50	
défeutreur.	18	45	130	—	»	60	8.50	16]
— simple à frottoir.	4	32	180	130	230	90	9	16
Machine de chute.	1	32	150	130	515	60	11.20	16
Bobinoir double mèche.	2	25	72	105	540	51	12.90	16
»	4	25	72	105	540	51	14.40	15.50
»	3	25	72	105	540	51	17.10	15.50
»	3	25	72	105	540	51	20.28	14.75
»	4	25	72	105	540	51	23.20	14.75
»	4	25	72	105	540	51	25.42	14.50
»	3	22	72	105	540	51	29.40	14.50

Le numéro des rubans et des mèches varie à chaque machine, suivant le numéro de fil à obtenir. Pour avoir ce numéro, on se sert d'un dévidoir d'un périmètre de 1ᵐ40; pour les deux premières machines on fait faire 5 tours ou 7 mètres, pour les autres machines à *double mèche* on fait 12 1/2 tours ou 35 mètres. Ces échantillons portés à la romaine indiquent les numéros suivants lus sur les divisions pour 500 *grammes* ou *à la livre*.

Tableau donnant les numéros des mèches aux machines de préparation.

	Numéro du fil	Défeutreur	Étirage	Machine de chute	BOBINOIRS						Finisseur
					1ᵉʳ passage	2ᵉ passage	3ᵉ passage	4ᵉ passage	5ᵉ passage	6ᵉ passage	
Chaîne	60	7.20	7 »	7 »	11.50	12.50	19.50	24.50	25 »	29 »	52
	65	»	»	»	12.50	14.50	21 »	26.50	27 »	31 »	56
	70	»	»	»	13.50	15 »	23 »	28.50	29.50	34 »	61
	75	»	»	»	14.50	16 »	24 »	30.50	31.50	36 »	65
	80	7.50	»	»	15.50	17 »	26 »	32.50	33.50	38.50	69
	85	8 »	7.50	7.50	16.50	18 »	27.50	35 »	36 »	41.50	74
	90	8.50	8 »	8 »	17.50	19 »	29 »	36.50	38 »	43.50	78
	95	9 »	»	»	18.50	20.50	31 »	39 »	40 »	46.50	83
	100	9.50	»	8.50	19.50	21.50	32.50	41 »	42 »	48.50	87
Trame	100	8.20	8.50	7 »	16.50	18 »	27.50	35 »	36 »	41 »	74
	116	9.40	»	8 »	19 »	21 »	31.50	40 »	41 »	47.50	85
	128	10 »	9 »	9 »	21 »	23 »	34.50	44 »	45 »	52 »	93
	132	10.50	»	»	21.50	23.50	36 »	45 »	47 »	53.50	96
	136	11 »	10 »	10 »	22.50	24.50	37.50	47 »	48.50	56 »	100
	140	11.50	»	»	23.50	25.50	38.50	49 »	50.50	59 »	»
	150	12 »	11 »	11 »	25 »	27 »	41.50	52 »	54 »	62 »	104

Calculs des étirages et productions aux machines de préparation.

Le numéro des rubans se change en faisant varier le nombre de dents du pignon qui commande le cylindre alimentaire.

Plus le nombre de dents de ce pignon sera *grand* plus l'alimentaire fournira et, par conséquent, *plus* le numéro sera *gros*, donc en désignant par N le numéro de mèche obtenu.

N' — — cherché.

C le nombre de dents du pignon qui commande les alimentaires ou pignon de change.

X' le nombre de dents du pignon cherché.

on aura $\dfrac{N}{N'} = \dfrac{X}{c}$ d'où $X = \dfrac{N\,c}{N'}$.

La production de ces machines se détermine d'après le numéro de mèche fourni et la vitesse des cylindres délivreurs.

Ainsi au finisseur la vitesse étant de 14^{m}50 et le numéro étant 69, on déterminera la production *théorique* de la manière suivante :

Numéro 69 indique 69×35^m à la livre ou 69×70 au kil. soit 4,830^m au k°.

Dans une minute la production en poids est donc de $\dfrac{14.50}{48.30}$ et dans une journée de 12 heures ou 720 minutes elle est de $\dfrac{14.50 \times 720}{48.30} = 2^k\,16$ mais comme chaque tête fournit 2 mèches la production théorique réelle est de $2,16 \times 2 = 4.32$ par tête.

Filage.

Les mèches du finisseur passent au métier à filer qui a 3 fonctions à remplir : Étirage — Torsion — Renvidage, — on emploie le métier renvideur ou le métier continu.

Métier renvideur.

Mouvement général du métier. Nous nous bornerons à une description très sommaire de la marche du métier.

Le fil est produit par les cylindres d'étirage (il y en a généralement 4 paires), ce fil vient ensuite pivoter sur le sommet de la broche B ; pendant ce temps la chaîne C H sort de droite à gauche d'une quantité légèrement supérieure à la longueur du fil fourni par les cylindres ; il y a *tirage supplémentaire*. Lorsque le chariot est arrivé à la fin de sa course, les cylindres s'arrêtent, mais pour certains fils les broches continuent à tourner pour compléter la torsion, ce que l'on appelle la *Torsion supplémentaire*. Avant de renvider le fil produit il faut dérouler les spires qui se sont formées depuis le sommet de la bobine jusqu'au sommet de la broche, c'est le *Dépointage*, la virgule V pendant ce temps fait baisser la baguette B A pour tendre la nappe des fils, la contre-baguette C B se relève. La *rentrée* du chariot s'effectue au moyen du scroll S C qui tourne de gauche à droite ; pendant ce temps, un pignon S' solidaire de la poulie de renvoi de main douce M D' fait tourner le secteur S E de gauche à droite. La vitesse de déplacement de ce secteur étant inférieure à celle du chariot, la chaîne S B A' se trouve d'abord tendue ; puis se déroule du barillet B A' qu'elle fait tourner ; celui-ci étant solidaire de l'arbre A sur lequel est calé le tambour des broches, les fait tourner d'une vitesse proportionnelle à la rentrée du chariot. Le point S peut se déplacer suivant O S ; plus il est rapproché du centre O plus la vitesse des broches est grande, et inversement. Un galet G pouvant se déplacer dans une coulisse C U appuie sur la chaîne à la fin de la rentrée pour augmenter la vitesse de rotation des broches. Le fil est guidé sur les broches pour former la bobine au moyen de la baguette B A ; celle-ci baisse d'abord puis se relève commandée par le levier de règle qui roule sur la règle R. L'ensemble de ces opérations porte le nom d'*aiguillée*.

Métier renvideur.

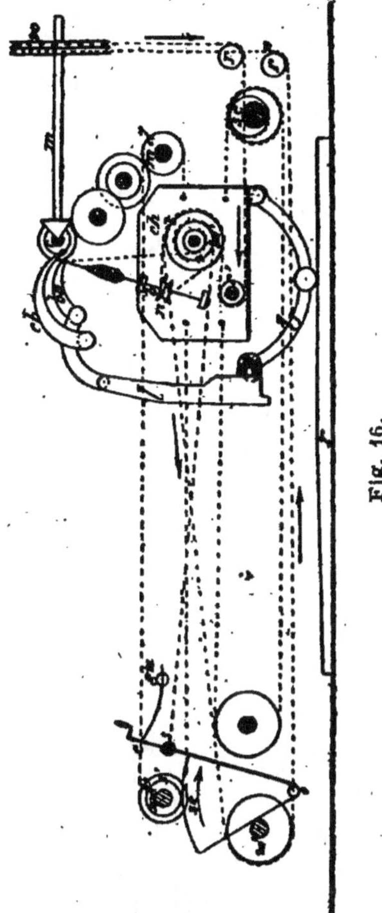

Fig. 16.

Légende.

m arbre moteur sur lequel est calé.
vo Volant.
c Cylindres délivreurs.
b Broches inclinées de 15 à 18° faisant 5,000 à 6,000 tours.
t Tambour monté sur A arbre des broches.
ch Chariot animé d'un mouvement de va-et-vient horizontal.
md main douce destinée à faire sortir le chariot.
sc scroll poulies à gorge croissante et décroissante destinée à faire rentrer
   le chariot.
ba Baguette sur la nappe des fils.
cb Contre-baguette sous la nappe des fils.
v Virgule, orane solidaire des broches pendant le détour et reliée à la
   baguette par une chaine.
ba' Barillet relié au secteur s e par une chaine s b a' et destiné à donner le mouvement de rotation aux broches pendant le renvidage.
r Règle sur laquelle roule le galet du levier de règle l r.
l Levier de liaison qui relie le levier de règle à la baguette.

36

Une épure des commandes est indispensable pour indiquer les calculs
que nécessitent les changements de numéros et de torsion dans les métiers à
filer.

L'étirage varie de 10 à 14. — La longueur de l'aiguillée varie de 1^m50
à 1^m65.

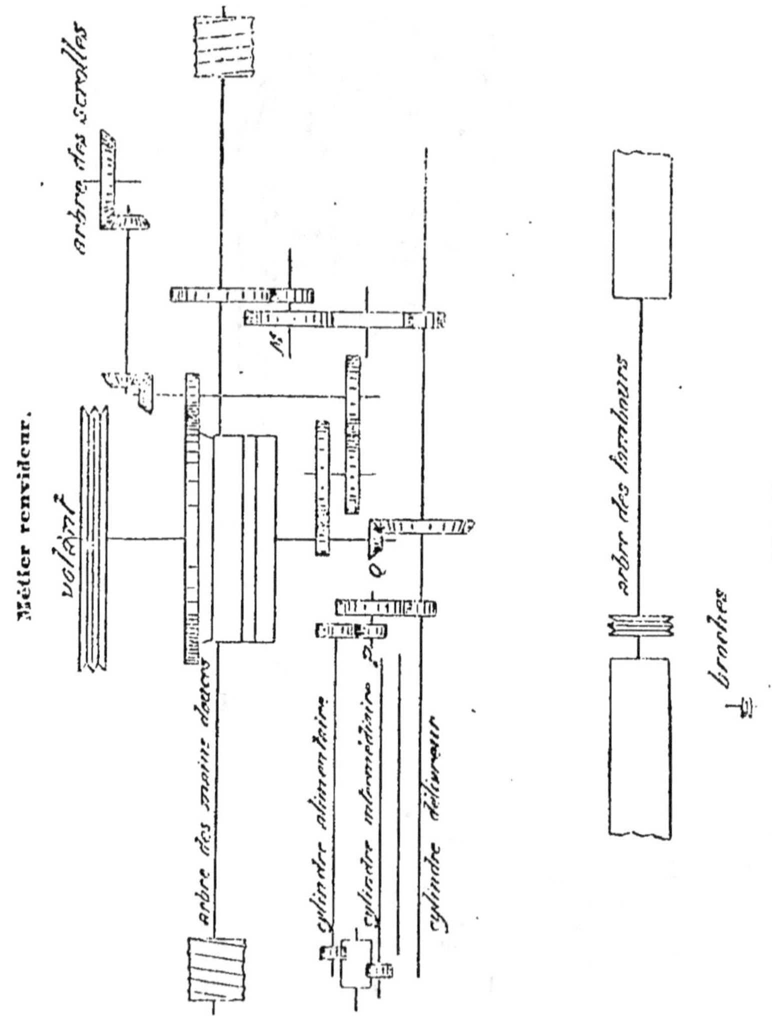

Calculs. D'après l'épure ci-dessus, si l'on veut changer le numéro du fil
on commence par changer le nombre de dents du pignon de change P et
l'étirage. Plus le *pignon est petit* plus *l'étirage est grand.*

La *torsion* est *proportionnelle aux racines carrées des numéros* pour des
filaments de même longueur. Nous pouvons donc modifier la torsion soit en
changeant le diamètre du volant pour conserver la même vitesse aux cylindres et au chariot, soit en *changeant le pignon de marche Q* qui commande

la roue calée sur le manchon des cylindres. *Plus le pignon sera petit moins les cylindres fourniront de fil et plus la torsion sera grande.*

Pour *augmenter le tirage du chariot* on diminue le nombre de dents de la roue M solidaire du pignon qui commande la roue de main douce, et réciproquement.

Le *rochet* qui agit sur la règle est *proportionnel aux numéros.*

Pour *transformer un métier* de chaîne en trame, il faut *changer la torsion et le tirage du chariot* qui sont plus faibles pour la trame que pour la chaîne; on change également le *rochet* si le fil est de numéro différent et les *platines* sur lesquelles repose la règle.

Production. La production d'un métier se détermine d'après le temps nécessaire pour fournir une aiguillée. Ainsi il faut par exemple 58″ pour produire 4 aiguillées de chaîne 80; la longueur de fil renvidé par aiguillée est de 1^{m}56.

En 12 heures de travail ou 43,200 secondes la production sera de

$$\frac{4 \times 43,200 \times 1.56}{58} = 4,648 \text{ mètres théoriquement.}$$

En pratique, il faut compter 80 p. c. de la production théorique, soit 3,700 mètres.

Un métier à filer en numéros moyens doit produire par jour et par broche pour Trame 3,600 à 3,700 mètres.
Chaîne 3,800 à 3.900   —

Etirage et torsion au métier à filer.

Fil	Numéro	ÉTIRAGE		Torsion au centimètre
		entre les cylindres	au chariot	
Chaîne.	75	10.50	1.05	4.95
»	78/80	10 à 11	1.05	4.95
»	80/82	10.4 à 11	1.05	4.95 à 5.12
»	82/84	10.25 à 11.7	1.05	5 » à 5.12
»	85/86	11 à 11.3	1.04	4.85
Trame.	90	11.50	1.04	5.02
»	100	11.50—11.75	1.04	5.13
»	107	11.50—11.80	1.04	5.27
»	114	12. —12.10	1.04	5.50
»	120	12.—	1.04	5.60
»	125	12.20	1.04	5.80
»	130	12.50	1.04	5.90
»	135	12.50	1.04	6 »
»	140	12.50	1.04	6.12
»	145	13.—	1.04	6.20
»	150	13.50	1.04	6.32

Des métiers continus à anneaux.

Depuis quelques années les métiers continus à anneaux se répandent dans toutes les filatures. Ils présentent, en effet, des avantages incontestables pour la fabrication de fils de chaîne numéros moyens : Augmentation sensible de production, diminution de l'espace occupé par les machines, réduction de main-d'œuvre, réglage facile des métiers, etc. Ces machines ne sont pas encore d'un emploi pratique pour la trame par suite de la faible torsion que l'on demande à cette nature de fils, mais étant donnés les perfectionnements apportés depuis quelques années, il faut espérer que

38

l'on arrivera, dans un temps plus ou moins éloigné, à résoudre ces difficultés.

Fig. 18.

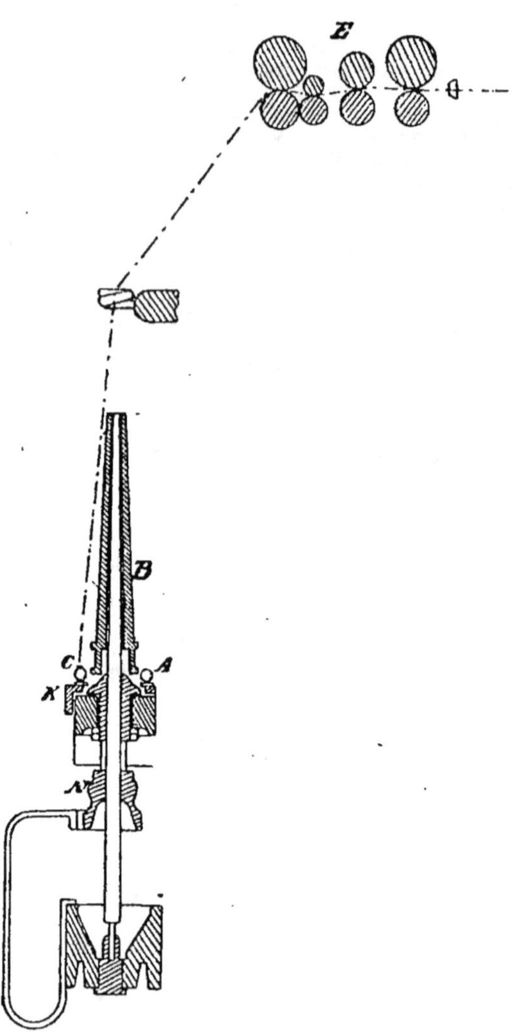

LÉGENDE.

E. Cylindres d'étirage.
B. Broche sur laquelle est calée une noix.
N. Noix qui reçoit son mouvement de rotation d'un tambour ; 6 à
7,000 tours par minute.
K. Chariot animé d'un mouvement vertical alternatif.
A. Anneau adapté au chariot.
C. Curseur ou *travaller* dans lequel passe le fil pour recevoir la torsion
et s'envider sur la bobine.

Le curseur peut se mouvoir sur la bague, et le fil entraîné par la broche entraîne à son tour le curseur lequel produit par suite la torsion, mais tout en étant entraîné le curseur reste en retard sur la broche de manière à enrouler le fil à mesure de sa formation.

La torsion donnée aux fils sur ces métiers n'est pas uniforme par suite de l'augmentation de diamètre de la bobine, mais la variation est négligeable lorsqu'il n'y a pas une trop grande différence entre les diamètres des bobines vides et pleines.

Le diamètre de l'anneau A ne doit pas dépasser certaines dimensions, et le poids du curseur doit être de plus en plus faible ; au fur et à mesure que le numéro devient plus élevé, il varie également avec la vitesse des broches.

La production se calcule par la vitesse des cylindres cannelés comme pour les autres machines, elle varie de 7 à 8 écheveaux par jour, c'est-à-dire de 4,900 à 5,600 mètres.

Le *nombre de tours moyen de torsion* au métier continu est le même qu'au métier renvideur.

CINQUIÈME PARTIE.

FILATURE DU COTON.

Mélanges.

Les balles de coton d'un même lot doivent être mélangées pour fournir une masse homogène, ce mélange se fait sur un ensemble de 10 à 12 balles au moins dans un local pouvant être chauffé et aéré. On mélange quelquefois des cotons de qualités différentes, c'est une question difficile lorsque les filaments ne sont pas de même longueur, cette opération se fait alors soit avant le battage, soit avant le cardage.

Emploi de différentes qualités de cotons suivant les numéros à produire.

Nᵒˢ 1 à 4   Déchets des déchets.
4 à 10   Premiers déchets.
10 à 20   Cotons de l'Inde, de la Chine, du Japon purs ou mélangés entre eux ou avec du déchet.
20 à 40   Louisiane, mobile, Georgie c/s. Cotons de l'Inde des meilleures qualités. Amérique et Indes mélangés. Jumel pur ou mélangé.
40 à 60   Louisiane. Jumel pur. Louisiane et jumel mélangés. Cotons de l'Amérique du Sud.
60 à 120   Jumel pur, Bourbon, Jumel et Georgie c/s mélangés.
120 et au delà Georgie L/s.

Ouvreuse et batteurs.

Les filaments de coton doivent être désagrégés, c'est-à-dire battus et débarrassés des poussières et matières étrangères qu'ils renferment. Les plus durs sont soumis à trois passages, pour les cotons fins deux passages suffisent.

Dans le premier cas on emploie l'ouvreuse Platt ou l'ouvreuse Crighton pour les cotons ordinaires et fins on emploie l'ouvreuse Lord ou l'ouvreuse ordinaire à un volant.

Au deuxième et au troisième passage on emploie les batteurs à un ou deux volants.

Réglage du volant. Plus le coton est chargé plus la distance de la règle du volant aux cannelés alimentaires doit être faible ; cependant pour des cotons courts et peu élastiques comme les cotons des Indes on augmente cet écartement.

Pour Louisiane 5 1/2 millimètres.
—   Jumel   7 millimètres.
—   Georgie 9 à 11 millimètres.
—   Indes 7 millimètres.

Réglage de la grille. Les premiers barreaux sont généralement plus écartés que les autres pour faciliter le passage des matières étrangères.

Le *Nombre de coups de règles* par centimètre de coton varie suivant le poids de la nappe.

On fait entrer au batteur ouvreur un kilogramme de coton par mètre carré ; le nombre de tours du volant étant 1.800, il y a 3,900 coups de règle par minute, les alimentaires développent dans une minute $0.065 \times 3.14 \times 19.091 = 3^m896$; il y a donc $\dfrac{3900}{389^{cm}6} = 10$ coups de règle environ par centimètre.

Ouvreuse Platt.
Fig. 19.

Batteur à 1 volant.
Fig. 20.

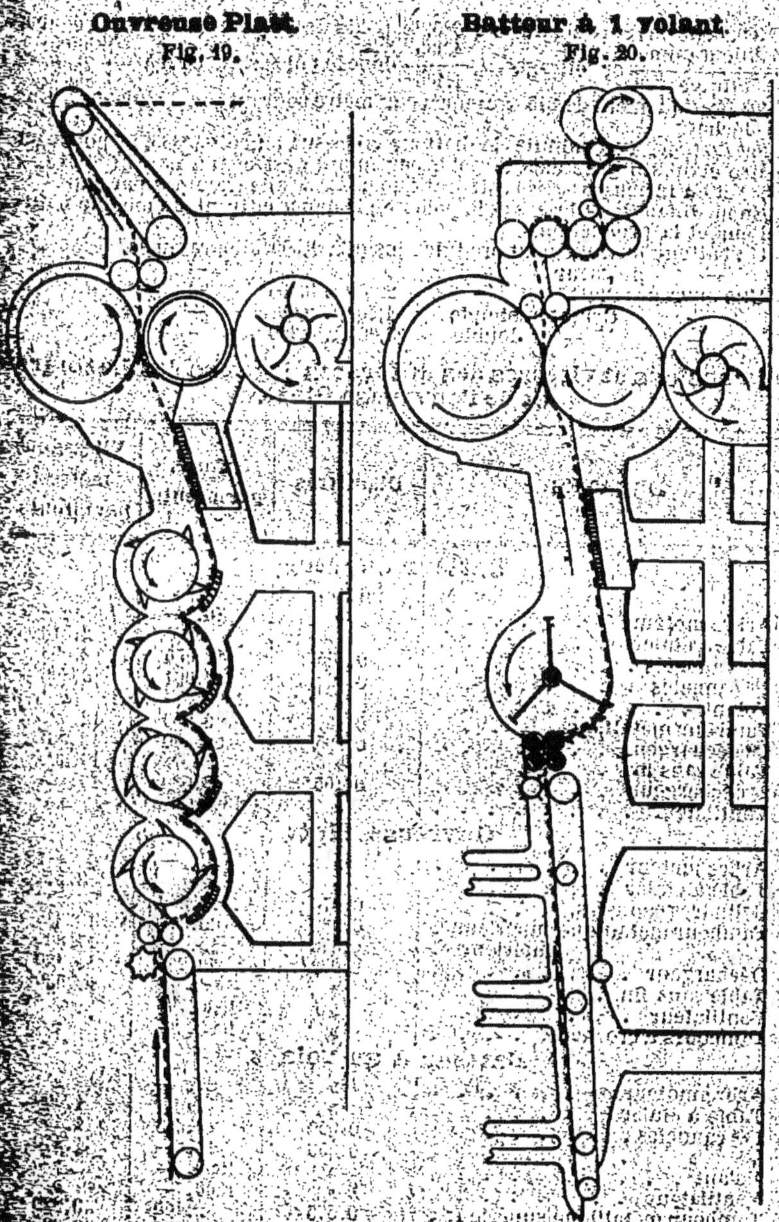

Connaissant le poids de nappe entrant il est facile de déterminer le poids
de nappe sortant.

Prenons le batteur à un volant. Le poids de la nappe entrant étant de
kilogramme par mètre courant, la vitesse de la table à étaler étant de

1ᵐ460, celle des enrouleurs de 4ᵐ385, le poids de 1 mètre sortant sera égal à

$$\frac{1 \text{ kilogramme}}{\text{étirage}} \quad \text{or étirage} = \frac{4.385}{1.460} \quad \text{donc le poids sera égal à} \quad \frac{1ᵏ460}{4.385} =$$

0ᵏ333 pratiquement de 315 grammes par mètre courant, en déduisant 5 p. c. de déchet.

Production. Par minute le batteur ci-dessus fournit 4ᵐ385, le poids au mètre étant 315 grammes, le poids par minute est égal à 4.385 $\times$ 0ᵏ315 = 1ᵏ380 et en 12 heures 993ᵏ60 soit pratiquement 950 kilogrammes par jour.

En modifiant les vitesses et le poids de la nappe entrant, on modifie naturellement la production.

Un batteur ouvreur peut produire jusqu'à 1,500 kilogrammes.

— finisseur	—	» 1,000	—
Une ouvreuse Platt	—	2,000 à 3,000	—
— Crighton simple		1,500 à 2,000	—
— double		3,000 à 3,200	—

Dimensions et vitesses des différents organes des batteurs et de l'ouvreuse Platt.

ORGANES	Diamètres	Tours par minute	Vitesse en mètres par minute
Batteur ouvreur			
	millim.		
Arbre moteur	»	70. —	»
Table à étaler	»	»	2.513
1ᵉʳˢ cannelés	0.075	11.050	2.603
2ᵉˢ cannelés	0.065	19.091	3.896
Volant	»	1300. —	»
Tambour métallique	0.760	5.250	12.528
1ᵉʳ déchargeur	0.105	39.300	12.957
Table sans fin	»	»	12.300
2ᵉ déchargeur	0.105	48.530	16. —
Ventilateur	»	1300. —	»
Ouvreuse Platt			
Arbre moteur	»	90. —	»
Table à étaler	»	»	3.120
Cylindres cannelés	0.076	18.500	3.222
Tambour métallique supérieur	0.588	9.940	18.355
» » inférieur	0.878	15. —	17.804
Déchargeur	0.078	79.200	19.400
Table sans fin	»	»	19.500
Ventilateur	»	1580. —	»
Tambours à crochets	»	1000. —	»
Batteur à un volant			
Arbre moteur	»	97. —	»
Table à étaler	»	»	1.460
1ᵉʳˢ cannelés	0.050	9.333	1.465
2ᵉˢ »	0.050	10. —	1.570
Volant	»	1300. —	»
Ventilateur	»	1300. —	»
Tambour métallique supérieur	0.575	2.160	3.920
» » inférieur	0.875	3.257	3.835
Délivreurs	0.076	16.550	4.151
1ᵉʳ, 2ᵉ et 3ᵉ presseur	0.140	9.580	4.160
4ᵉ presseur	0.180	7.806	4.832
Enrouleurs	0.280	6.170	4.385

Cardage.

Le coton sortant des batteurs passe à un cardage simple pour les numéros gros et moyens, un cardage double ou un cardage suivi de peignage pour les numéros mi-fins et fins.

Les cardes employées sont : la carde à hérissons de Higgins, la carde mixte ou la carde à chapeaux; le débourrage des chapeaux se fait automatiquement à l'aide du débourreur Wellmann.

L'étirage à une carde se détermine en prenant le rapport des vitesses des cannelés d'appel et des cannelés alimentaires.

Pour les cardes à hérissons l'étirage sera $\dfrac{13.257}{0.155} = 85.53$

Pour les cardes mixtes — — $\dfrac{16.338}{0.160} = 100.86$

Pour varier l'étirage de la carde on fait varier la vitesse du cannelé alimentaire en changeant le pignon qui commande la roue calée sur celui-ci. Plus le pignon est petit, plus l'alimentation est faible et la vitesse des cannelés d'appel étant la même, plus l'étirage sera grand et inversement.

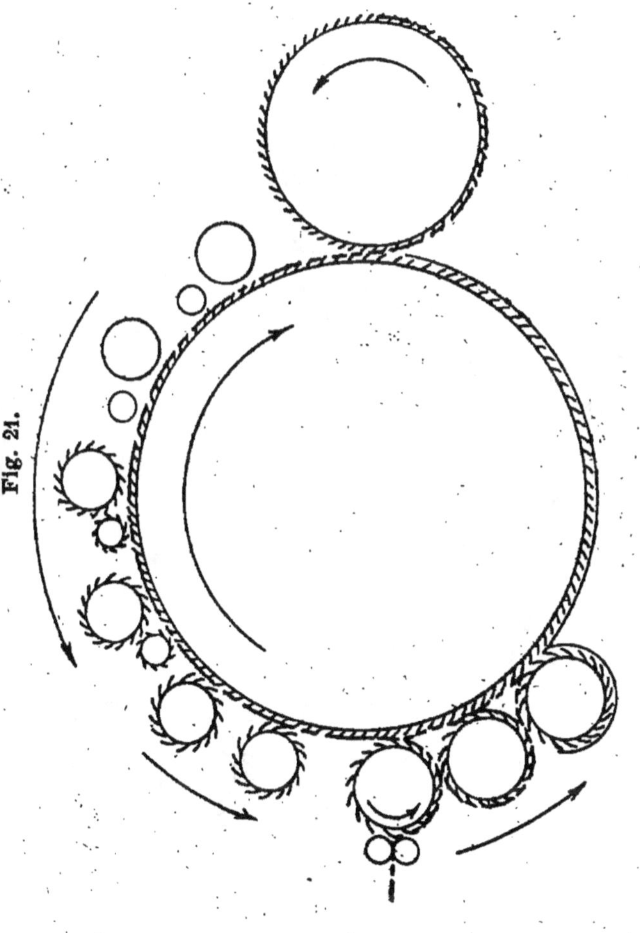

Tableau des vitesses d'une carde à hérissons

DÉSIGNATION DES ORGANES	Diamètres avec garnitures	Nombre de tours par minute	Vitesse à la circonférence
Rouleau alimentaire.	0.150	0.310	0.146
Cannelés	0.040	1.240	0.155
Briseur	0.255	280.380	224.510
Intermédiaire	0.235	202.500	149.093
Débourreur	0.220	630.840	435.784
Grand tambour	1.200	135. —	508.680
Travailleurs.	0.173	3.706	2.013
Nettoyeurs. , ...	0.097	231.400	70.480
Peigneur	0.500	8.268	12.980
Cannelé d'appel	0.045	94.025	13.257

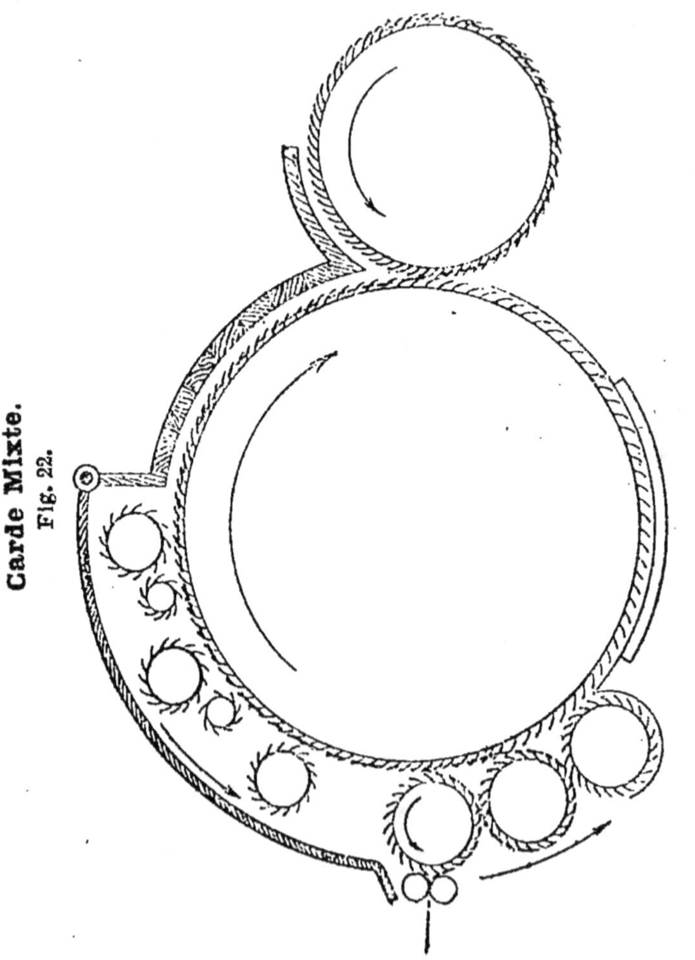

Carde Mixte.
Fig. 22.

Tableau des vitesses d'une carde mixte

DÉSIGNATION DES ORGANES	Diamètres avec garnitures	Nombre de tours par minute	Vitesse à la circonférence
Rouleau alimentaire.	0.153	0.301	0.145
Cannelés	0.051	1.033	0.160
Briseur	0.250	337. —	264.545
Intermédiaire	0.220	257. —	177.535
Débourreur	0.220	755. —	521.554
Grand tambour	1.200	135. —	508.680
Travailleurs	0.170	9. —	4.704
Nettoyeurs	0.100	293. —	92.002
Peigneur	0.520	7.593	12.398
Cannelés d'appel 1er	0.045	94.025	13.257
Cannelés d'appel 2e	0.045	114.458	16.138

La production théorique d'une carde se détermine d'après le poids de la nappe entrant et la vitesse des cannelés alimentaires, en déduisant de 40 à 70 grammes par kilog. entrant pour déchets obtenus à la carde.

Ainsi, le poids du mètre de nappe entrant étant de 400 grammes, la vitesse du cannelé étant de 0.16, il entrera dans une journée de 12 heures ou 720 minutes $0.400 \times 0.16 \times 720 = 45^k080$, en déduisant pour déchet 6 p. c., il sortira $45.080 - 2.704 = 42^k376$.

Pour les cardes à chapeaux, on peut arriver à 36 kilog. environ.

— — hérissons, travaillant des cotons de l'Inde ou similaires, on peut pousser la production jusqu'à 50 et même 60 kilog.

Le numéro du ruban, à la sortie, se détermine en prenant une longueur de 5 mètres comme unité.

Pour les fils de numéros ordinaires, les rubans sortant de la carde passent par trois bancs d'étirage successifs dont l'étirage va en augmentant de 6 à 8 ou 9, et les doublages de 6 ou de 8.

Pour les fils de numéros mi-fins, on soumet le coton à cardage en gros, cardage en fin, et trois passages d'étirage.

Pour des fils fins on soumet le coton à un passage à la carde, un passage à l'étirage, un passage à la bobineuse, à la peigneuse et trois passages à l'étirage.

Dans le cas du double cardage, on diminue de 5 à 10 tours la vitesse du grand tambour de la carde en fin et les garnitures employées sont plus fines. On emploie généralement pour le premier cardage des cardes à hérissons et pour le second des cardes à chapeaux.

En ralentissant l'alimentation ou en travaillant des nappes plus minces, on peut arriver à avoir en simple cardage des produits qui s'approchent beaucoup de ceux obtenus avec le double cardage.

Banc d'étirage.

Le banc d'étirage, ainsi que nous l'avons déjà dit, a pour but de laminer et de régulariser les rubans sortant de la carde.

Les bancs d'étirage diffèrent peu entre eux, seuls les écartements, les pressions et étirages varient.

Productions. — La production théorique d'un banc d'étirage se détermine d'après le poids des rubans entrant, le doublage et la vitesse du cylindre alimentaire, ou d'après la vitesse du cylindre délivreur connaissant le poids des rubans sortants.

Ainsi la vitesse du cylindre alimentaire est de 5^m012.

Chaque tête d'étirage reçoit à l'entrée 6 rubans dont 5 mètres indiquent le n° 25/26, le numéro entrant est donc $\dfrac{25}{6} = 4,16$ pour 5 mètres, soit un poids de 24 grammes par mètre entrant.

La production est donc 24 gr. $\times 5.012 \times 720 = 86^k600$, et pratiquement, à cause des arrêts, elle est de 60 kilog.

Banc d'étirage.

Fig. 23.

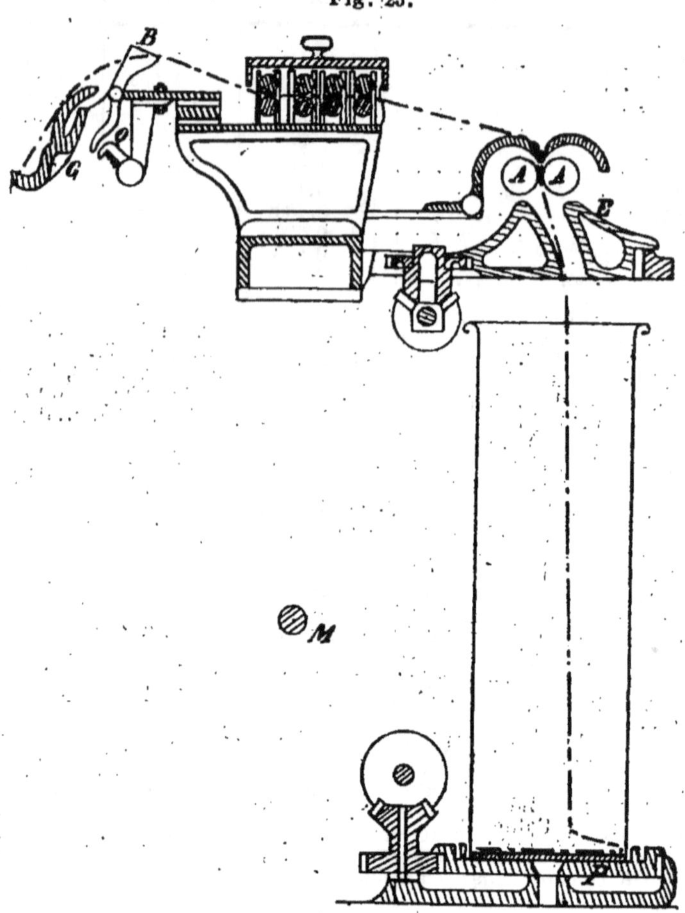

LÉGENDE.

G. Guide des rubans.

B. Bascule dans laquelle passent les rubans.

Q. Buttoir en regard de la bascule correspondant au débrayage de la machine.

CF. Appareil d'étirage.

AA. Rouleaux d'appel.

E. Entonnoir tournant.

P. Plateau tournant sur lequel repose le pot et dans lequel viennent tomber les rubans.

M. Arbre moteur.

Peignage.

Ainsi que nous l'avons dit précédemment, le coton destiné aux fils fins passe au peignage. Les peigneuses employées sont de deux types différents : La peigneuse à mouvement intermittent de Heilmann et la peigneuse à mouvement continu de Hubner.

Nous ne reviendrons pas sur la peigneuse *Heilmann* dont le fonctionnement a été donné quand nous avons traité la filature de la laine; disons seulement que le tambour peigneur ne porte qu'un segment denté et un segment de cuir, au lieu de deux, comme dans la peigneuse à laine.

Le réglage de cette machine se fait d'après les mêmes principes que pour la peigneuse à laine.

Le tambour peigneur fait 65 tours par minute, la table d'arrachage ainsi que la machoire fait nécessairement le même nombre de coups — numéro entrant, 7 pour 5 mètres — numéro sortant, 35. — Production 20 kilog. déchet 20 p. c.

Peigneuse Hubner.
Fig. 24.

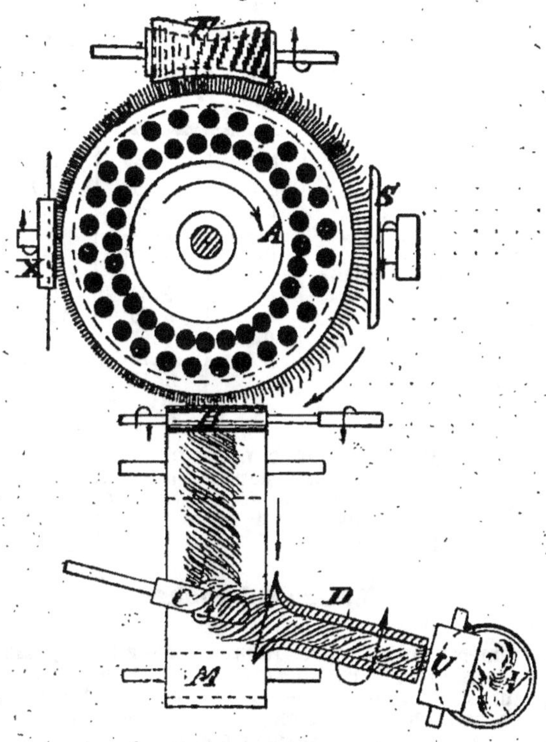

LÉGENDE.

A. Plateau circulaire percé de trous destinés à recevoir les rubans.
X. Galet d'alimentation.
F. Peigneur.
S. Plateau destiné à redresser les filaments.
B. Cylindres d'arrachage à travers un peigne annulaire.
M. Manchon.
C. Doigt pour guider les filaments.
D. Entonnoir.
B. Cylindres d'appel.
V. Pot tournant.

Réglage. — L'alimentation se règle par l'inclinaison plus ou moins grande du plateau-guide des rubans, la longueur de l'alimentation est égale à l'inclinaison de ce plateau. Le peigneur doit être aussi rapproché que possible de la turbine. Le peigne annulaire doit être incliné de manière qu'il reste environ 2 millimètres du ruban au fonds des dents. Le cylindre inférieur d'arrachage doit être à la hauteur de la partie de l'anneau sur lequel tourne la turbine et aussi rapproché que possible quand on veut peigner court.

Les rubans produits par cette machine sont généralement tordus et irréguliers.

Tableau des vitesses de la peigneuse Hubner (petit modèle).

NOMS DES ORGANES	Diamètres	Tours pour 1 tour d'arbre moteur	Tours pour 1 tour de turbine	Vitesse circonférencielle celle de la turbine = 1
Turbine	0.290	0.108	1.—	1.—
Peigne	0.070	4,40	40.74	9.83
Brosse	0.117	6.28	58.1	23.4
Débourreur.	0.115	0.26	2.40	0.95
Galet d'alimentation	0.070	0.86	8.—	1.93
Cylindre arracheur et manchon du haut	0.018	2.83	26.2	1.62
Cylindre et manchon du bas. .	0.029	1.70	15.72	1.57
Entonnoir intérieur	0.019	2.63	24.35	1.36
Rouleaux d'appel	0.081	0.20	1.85	0.516
Plateaux du pot tournant . . .		0.55		
Arbre moteur.		1.—		

L'arbre moteur fait de 115 à 120 tours par minute.

Productions. On passe 56 rubans dans le plateau. Le n° de chaque ruban entrant est 15 pour 5 mètres et le n° sortant est 18 en moyen, et la machine fournit de 20 à 21 kilogrammes de peigné par journée de 12 heures de travail avec 14 à 15 % de déchet ou blasse.

Bancs à broches.

Pour les numéros ordinaires les rubans après étirage passent à 3 bancs à broches, bancs en gros, bancs intermédiaires et bancs en fin.

Pour les numéros mi-fins et fins, les rubans passent à 4 bancs à broches : bancs en gros, bancs intermédiaires, bancs en fins et bancs superfins.

Le but de ces passages est de transformer les rubans en mèches régulières en leur donnant une légère torsion.

Dans cette machine les ailettes sont animées d'un mouvement de rotation uniforme; les bobines reçoivent deux mouvements simultanés et variables à chaque couche. 1° mouvement de rotation tel que la différence entre le nombre des tours de la bobine et celui de la broche diminue à chaque couche en raison inverse des diamètres successifs de cette bobine. 2° Mouvement vertical alternatif dont la vitesse diminue en raison des diamètres croissants de la bobine.

Banc à broches.

Fig. 25.

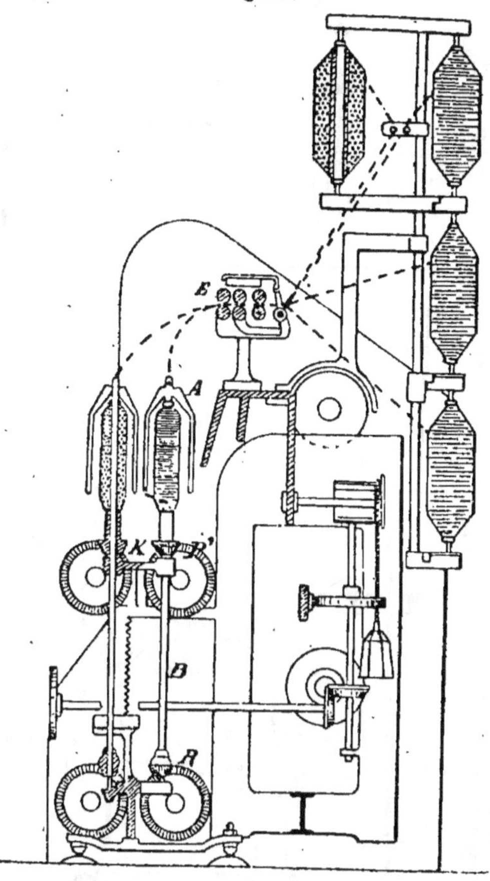

LÉGENDE.

E. Cylindres d'étirage.
B. Broches.
A. Ailettes solidaires des broches.
C. Bobines traversées par les broches.
R. Engrenages commandant les pignons calés sur les broches.
K. Chariot animé d'un mouvement vertical alternatif.
R'. Engrenages montés sur le chariot commandant les pignons sur lesquels sont solidaires les bobines C.

Ces mouvements sont obtenus par l'emploi de deux cônes combinés et d'un mouvement différentiel, en sorte que le mouvement de rotation de la bobine se compose du mouvement imprimé à la roue différentielle par l'arbre moteur d'abord, pris par le cône supérieur qui, commandant le cône inférieur au moyen d'un courroie qui se déplace, transmet son mouvement à la roue différentielle.

Epure des commandes d'un banc à broches.

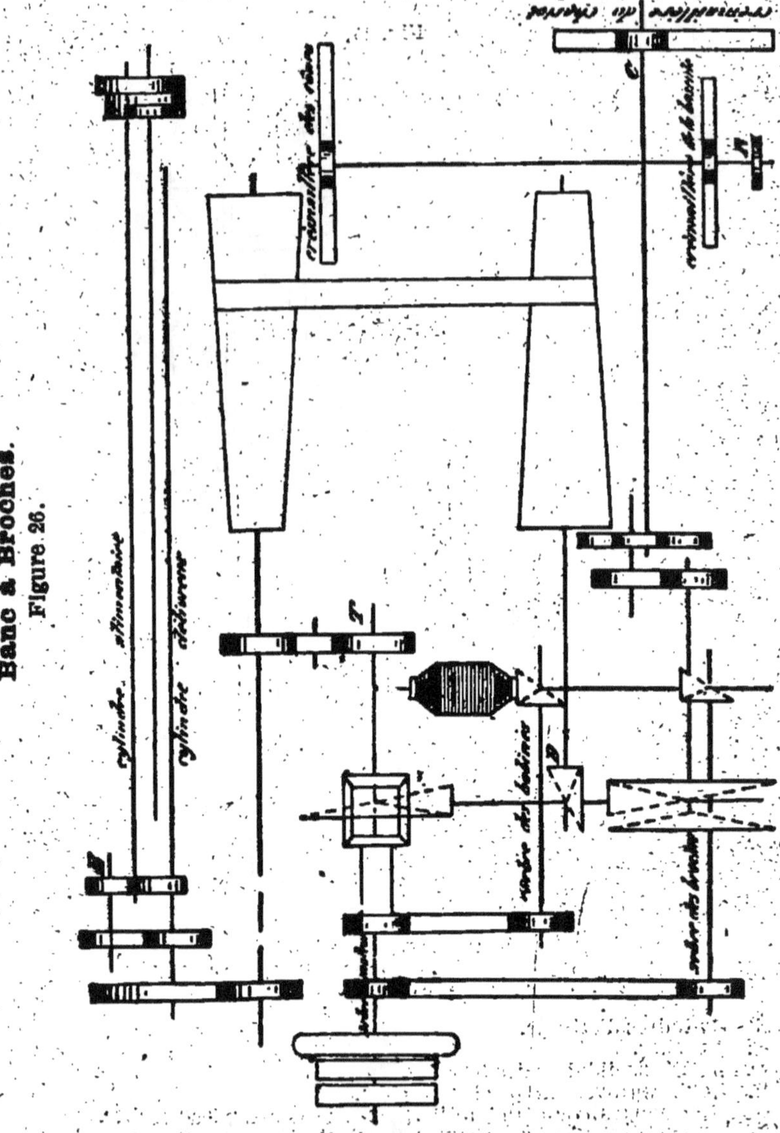

Calculs. L'*étirage* dans cette machine varie avec le nombre de dents du pignon E. Plus le nombre de dents de ce pignon est *petit* plus l'étirage est grand.

La *torsion* se modifie en changeant le nombre de dents du pignon T qui commande les cylindres délivreurs. La vitesse des broches étant constante, plus le nombre de dents de ce pignon est *petit* plus le nombre de tours de torsion est *grand*. Le nombre de tours de torsion se calcule d'après les formules données dans les principes.

Le *mouvement vertical du chariot* doit être d'autant plus faible que le numéro de mèche est plus fin, par conséquent le nombre de dents du *pignon* C qui commande la crémaillère est *proportionnel* aux *racines carrées des numéros*.

Le rochet de la *bascule* R est de même *proportionnel* aux *racines carrées des numéros*.

Réglage. Malgré l'exactitude des calculs indiqués ci-dessus, il peut arriver que les bancs à broches ne fonctionnent pas régulièrement. 1° Si la mèche en sortant des cylindres se coupe ou se casse, c'est que la vitesse d'envidage des bobines est trop grande, il faut alors diminuer la différence entre le nombre de tours { de l'ailette et de la bobine. } { de la bobine et de l'ailette. } en diminuant le nombre de dents du pignon D qui commande la roue différentielle. Si, au contraire, le tirage est insuffisant on augmentera ce nombre de dents.

2° Lorsque les mèches ne se renvident pas en hélices juxtaposées, il faut modifier la vitesse du chariot ; augmenter le nombre de dents du pignon C si les spires se confondent et diminuer si les spires sont trop écartées.

3° Lorsque la mèche devient de plus en plus lâche à mesure que les bobines augmentent, c'est que la vitesse d'envidage diminue trop d'une couche à l'autre, par conséquent la courroie avance de quantités trop grandes, il faut donc *augmenter* le nombre de tours du rochet R.

Vitesse moyenne des broches des bancs à broches.

Banc en gros   400 à 500 tours par minute.
     intermédiaire 650   —   —
     en fin   800 à 900   —   —
     superfin   800 à 1,000 —   —

La vitesse des cannelés se calcule d'après le nombre de tours des broches et la torsion à donner aux mèches.

Emploi des bancs à broches.

DÉSIGNATION DES FILS			Numéro de mèche	Torsion par décimètre
N°s 4 à 10 (déchets)		1 passage . . .	0.9 à 1	32 à 34
N°s 14 à 24		1er —	0.50 à 0.52	2.6
		2e —	2.7	6.8
N°s 27/29 chaîne 36/38 trame	Amérique	1er —	0.52 à 0.56	2.6
		2e —	1.5 à 1.6	4.4
		3e —	3.— à 3.25	7.4
N°s 27/29 chaîne 36/38 trame	Indes	1er —	0.45	3.7
		2e —	1.—	7.4
		3e —	4.—	11.1
N°s mi-fins jumel		1er —	1.—	2.58
		2e —	2.4	4.—
		3e —	4.75	5.60
		4e —	10.—	8.10
N°s fins Georgie L.S.		1er —	3.25	3.8
		2e —	4.80	4.6
		3e —	7.80	5.8
		4e —	15.—	8.2

Production. La production dépend du nombre de tours des broches, de la torsion et du numéro des mèches.

Connaissant le nombre de tours des broches et la torsion par décimètre, on en déduit la longueur fournie par les cylindres, par minute, puis par journée de travail; la production en poids est égale à la longueur divisée par 2,000 N (N étant le numéro).

Ainsi un banc en gros produisant du Louisiane n° 0,52, vitesse des broches 450 tours, torsion 2.6, la production sera pour 12 heures ou 720.

$$\frac{450}{2.6}$$ 173 décimètres livrés par les cylindres en 1 minute et en 720 ils

produisent 12,456 mètres dont le poids est de $\dfrac{12,456}{2,000 \times 0,52} = 11,975$.

Pratiquement la production sera de 7 kilomètres 200 mètres.

En général on prendra pour :

les bancs en gros	60 à 65 p. c.	du produit théorique.	
— intermédiaires	65 p. c.		—
— fins	75 p. c.		—
— superfins	80 p. c.		—

Filage.

Les mèches du dernier banc à broches passent au métier à filer : on emploie comme pour la laine le métier renvideur et le métier continu. Nous ne reviendrons pas sur la marche générale de ces machines, ni sur les calculs qui peuvent se présenter; nous nous contenterons de donner quelques renseignements sur les vitesses, torsions et rendements.

Métier Renvideur.

Dans le métier à filer le coton on se sert du compteur de torsion attendu qu'une partie seulement de la torsion se donne pendant la sortie du chariot et le complément pendant l'arrêt avant le dépointage.

Vitesses et production d'un métier à filer chaine 27/29.

Nombre de tours de l'arbre moteur par minute 450
— — des broches pratique — 6,500
Développement du cylindre délivreur — 7ᵐ153
— — alimentaire — 0.752
— de la main douce — 7.555

Etirage entre les cylindres . . . . $\dfrac{7.153}{0.752} = 9.51$

— total . . . . $\dfrac{7.555}{0.752} = 10.04$

Numéro entrant étant de 27.9 pour 100 mètres.
Le numéro sortant sera . . . . $2.79 \times 10.04 = 28.01$

Nombre de tours de torsion par centimètre . . . . . $\dfrac{6.500}{7.555} = 8.6$

Durée d'une aiguillée 18″4
Production par broche 67 grammes.
— — pratique 60 grammes.

Vitesses et production d'un métier à filer Trame 36/38.

Nombre de tours de l'arbre moteur par minute. 470
— des broches pratique — 6,100
Développement du cylindre délivreur — 7ᵐ0686
— — alimentaire — 0.6282
— de la main douce — 7.422

Étirage entre les cylindres . . . . $\dfrac{7.0686}{0.682} = 11.20$

— total. . . . . $\dfrac{7.422}{0.682} = 11.76$

Numéro entrant étant de 31 pour 100 mètres.

Le numéro sortant sera. . . . . $3.1 \times 11.76 = 36.45$

Nombre de tours de torsion par centimètre . . . . . $\dfrac{6.100}{742.2} = 8.1$

Durée d'une aiguillée 18″.

Production par broche et par jour 53 grammes.

— — — pratique 47 grammes.

Tableau donnant la torsion et la production pour différents fils.

Nature du fil	Numéros	Nature de coton employé	Tour de torsion par décimètre	Production par jour et par broche
				gr. cent.
Chaîne	14	Déchets et Indes	74	115
»	20	Louisiane et Indes	84	80
»	24	»	90	66
»	28	»	95	55
»	28	Amérique	90	60
»	32	»	96	51
»	36	»	99	42
»	40	»	105	31
»	40	Jumel et Fernamboucq	105	33
»	50	»	130	26
»	55	»	140	23
»	60	Jumel et Georgie	120	20
»	70	»	127	15.50
»	80	»	131	10.25
»	90	»	142	10
»	100	Georgie L/S	145	9.80
»	110	»	152	8
»	120	»	159	6
»	125	»	162	5.50
Trame	14	Déchets et Indes	58	120
»	16	»	62	114
»	16	Louisiane et Indes	54	133
»	20	»	60	102
»	24	»	66	82
»	28	»	73	66
»	32	»	76	49
»	36	»	81	46
»	40	»	90	40
»	50	Jumel	80	33
»	60	»	90	25
»	70	»	98	15.50
»	85	»	110	11.50
»	100	Georgie L/S	115	10
»	120	»	125	6
»	150	»	150	5.20
»	200	»	175	3.40

Les chiffres du tableau ci-dessus n'ont rien d'absolu, car le nombre de tours de torsion varie suivant la longueur des filaments de coton employé et la production dépend non seulement de la nature des matières mises en œuvre, mais encore de la vitesse des métiers et des localités.

Métiers continus à anneaux.

Ces genres de métiers sont d'un usage plus répandu pour le coton que pour la laine, le principe de leur construction étant le même, nous renverrons à l'article qui en traite à la filature de la laine peignée.

Tableau donnant la torsion et la production pour différents fils-chaîne.

N°ˢ de fil	10	14	16	20	24	28	30	40
Torsion par décimètre	60	75	82	93	100	106	110	128
Production par 12 heures	365 gr.	235 gr.	170 gr.	120 gr.	100 gr.	90 gr.	80 gr.	55 gr.

Le nombre de tours de broches est de 7,000 par minute environ.

SIXIÈME PARTIE.

PRINCIPES DE TISSAGE.

Tout tissu à fils rectilignes résulte de l'entrecroisement de fils dont les uns disposés à l'avance parallèlement entre eux et dans le sens de la longueur portent le nom de fils de chaîne ou simplement *fils* et les autres insérés perpendiculairement dans les premiers portent le nom de fils de trame ou *duites*.

L'art du tissage consiste donc à combiner des entrecroisements avec les matières les mieux appropriées pour l'usage auquel on destine les tissus, on obtient alors soit un grain, soit des côtes ou croisures, soit des dessins plus ou moins étendus.

On donne le nom d'*armure* au mode de croisement des duites avec les fils ; ces armures se divisent en *armures tissu* et *armures dessin*.

On appelle *armure tissu* un mode de croisement qui donne un tissu à grains ou à croisure. C'est dans cette catégorie que sont rangées les *armures fondamentales* dont nous aurons plus spécialement à nous occuper.

On appelle *armures dessin* un mode de croisement qui donne au tissu l'aspect de petits dessins tels que les granités, œil de perdrix, grain de café, etc.

Ce sont les armures qui servent de base à la fabrication de tous les tissus soit qu'on les emploie seules, soit qu'on les combine ou qu'on en tire des dérivés.

Armures fondamentales. Elles sont au nombre de quatre. 1° Toile. 2° Batavia. 3° Sergé. 4° Satin.

1° **La toile** s'obtient en divisant la chaîne en 2 nappes égales par fils impairs et fils pairs, et en insérant la trame dans chacune de ces divisions ou *foules*.

Les fils de chaîne se comptent toujours en allant de gauche à droite et les duites en allant de bas en haut, l'armure de la toile peut donc se représenter de la manière suivante

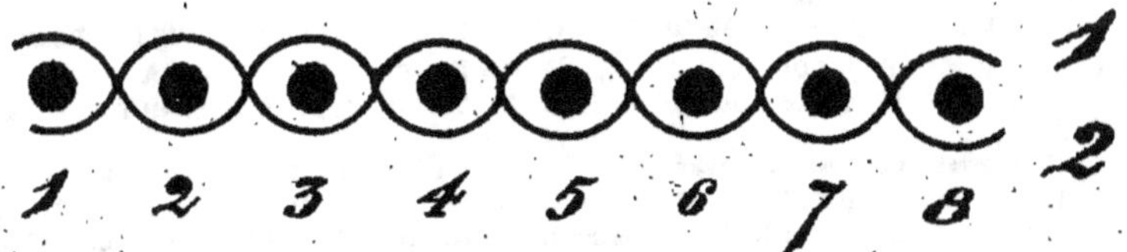

en supposant une coupe faite dans le sens de la trame, les circonférences représentent les fils et les lignes sinueuses les duites.

La première duite passe sous les fils impairs et sur les fils pairs, la deuxième duite fait l'inverse ; c'est le croisement le plus simple, mais pour représenter graphiquement les croisements la coupe indiquée ci-dessus serait insuffisante surtout s'il s'agissait d'armures ou de dessins étendus, on est donc obligé d'employer un autre mode de représentation des armures, à cet effet, on fait usage de *papier de mise en carte* ou papier quadrillé sur lequel sont tracées des lignes verticales et horizontales plus accentuées formant entre elles des carrés appelés *dizaines*. Ces dizaines se subdivisent en carrés ou rectangles selon que les subdivisions en largeur et en hauteur sont égales ou différentes, ainsi on a du papier de 8 en 8, 10 en 10, dans lequel les dizaines sont subdivisées en 8 ou 10 parties égales en hauteur et en largeur, 8 en 9, 8 en 10, 10 en 12, etc., suivant que les dizaines sont subdivisées en :

8 parties en largeur 9 en hauteur.
8   —   —   10   —
10   —   —   12   —   ou réciproquement.

L'emploi de ces papiers est indispensable pour reproduire les armures ou dessins, *faire les mise en carte* dans les proportions de chaine et trame du tissu.

On appelle *réduction* ou *compte* le nombre de fils et de duites contenus dans l'unité de mesure qui est le *centimètre* ou le *quart de pouce* suivant les localités et les tissus.

D'après ce qui précède dans le papier de mise en carte, les fils de chaine sont représentés par des interlignes verticaux, les duites par des interlignes horizontaux, et généralement on remplit les carreaux correspondant à la levée des fils pour le passage des duites. Ainsi la mise en carte de la toile

sera représentée de la manière suivante (figure 27) : Au premier interligne horizontal ou première duite on remplit les interlignes verticaux impairs, c'est-à-dire, qu'on fait lever les fils impairs ; au deuxième interligne horizontal ou deuxième duite on remplit les interlignes verticaux pairs, c'est-à-dire, qu'on fait lever les fils

Figure 27.

pairs et ainsi de suite. D'après cette mise en carte on voit que tous les interlignes verticaux impairs ou fils impairs sont semblables, il en est de même pour les interlignes verticaux pairs ou fils pairs. Les interlignes horizontaux impairs ou duites impaires sont semblables, de même que les interlignes pairs ou duites impaires.

En conséquence, on peut réduire cette mise en carte à deux interlignes verticaux ou deux fils et deux interlignes horizontaux ou deux duites, c'est ce que l'on appelle *rapport d'armure* (fig. 28). Le rapport d'armure indique donc le nombre de fils et de duites strictement nécessaires pour reproduire une armure.

fig. 28

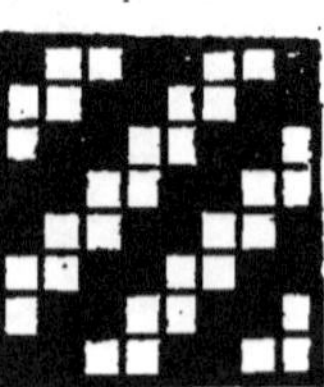

Le rapport d'armure de la toile est deux fils et deux duites.

Avant d'étudier les autres armures nous allons poser deux principes:

1° Dans les armures fondamentales le rapport en chaine est toujours égal au rapport en trame ;

2° Dans les armures fondamentales une duite quelconque est semblable à la précédente reculée ou *décochée* d'un ou plusieurs rangs ou fils vers la droite ou vers la gauche.

On donne le nom de *décochement* à la gradation suivant laquelle les fils sont pointés à chaque duite.

Ainsi pour la toile la deuxième duite est semblable à la première reculée d'un rang, et le décochement est de un fil, c'est-à-dire, qu'à la deuxième duite on fait lever le deuxième fil, ayant fait lever le premier fil à la première duite.

2ᶜ **Le Batavia ou Croisé** s'obtient en divisant la chaine par groupes égaux. A la première duite on fait lever le premier groupe baisser le deuxième, lever le troisième, baisser le quatrième, etc., la deuxième duite est semblable à la première reculée d'un rang vers la droite ou vers la gauche, la troisième duite semblable à la deuxième reculée d'un rang et ainsi de suite. D'après cela les batavias sont toujours composés d'un nombre de fils et de duites pairs au rapport et le plus petit batavia est de quatre fils, quatre duites (figures 29 et 30).

Figure 29.

Figure 30.

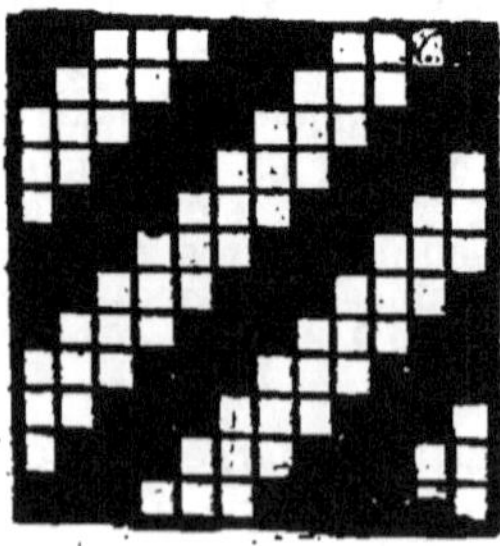

Les armures toile et batavia produisent des tissus théoriquement sans envers, mais la torsion des fils et le sens de la croisure peuvent avoir de l'influence et produisent pour certaines matières un aspect plus régulier sur une des faces que sur l'autre. Nous traiterons ce sujet en parlant des croisures dans les tissus mérinos.

3° **Le Sergé** s'obtient en faisant lever un fil en opposition aux autres fils du rapport qui baissent, le décochement étant de premier fil à chaque duite. Le plus petit sergé est de trois, un fil qui lève, 2 qui baissent, puis le sergé de quatre, sergé de cinq, six, etc. (figures 31, 32 et 33).

Fig. 31.

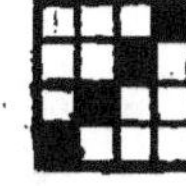
Fig. 32.

Fig. 33.

Les tissus obtenus avec cette armure ont un envers, c'est-à-dire que la trame étant apparente sur la face d'endroit, la chaîne sera apparente sur la face d'envers, d'où l'on dit qu'un tissu est par *effet de trame* ou par *effet de chaîne* selon que la trame ou la chaîne domine et fait le dessin à l'endroit. Les liages étant contigus, cette armure produit des tissus à côtes comme les batavias.

4° **Le Satin.** On a pour but dans cette armure d'éviter les côtes ou diagonales continues si accentuées dans les sergés, aussi doit-on disséminer autant que possible les points de liage dans le rapport d'armure et le satin est d'autant plus agréable à l'œil que ces points de liage sont plus régulièrement espacés. Pour pointer cet armure on fait à chaque duite lever un fil en opposition aux autres fils du rapport qui baissent. Le décochement est sauté, tandis qu'il est d'un à chaque duite dans le sergé. Cette définition s'applique aux satins par effet de trame. Lorsqu'il s'agit de satin par effet de chaîne l'armure s'obtient en faisant baisser un fil en opposition aux autres fils du rapport qui lèvent, le décochement étant toujours sauté. Les satins se divisent en deux classes : 1° Satins réguliers;

2° Satins irréguliers.

Un satin est régulier lorsque ses points de liage sont également disséminés les uns par rapport aux autres et il faut pour les obtenir que le décochement soit un nombre premier avec le rapport d'armure. Tous les satins sauf ceux du module de quatre et de six fils peuvent être pointés régulièrement. En effet, d'après le définition qui précède il n'y a de nombres premiers avec quatre et six que l'unité ou le nombre immédiatement inférieur à eux ; or le décochement de un donne un sergé et le décochement immédiatement inférieur au module produit également un sergé mais avec croisure en sens opposé du premier.

Le sergé n'est donc qu'un satin dans lequel le décochement est réduit à son minimum ou porté à son maximum.

Prenons quelques exemples de pointés de satin.

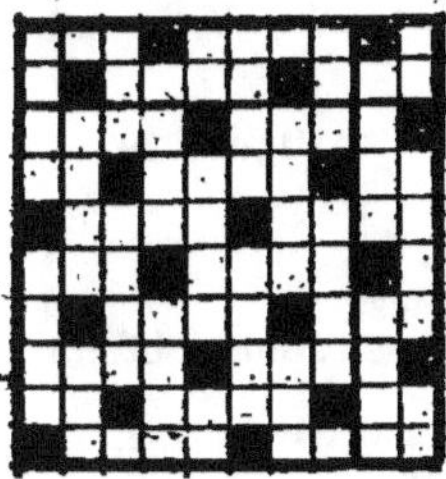
Figure 34.

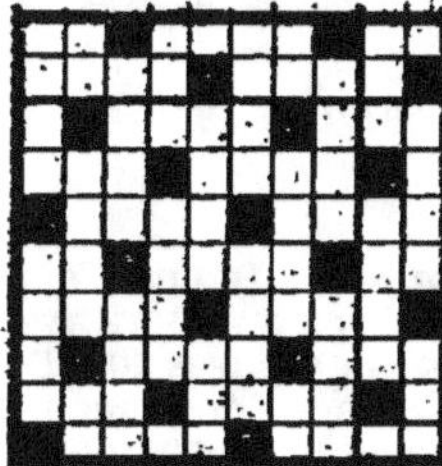
Figure 35.

1° *Satin de cinq* rapports d'armure, cinq fils et cinq duites.

Les nombres premiers avec cinq sont deux et trois, on peut donc obtenir sur le module de cinq, deux solutions pour ce satin (Fig. 34 et 35).

2° *Satin de* 7. Rapport d'armure 7 fils 7 duites.

Les nombres premiers avec 7 sont 2, 3, 4 et 5, on peut donc obtenir 4 solutions pour le satin (figures 36, 37, 38 et 39).

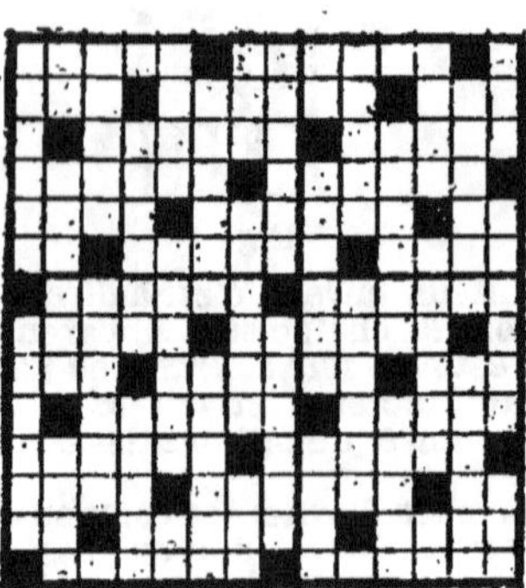

Figure 36.

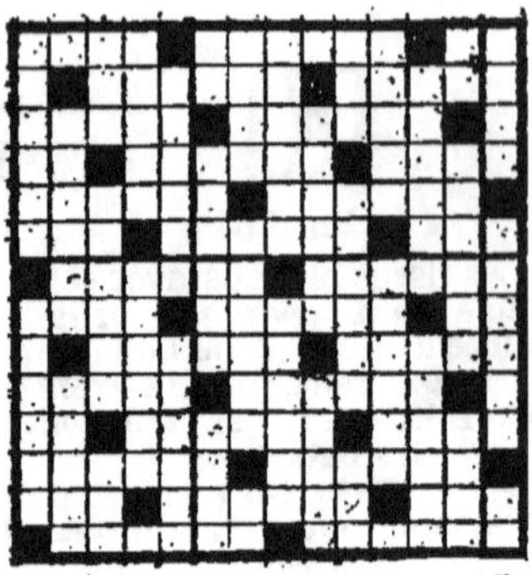

Figure 37.

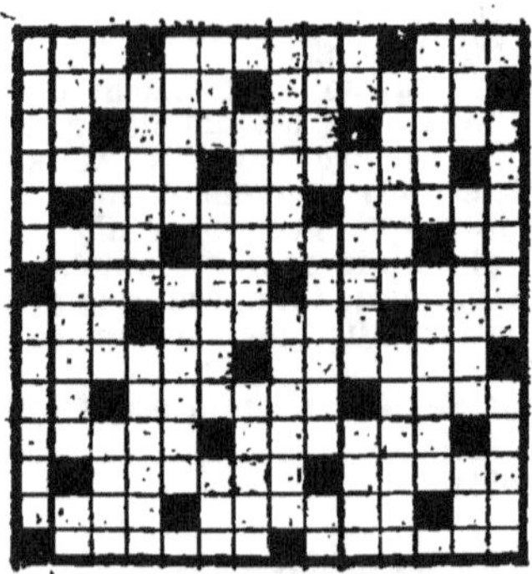

Figure 38.

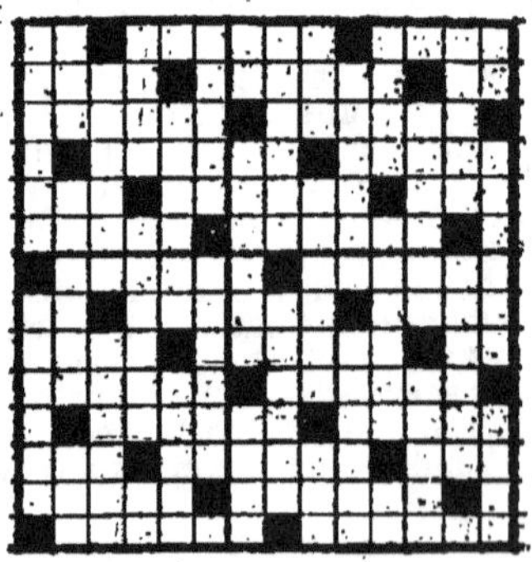

Figure 39.

3° *Satin de* 8. Rapport d'armure 8 fils 8 duites.

Les nombres premiers avec 8 sont 3 et 5, on peut donc obtenir 2 solutions pour ce satin (figures 40, 41).

On procéderait de la même manière pour les autres satins, ainsi.

Satin de 9. Rapport d'armure 9 fils et 9 duites.

Les nombres premiers avec 9 sont 2, 4, 5 et 7 donc 4 solutions pour ce satin.

Satin de 10. Rapport d'armure 10 fils et 10 duites.

Les nombres premiers avec 10 sont 3 et 7, donc 2 solutions pour ce satin.

Satin de 11. Rapport d'armure, 11 fils et 11 duites.

Les nombres premiers avec 11 sont 2, 3, 4, 5, 6, 7, 8 et 9, donc 8 solutions pour le satin.

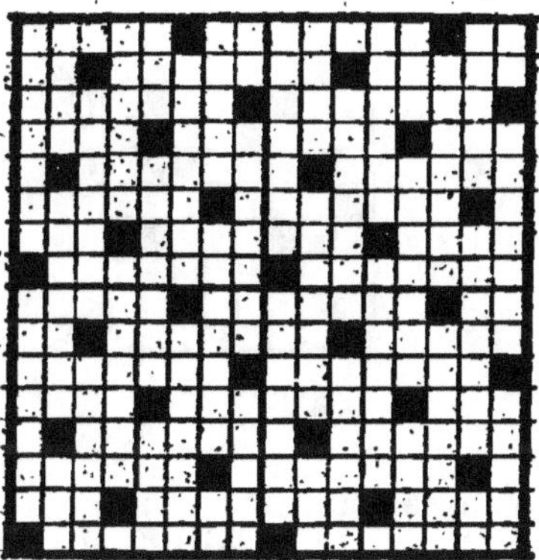

Figure 40.

Satin de 12. Rapport d'armure, 12 fils et 12 duites.

Les nombres premiers avec 12 sont 5 et 7, donc 2 solutions pour ce satin.

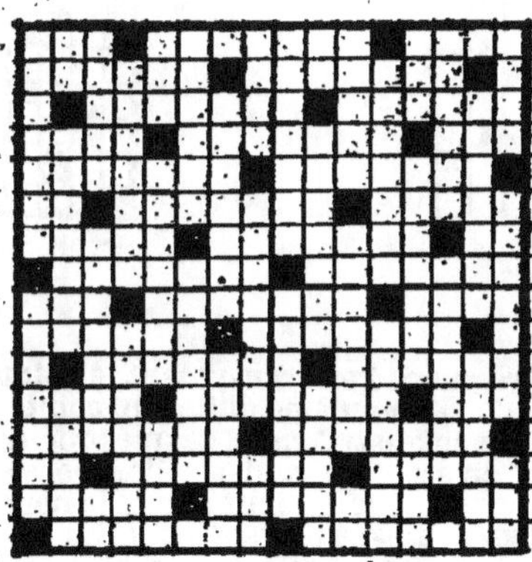

Figure 41.

Satin de 13. Rapport d'armure 13 fils et 13 duites.

Les nombres premiers avec 13 sont 2, 3, 4, 5, 6, 7, 8, 9, 10 et 11, donc 10 solutions pour ce satin.

Satins irréguliers.

Dans ces armures le mode de pointé est arbitraire.

Pour les satins de 4 et de 6 fils qui ne peuvent pas être pointés régulièrement, voici les dispositions généralement employées :

Satin de 4. Une seule solution quel que soit le point de départ que l'on prenne : on ne peut obtenir que ce pointé ou celui du sergé (fig. 42).

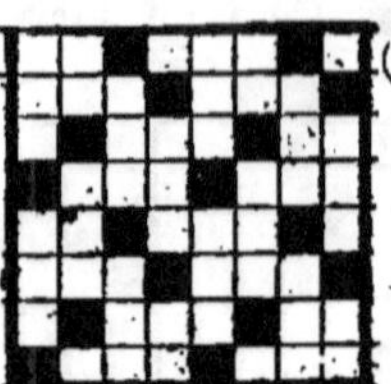

Figure 42.

Le *Satin de 6* se pointe de deux manières :

1° Aux trois premières duites on pointe les fils impairs aux trois duites suivantes, on pointe les fils pairs (fig. 43). Cette armure ne satine pas parfaitement attendu qu'il y a deux points de liage contigus à la première et à la sixième duite.

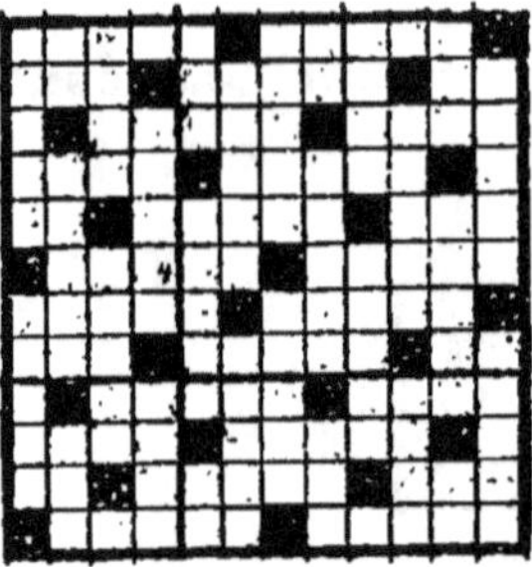

Figure 43.

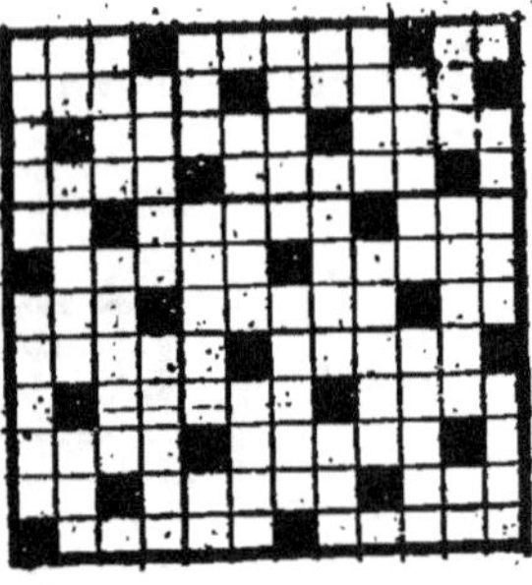

Figure 44.

On corrige cette irrégularité en transposant le pointé des deux dernières duites c'est-à-dire qu'à la cinquième duite on pointe le sixième fil et à la sixième duite on pointe le quatrième fil ce que produit l'armure (fig. 44).

Parmi les satins il en est dont la disposition permet d'inscrire un carré entre quatre points consécutifs, on leur donne le nom de *Satins carrés.*

Les armures fondamentales se prêtent à une foule de dérivés obtenus par des combinaisons et des transpositions de fils et des duites ; elles servent également de base dans les tissus armurés ainsi que dans les façonnés.

Armures, Dessin.

Ces dessins s'établissent généralement sur un fond d'armure fondamentale pointé de telle sorte qu'il ne vienne pas empiéter sur le dessin. Il n'y a pour leur combinaison pas de principes déterminés ; ci-dessous quelques pointés :

1° Oeil de perdrix sur fond toile.
2° Granité. —
3° Losange   sur fond Batavia.
4°   —   sergé.
5°   —   satin.

Etoffes damassées et façonnées.

Il n'y a pour ces genres de tissus aucune règle à établir, leur réussite dépend du goût du dessinateur, de l'agencement des différents motifs et des matières employées.

Remettages.

Pour produire les tissus dont nous venons de donner un aperçu très sommaire on emploie les métiers à tisser à bras ou les métiers à tisser mécaniques qui ont pour but de produire la division des fils ou *foule*, de lancer la navette pour insérer la trame, de chasser cette trame et, enfin, d'enrouler le tissu produit. Nous nous occuperons spécialement des métiers mécaniques. La division des fils s'obtient au moyen de lames mises en mouvement par des excentriques ou des mécaniques d'armure, ou au moyen de maillons dépendant de mécanique Jacquard.

La mécanique Jacquard appliquée au tissage mécanique est sujette à des dérangements fréquents, produit souvent des défauts et le prix de façon est assez élevé, tandis que le tissage à l'excentrique ou à l'armure se fait d'une manière beaucoup plus régulière et plus rapide, mais le nombre des lames que l'on peut monter est limité et le rapport ou l'étendue du dessin que l'on peut obtenir est limité par ce fait même, aussi est-il indispensable de connaître tout le parti qu'on peut tirer du tissage à la lame au moyen de réductions et de certains genres de *remettages* pour exécuter avec un nombre de lames assez restreint des armures d'un rapport relativement étendu.

En principe il faut pour exécuter une armure un nombre minime de lames égal à celui des fils pointés différemment dans le rapport de cette armure.

Dans les armures fondamentales il faut autant de lames qu'il y a de fils au rapport.

On donne le nom de *Remettage* à l'opération qui consiste à passer les fils dans les mailles des différentes lames de *l'équipage* et à l'ordre dans lequel ces fils doivent être passés, ces remettages dépendent du genre de tissu et de la disposition du dessin. Ainsi nous avons :

Le Remettage suivi, fig. 45, 46, 47.
    »   à pointe et retour, fig. 48, 49, 50.
    »   sauté, interrompu, fig. 51, 52, 53.
    »   à paquets, fig. 54, 55.
    »   sur plusieurs corps, fig. 56.
    »   sinueux qui s'emploie pour les tissus à jour (la gaze,.

Toile.

Figure 45.

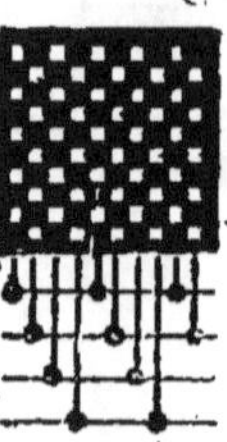

Batavia

Figure 46.

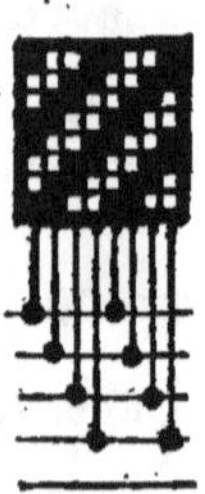

Derivé de Sergé.

Figure 47.

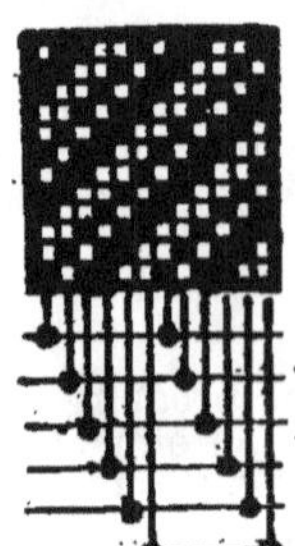

Gaufré.

Figure 48.

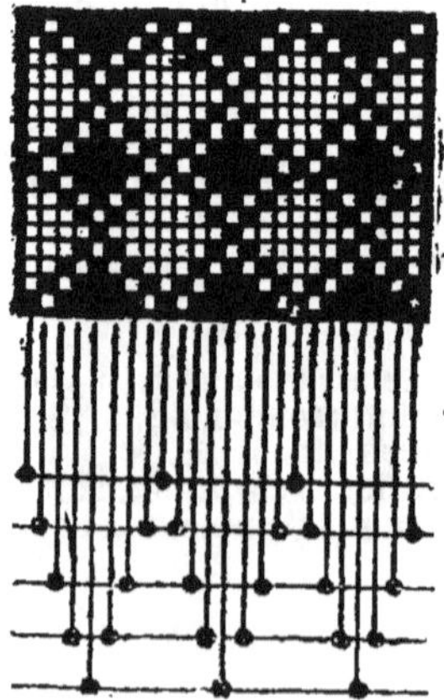

Losange Batavia.

Figure 49.

Brillanté.

Figure 50.

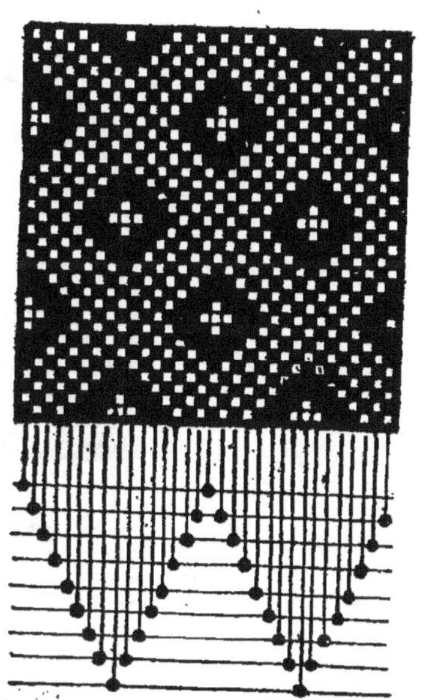

Satin.

Figure 51.

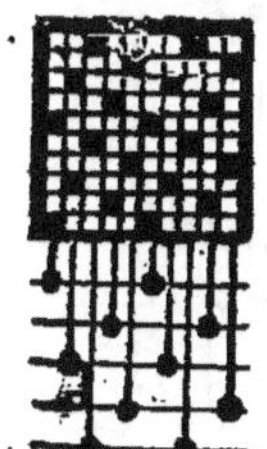

Toile
(TISSAGE MÉCANIQUE).
Figure 52.

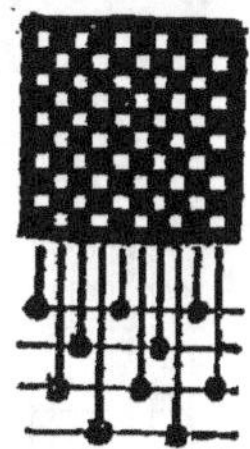

Armuré.

Figure 53.

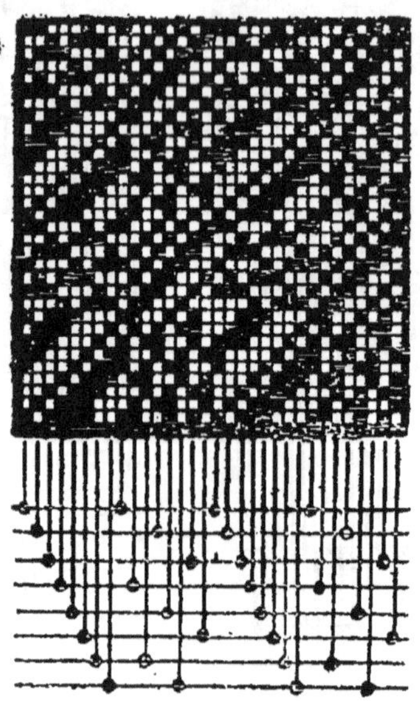

Pekin.

Figure 54.

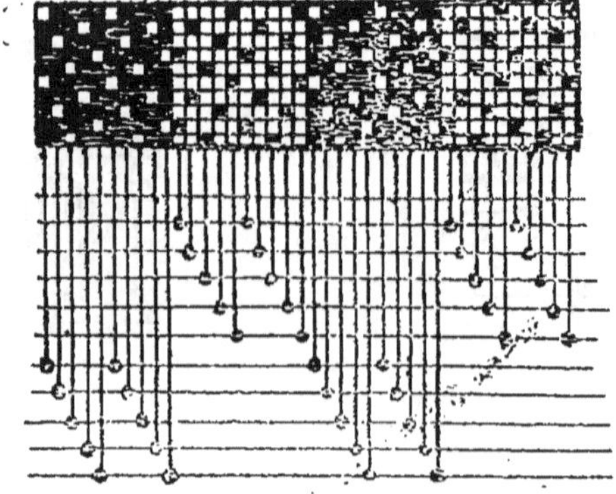

Damassé.

Figure 55

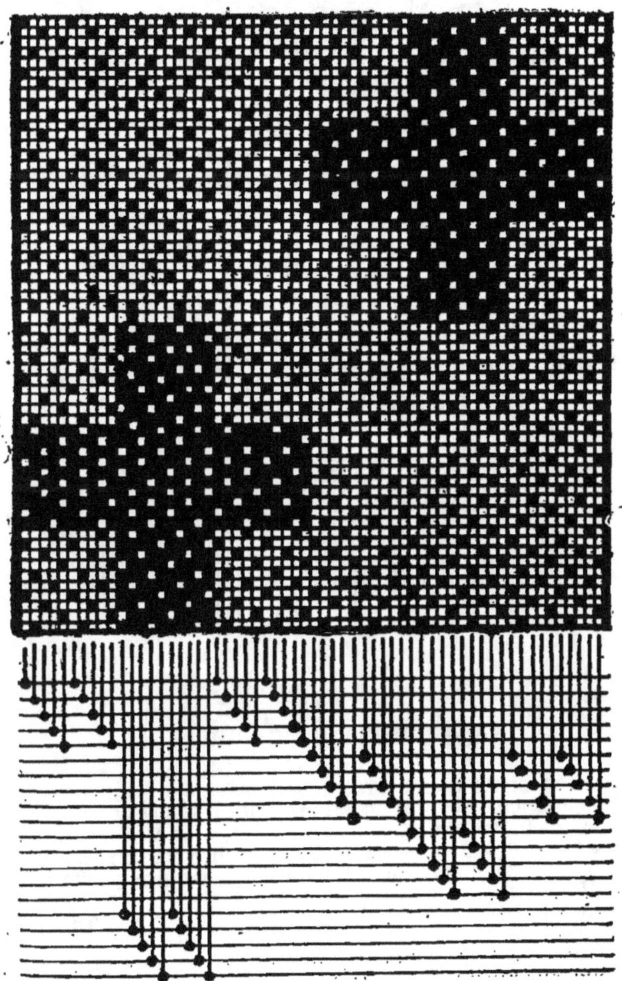

Piqué matelassé.

Figure 56.

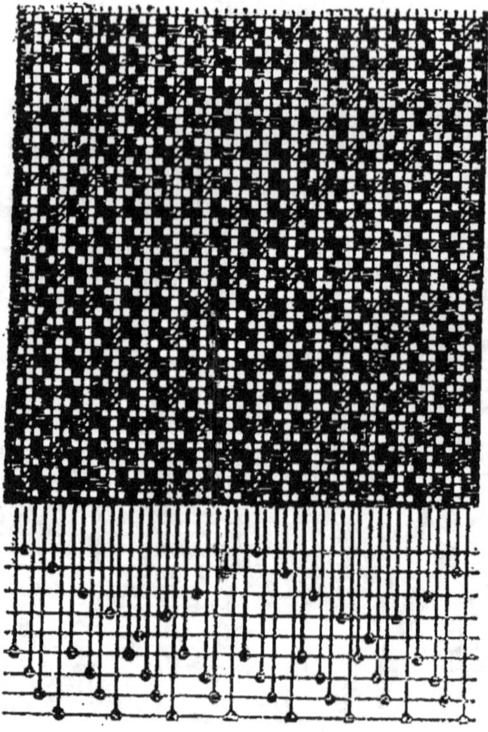

Combinaisons d'armures.

L'industriel est souvent embarrassé pour créer des armures, voici, pour le guider une méthode très simple basée sur les principes étudiés plus haut.

Il s'agit par exemple étant donné un équipage de 8 lames de combiner un dessin de 16, 24 et même 32 fils avec un nombre égal de duites.

Dans le premier cas nous disposerons les fils par groupe de 2, pour les passer dans les lames.

Dans le deuxième cas nous les disposerons par groupe de 3.

— troisième — — 4, et nous ferons décocher en satin de 8, le premier fil de chacun des groupes.

Nous obtiendrons ainsi des remettages composés, figurés dans la planche ci-jointe.

Étant donnée une armure initiale de 8 fils et 8 duites, figure 57, nous obtiendrons :

avec le premier remettage la figure 58 composée de 16 fils et 8 duites
avec le deuxième — — 59 — 24 — 8 —
avec le troisième — — 60 — 32 — 8 —

En combinant le duitage comme le remettage nous obtiendrons :

les figures 61 — 16 fils et 10 duites.
       62 — 24 — 24 —
       63 — 32 — 32 —

pratiquement et sans aucun tâtonnement.

Ce que nous avons fait en prenant comme base une armure de 8 peut s'appliquer également à toute autre armure, quel qu'en soit le rapport.

Ainsi une armure de 9 donnerait des dérivés :

sur 18 en groupant les fils par 2,
   27 — — par 3.

Le décochement se ferait en satin de 9.

Une armure de 10 donnerait des dérivés :

sur 20 en groupant les fils par 2
   40 — — par 4, etc.

Les groupements des fils au lieu d'être suivis peuvent être sautés.

Pour obtenir pratiquement les mises en carte d'après ce principe, on peut se servir de réglettes quadrillées sur leur longueur, chaque réglette représentant un fil. L'armure initiale A étant pointée sur 8 réglettes verticales, on double le rapport en largeur et l'on obtient ainsi 16 réglettes que l'on dispose dans l'ordre donné par le remettage, ce qui donne l'armure B, que l'on double suivant les duites sur des réglettes horizontales. On place ensuite ces réglettes dans l'ordre donné pour le duitage ce qui détermine l'armure C très rapidement, sans aucune difficulté et sans erreur.

On procéderait de la même façon pour les autres armures.

Parmi les échantillons exécutés à l'aide de cette méthode, il en est évidemment qui sont plus avantageux les uns que les autres, mais en général on obtient des dispositions toujours régulières, car, si dans l'armure initiale les levées sont égales à chaque duite, elles le sont aussi dans leurs dérivés. Leur composition est très pratique et ne demande qu'un peu d'attention de la part du dessinateur ; en outre, il y a économie dans le travail, attendu que l'on peut facilement employer des jeux de lames ordinaires ; car ces lames sont toujours également chargées et la distance entre les fils passés dans une même lame n'est pas assez grande pour étriver ces fils et changer leur direction rectiligne ; enfin, par suite de la similitude des duites, le perçage des cartons se trouve également simplifié attendu qu'il y a toujours un nombre de cartons semblables égal au nombre de fils et de duites qui composent chacun des groupes.

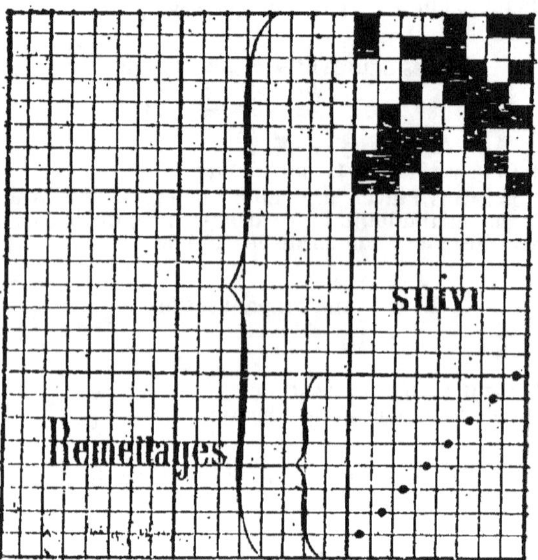

Figure 57.

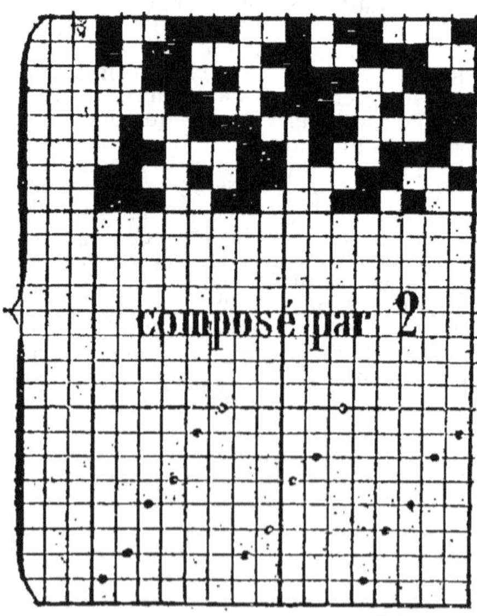

Figure 58.

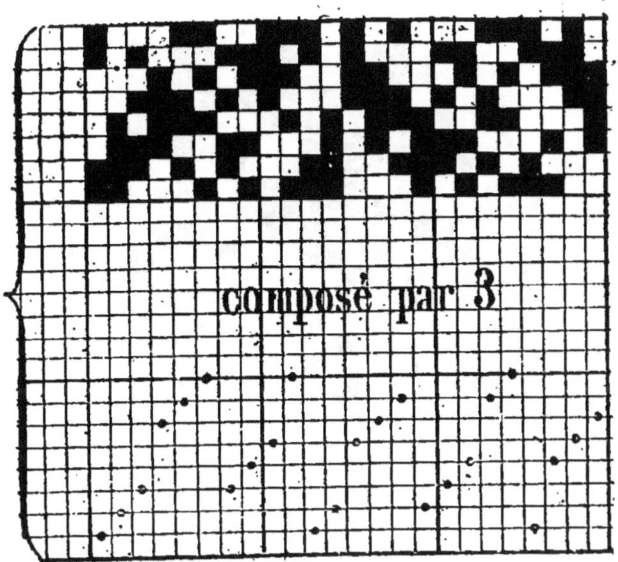

Figure 59.

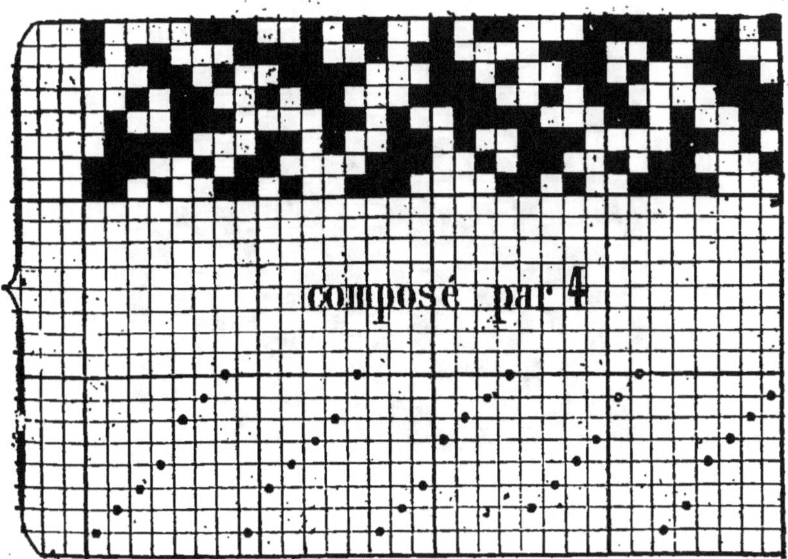

Figure 60.

Figure 61.

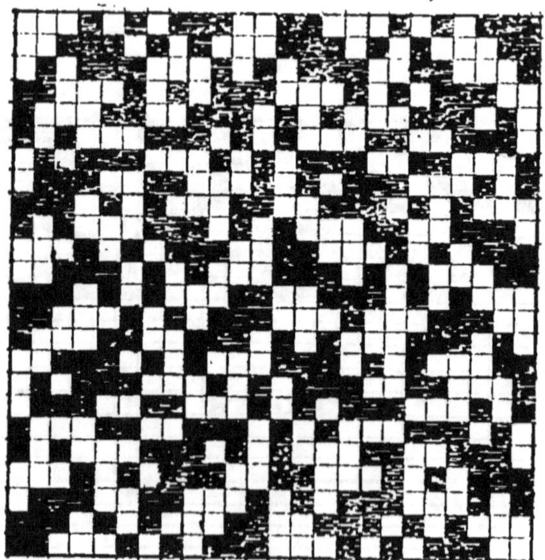

Figure 62.

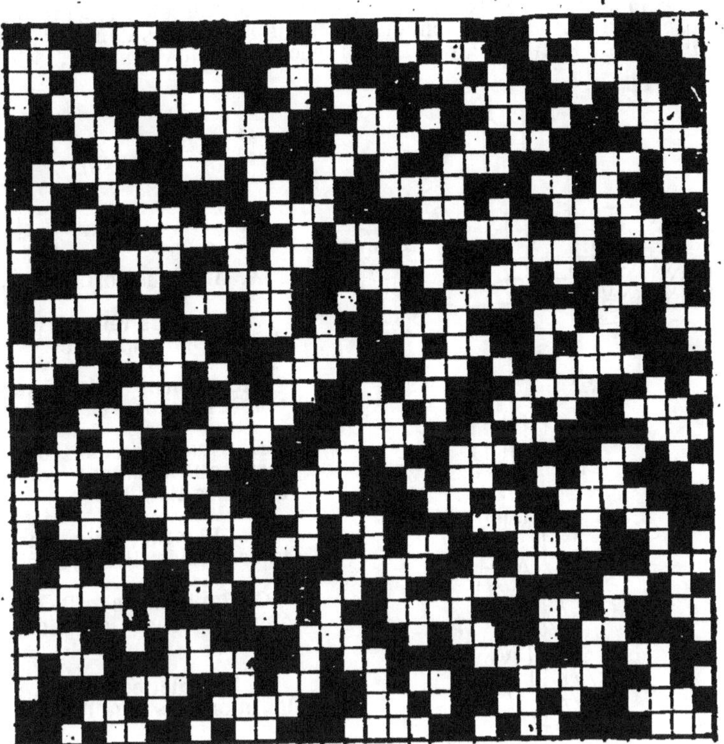

Figure 63.

Principes de la mécanique Jacquard.

Lorsque le nombre de lames dépasse 24 ou 32, le tissage n'est plus pratique, il faut alors avoir recours à la mécanique Jacquard (fig. 64).

Lorsqu'on présente un carton en regard des aiguilles, toutes les parties pleines du carton repoussent les aiguilles, tandis que les parties évidées les laissent dans leur position. Les crochets correspondant aux aiguilles repoussées prennent une position oblique et ne peuvent être pris par les couteaux; les autres crochets, au contraire, sont pris par les couteaux qui en montant les enlèvent et, par suite, font lever les arcades, les maillons et les fils qui en dépendent. Le cylindre s'éloigne alors, fait 1/4 de tour et présente un autre carton aux aiguilles qui, pendant ce temps, sont toutes revenues à leur position normale.

Le cadre de cet ouvrage ne nous permet pas d'entrer dans des détails plus étendus sur la mécanique Jacquard. Disons seulement que depuis quelque temps on a un peu modifié cette machine pour l'appliquer au tissage mécanique afin de rendre son emploi plus pratique; ainsi les mécaniques Jacquard actuelles sont à double foule obtenue par le rabat de la planche à collets et leurs différents organes sont moins sujets à se déranger.

L'empoutage est au tissage à la Jacquard ce que le remettage est au tissage à la lame, on peut donc y trouver une foule de combinaisons.

La composition de tissus façonnés exige des développements qu'il ne nous est pas possible de donner ici ; nous renverrons donc les lecteurs désireux de s'instruire à des traités spéciaux et plus complets.

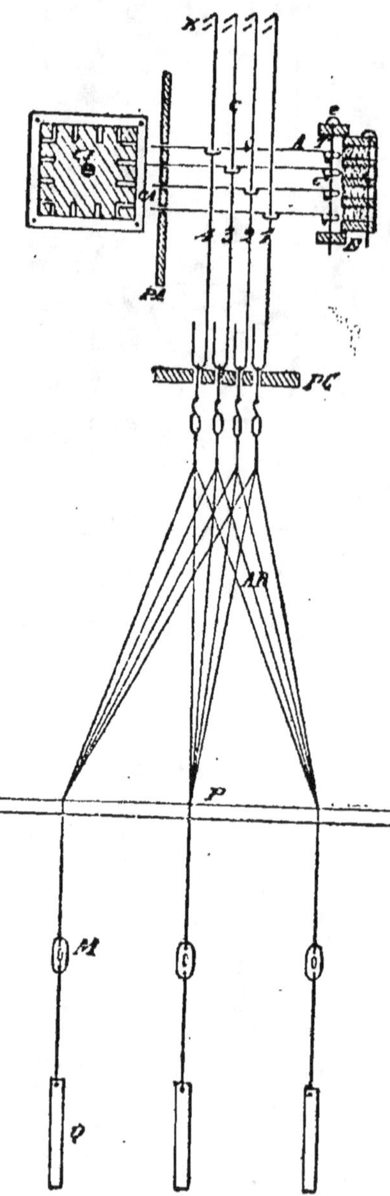

Figure 64.

LÉGENDE.

—

A. Aiguilles horizontales.

C. Crochets verticaux passés dans l'œil des aiguilles.

PC. Planche à collets supportant les crochets C.

E. Etui contenant des ressorts qui appuient contre le talon des aiguilles.

PA. Planche d'aiguilles destinée à guider les aiguilles.

G. Barreaux de grille sur lesquels reposent les talons des aiguilles.

C. Epinglettes qui traversent les talons des aiguilles.

AR. Arcades suspendues aux talons des crochets à l'aide de porte-mousquetons.

Q. Planche d'arcades.

M. Maillons dans lesquels sont passés les fils.

A. Plombs qui tendent les arcades et les maillons.

K. Couteaux animés d'un mouvement vertical alternatif.

CI. Cylindre percé sur chaque face d'autant de trous qu'il y a d'aiguilles et animé de deux mouvements, l'un de rotation autour de son axe, l'autre de va-et-vient autour du châssis qui le supporte.

CA. Carton qui s'applique sur la face du cylindre.

SEPTIÈME PARTIE.

TISSAGE MÉCANIQUE DE LA LAINE.

Les fils de chaîne avant d'être transformés en tissus subissent un certain nombre d'opérations préparatoires qui sont le bruissage ou vaporisage, le bobinage, l'ourdissage, l'encollage, le pliage ou montage, le passage dans les mailles des lames ou remettage et le passage dans les dents du peigne ou rôt.

Pour les tissus classiques dans lesquels on emploie la même nature de fil, les premières opérations se font mécaniquement, pour les tissus nouveautés lorsque les chaînes sont de faible longueur il y a avantage pour éviter les pertes de matières ou restes à faire ces préparations à la main.

Nous nous occuperons spécialement du tissage mécanique et des opérations préparatoires aux machines.

Bruissage.

Les fils de chaîne étant fortement tordus ont des tendances à se vriller ou se replier sur eux-mêmes lorsqu'ils ne sont pas tendus, on les soumet donc à l'opération du bruissage qui a pour but de fixer cette torsion et de donner aux fils plus de résistance et d'élasticité.

Le bruissage se fait en plaçant les bobines ou pochets livrés par le renvideur dans des paniers que l'on met dans une caisse hermétiquement fermée. On injecte dans cette caisse un jet de vapeur pendant un temps qui peut varier d'une demi-heure à une heure.

Bobinage.

Le bobinage consiste à dévider la chaîne des pochets pour l'enrouler sur des bobines ou des roquets. Cette opération a pour but d'épurer le fil et de mettre sur les bobines une longueur suffisante et régulièrement enroulée pour faciliter l'opération suivante. Le bobinage se fait au moyen de machines qui portent le nom de bobinoirs.

1° Le bobinoir à bobines horizontales donne aux fils une tension régulière mais il occupe un grand emplacement (fig. 65).

2° Le bobinoir à bobines verticales exige moins d'emplacement que le précédent, la tension du fil est moins régulière; on donne généralement aux bobines une forme bombée qui permet d'enrouler une plus grande quantité de fil (fig. 66).

Ces machines sont d'une construction très simple. Leur réglage consiste à bien déterminer la tension du fil, à donner à l'exentrique la forme voulue et au chariot une course égale à la hauteur de la bobine.

La *production* pour le bobinoir à bobines horizontales est égale au développement de l'enrouleur sur lequel repose la bobine, pour le bobinoir à bobines verticales on prend une vitesse moyenne calculée sur les deux tiers du diamètre de la bobine pleine.

Dans ces deux cas on obtient une production théorique qui pratiquement se réduit à 55 ou 65 p. c.

La production par broche et par jour en chaîne 78/80 (55,000 à 56,000 mètres au kilogramme peut être évalué de 800 à 1,000 gr. par broche et par jour, une ouvrière peut soigner de 30 à 40 broches.

Robinoir à bobines verticales.

Profil.   Face.

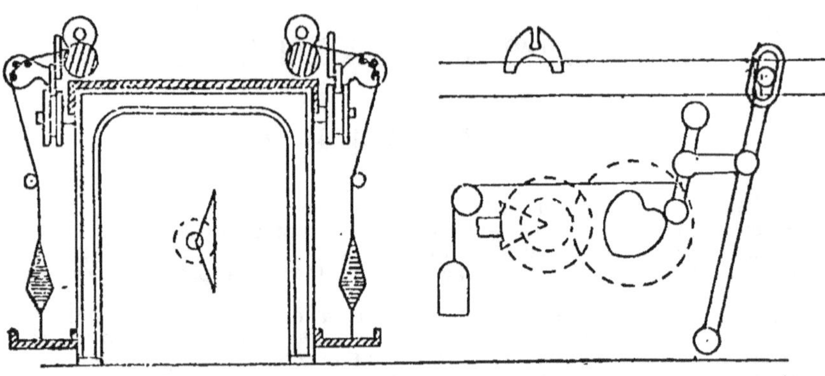

Figure 65.

ÉLÉVATION.

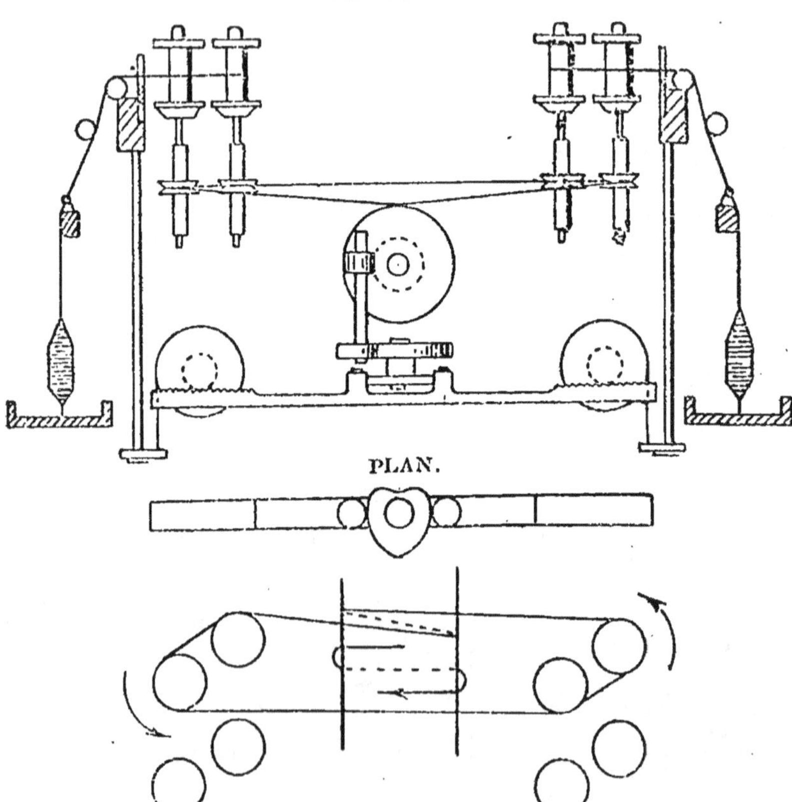

PLAN.

Figure 66.

Ourdissage.

L'ourdissage consiste à classer et à assembler en une longueur égale tous les fils d'une pièce dont l'ensemble reçoit le nom de chaine, enfin à les disposer parallèlement les uns aux autres et dans l'ordre déterminé par la nature du tissu. Quand le tissage exige une chaine composée de fils de différentes couleurs, c'est à l'ourdissage que ces fils sont classés.

L'ourdissoir mécanique se compose d'un porte-bobines *bayard* ou *cantre* sur lequel on dispose les bobines ; les fils de chacune des bobines passent entre les dents d'un peigne et s'enroulent parallèlement entre eux sur un rouleau ou ensouple animé par un *enrouleur* d'un mouvement de rotation continu. Lorsqu'on a enroulé sur ces ensouples une longueur de fil déterminée, on réunit à l'encolleuse un certain nombre de ces rouleaux pour en former la chaine (fig. 67).

Ourdissoir.

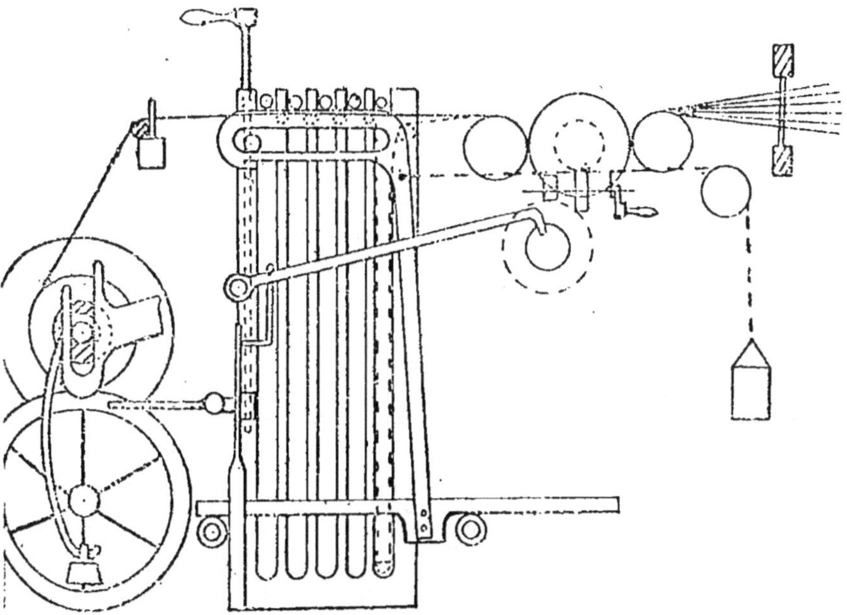

Coupe du bâti.

Figure 67.

Coupe du bâti.

Ainsi pour une chaine de 3,000 fils on fera six rouleaux de 500 fils chacun. Comme il est indispensable d'enrouler sur les chaines une longueur de fil déterminée on se sert d'un compteur que l'on place soit sur l'enrouleur, soit sur le cylindre intermédiaire. Le nombre de tours de l'enrouleur est de 25 tours par minute, son diamètre est de 30 centimètres, la production de cette machine est égale au développement de l'enrouleur, c'est-à-dire

35 × 0.30 × 3.14 par minute soit 23m50 chiffre rond et par jour de 12 heures 23.5 × 720 = 16,900.

La production pratique est réduite à 35 ou 40 p. c., soit une longueur de nappe de 6,000 à 7,000 mètres dans une journée.

Pour 600 fils par rouleau, le poids produit par jour sera, en supposant de la chaîne 80 (56,000 mètres au kilo) 65 à 75 kilos environ.

Comme la largeur des tissus est sujette à des variations, on fait usage, pour ne pas être obligé d'avoir autant d'ourdissoirs que de largeur de tissus d'un peigne extensible et d'un enrouleur extensible également.

Ourdissage direct. — Dans bien des cas et surtout lorsque l'on a de bonnes chaînes, on supprime le bobinage et l'on ourdit directement des pochets du renvideur; mais il faut avoir soin de guider les fils de manière à pouvoir régler leur tension, en outre on doit toujours faire la garniture en même temps afin que chacun des fils se dévide avec la même tension; les fonds de pochets restants, sont alors seuls bobinés. On ralentit un peu la vitesse de l'ourdissoir, ce qui diminue la production, mais en compensation les frais de bobinage sont ainsi supprimés.

Encollage.

L'encollage a pour but d'enduire les fils de colle pour les raffermir et leur permettre de supporter plus facilement l'action du tissage; la colle ou *parement* employé est la gélatine, la fécule de pommes de terre, l'amidon ou la farine fermentée.

L'encollage à la gélatine est d'un prix très élevé, aussi a-t-il été dans la plupart des établissements remplacé par l'encollage à la fécule, sauf cependant pour les articles fins ou serrés, pour lesquels on a conservé l'encolleuse avec planchette et peigne d'envergure.

Encollage à la gelatine.

Pour encoller à la gélatine on prépare auparavant au bain-marie une dissolution de cette matière qui se dissout à 90 degrés dans cinq fois son poids d'eau.

Nous donnerons d'abord la disposition d'une encolleuse ordinaire (fig. 68) en indiquant les modifications qui y ont été apportées. Les ensouples de chaîne venant de l'ourdissoir placés sur des supports derrière la machine fournissent une série de fils qui se réunissent en une nappe en passant dans les dents d'un peigne ou rateau et dans une auge à double fond contenant la dissolution de gélatine maintenue à une température constante de 60 à 65 degrés. Dans cette auge se trouvent les cylindres plongeur et compresseur qui ont pour but de faire tremper la nappe dans le bain et d'en exprimer la colle en excès. Au sortir de l'auge les fils se divisent et passent séparément dans les trous d'une planchette et dans les dents d'un peigne soudé pour envergure; ils sont séchés au moyen de tuyaux de vapeur et de ventilateurs disposés à la partie inférieure et se réunissent à nouveau en une nappe qui s'enroule autour de l'ensouple de chaîne animée d'un mouvement de rotation par *friction*. Cette disposition a pour but d'activer ou de ralentir l'enroulement suivant que le séchage est plus ou moins rapide : en outre, au commencement de l'ensouple, la chaîne s'enroulant sur un petit diamètre, la friction est serrée, puis on la desserre au fur et à mesure que le diamètre augmente pour diminuer la vitesse d'enroulement; la commande générale de la machine, venant de l'enroulement, tous les organes en sont solidaires. Comme il est indispensable de connaître la longueur de nappe enroulée sur l'ensouple, on dispose un *compteur* qui marque automatiquement la chaîne et prévient, à l'aide d'un timbre, l'encolleur lorsqu'une longueur déterminée de chaîne ou *coupe* est produite. Avec cette machine on ne dépasse guère une *production de 1,200 ou 1,400 mètres par jour*; aussi a-t-on cherché d'autres dispositions; elles consistent, en général, à supprimer la planchette et le peigne d'envergure et à faire parcourir à la chaîne un espace de 20 à 25 mètres dans une étuve chauffée par la vapeur à basse pression ; on arrive ainsi à une *production de 1,800 mètres* que l'on ne peut guère dépasser, car à une vitesse trop grande le bain de gélatine entre en émulsion et s'échappe de l'auge. L'envergure se fait au moyen de baguettes mais non plus fil à fil comme dans le cas précédent. De même que dans l'ourdissoir on peut faire usage de peignes extensibles à cette machine.

La quantité de gélatine absorbée à l'encolleuse varie de 20 à 25 p. c. du poids de la laine en sorte que 1 kilogramme de fil absorbe 230 grammes de gélatine ce qui à fr. 2.20 le kilogramme donne un *prix de revient* de fr. 0.50 de produits employés.

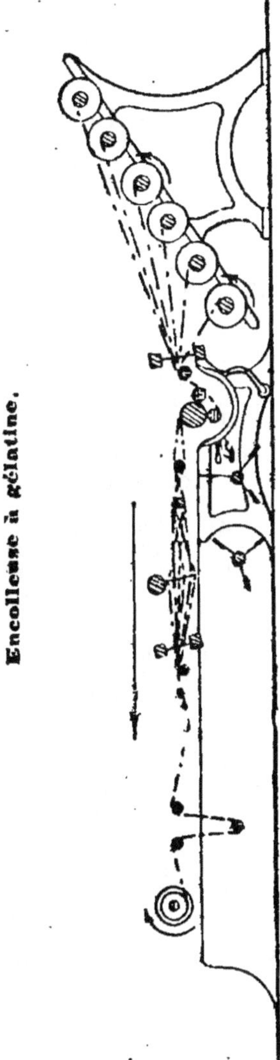

Encolleuse à gélatine.

Figure 68.

Encollage à la fécule.

Pour l'encollage à la fécule on procède de deux manières soit à chaud, soit à froid.

En encollant à chaud, le fil plongeant dans le bain, tend à s'ouvrir, et la colle le pénètre, c'est ce qui se passe pour la gélatine, car cette colle est fluide; tandis que le parement à la fécule n'est pas fluide, ne pénètre pas le fil et ne reste qu'à la surface; on peut donc, en partant de ce principe, sans aucun inconvénient, encoller au moyen de la fécule à froid aussi bien qu'à chaud.

Encollage à chaud. — On fait dissoudre la fécule dans dix à douze fois son poids d'eau chaude, soit en introduisant la vapeur dans le bain à l'aide d'un serpentin, soit en se servant d'un autoclave ou appareil Simon; dans le premier cas, la température du bain est portée à 100 degrés, dans le deuxième cas, la vapeur peut arriver à une pression de 4 à 6 atmosphères. On ajoute au bain une petite quantité de glycérine ou de suif, pour donner de la douceur au fil, et du sulfate de cuivre pour empêcher le parement de se décomposer et éviter les chancissures dans les tissus. Ce bain est ensuite porté dans la bassine de l'encolleuse où il est maintenu à une température de 50 à 60 degrés, on est obligé de le renouveler fréquemment et de vider la bassine pour éviter les résidus et la décomposition, il se forme aussi quelquefois à la surface du parement des peaux qu'il faut avoir soin d'enlever, car si elles se mélangent au liquide elles peuvent s'accrocher aux fils et occasionner des accrocs pendant le travail. Au sortir de la bassine la chaîne est séchée en passant dans une étuve chauffée par la vapeur comme il a été dit précédemment.

La production peut s'élever par ce moyen à 2,500 ou 2,800 mètres par jour.

La quantité de fécule employée varie de 20 à 24 p. c.

Soit 280 grammes à fr. 0-40 le kil. = fr. 0 096 par kil. auxquels on ajoute.

Sirop encolline 40 gr. à 1 fr. le kil. — fr. 0 04

Total. . . 0 136

Ce prix de revient comparé à celui donné plus haut pour la gélatine présente une économie de 59.5 p. c.

Encollage à froid. — MM. Ducancel et Fortin, de Reims, ont pris un *brevet* pour un système de préparation du parement à froid. Leur but est d'obtenir un bain plus régulier, ne se décomposant pas et ne formant pas de croûte. A cet effet, ils préparent le bain en ajoutant à l'eau de la soude caustique qui dilate les molécules de fécule, et en neutralisant ensuite l'alcali au moyen de l'acide sulfurique.

Nous n'entrerons pas dans les détails théoriques concernant ce procédé, nous nous bornons à signaler cette invention à l'attention des industriels.

Remettage ou rentrage et nouage. — Les fils de chaîne avant d'être portés au métier à tisser sont passés dans les mailles de lames et dans les dents du peigne, suivant ce qui a été dit aux principes: cette opération se fait au moyen d'une passette par des ouvriers qui arrivent à une grande habileté. Une bonne ouvrière peut passer de 8 à 10,000 fils dans les mailles des lames, elle a pour l'aider une apprentie qui lui passe les fils. Le piquage au rôt se fait également à l'aide d'une passette. Le nouage consiste à rattacher les fils d'une nouvelle chaîne à ceux d'une chaîne terminée qu'on a laissée dans les peignes et les lames, comme il n'y a qu'à nouer le travail se fait plus rapidement que de les passer dans les lames et dans le peigne.

Toutes les opérations étant terminées, le rouleau de chaîne est porté au métier à tisser.

Métier à tisser. — Tout métier à tisser a quatre mouvements principaux à produire :

1° Mouvement de la chasse ;
2° Mouvement des lames ou des maillons pour produire la foule ;
3° Mouvement du chasse-navette.
4°   »   d'enroulement du tissu ;

On y ajoute un cinquième mouvement, celui du casse-trame qui a pour but d'arrêter le métier lorsque la trame vient à casser.

Pour les articles de laine le métier le plus répandu est du système anglais Hogdson (fig. 69).

Métier à tisser.

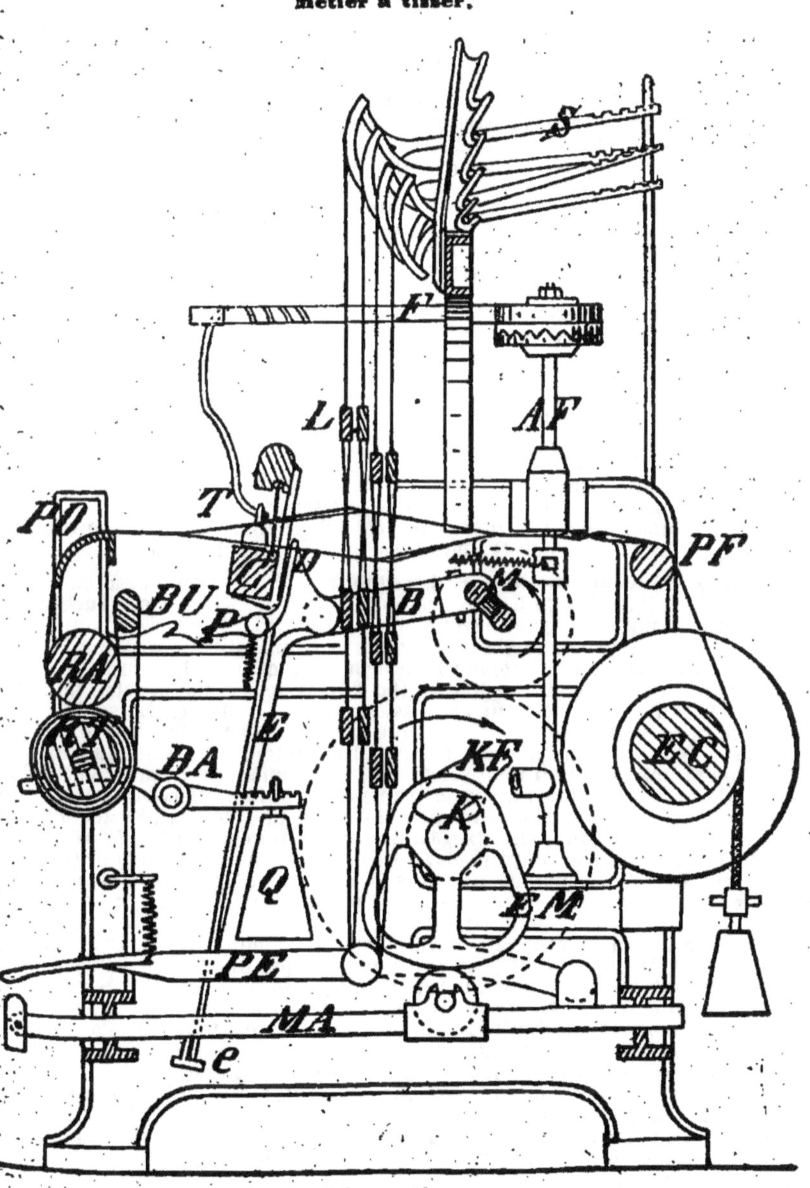

Figure 69.

80

LÉGENDE.

M. Arbre moteur coudé en deux points de sa longueur de manière à former manivelle.

B. Bielles reliant l'arbre moteur aux

E. Epées de chasse pivotant autour de leur base c.

C. Chasse fixée aux épées de chasse et supportant le rôt.

K. Arbre des cames commandé par l'arbre moteur au moyen d'un pignon de 41 dents et d'une roue de 82. Sa vitesse est donc 1/2 de celle de l'arbre moteur.

KF. Came du fouet qui vient frapper sur un galet conique dépendant de

AF. Arbre du fouet à la partie supérieure duquel est fixé

F. Fouet relié par une lanière à

T. Taquet se mouvant le long d'une tringle dans une boîte à chaque extrémité de la chasse.

D. Doigts s'appuyant contre une languette ou soupape située dans la boîte, ce doigt est solidaire d'un arbre horizontal qui porte

P. Pattes pouvant s'engager dans l'encoche de

BU. Buttoir d'arrêt destiné à prévenir les enfermures de la navette dans la chaîne

EM. Excentrique agissant sur le galet de la marche MA reliée à

S. Secteur qui supporte

L. Lame.

PE. Pédale à laquelle sont reliées les lames à leur partie inférieure pour leur donner la tension.

EC. Ensouple de chaîne.

PF. Porte fils.

PO. Poitrinière.

RA. Rouleau d'appel.

RT. Rouleau autour duquel s'enroule le tissu.

BA. Balancier qui existe de chaque côté du métier, ce balancier exerce au moyen du contrepoids Q une pression sur le rouleau de tissu.

Marche générale du métier. Lorsque la foule se produit par la levée de certaines lames et la baisse des autres, la came KF agit sur l'arbre de fouet et le taquet T lance la navette dans cette foule, la chasse s'avance et lorsque la navette est sortie de la foule, la trame qui est restée est rapprochée du tissu par le peigne monté dans la chasse. L'épée de chasse imprime un mouvement d'oscillation (fig.70) à un levier auquel est adapté un cliquet KL qui, à chaque coup de chasse agit sur le rochet R. De sorte qu'à chaque coup de chasse ou pour chaque duite, le rochet fait une fraction de tour et par des engrenages intermédiaires fait tourner le rouleau d'appel RA d'une fraction de tour pour produire l'enroulement du tissu. L'ensouple de chaîne EC est tendue au moyen d'une corde qui fait deux ou trois tours autour d'un plateau calé sur cette ensouple, une des extrémités de la corde est attachée à un point fixe, l'autre extrémité est attachée à un levier auquel on suspend un contrepoids. — Le mouvement du casse-trame (fig.71) se trouve du côté des poulies motrices du métier, il n'agit que tous les deux coups de navette, il est donc commandé par une came calée sur l'arbre K des cames, cette came agit sur un levier en équerre terminé à sa partie supérieure par un mentonnet M. Au-dessus de ce mentonnet se trouve une fourchette F mobile autour d'un axe supportée par une tringle reliée à un bras horizontal B sur la poitrinière. En regard des dents de la fourchette se trouve une grille G dépendant de la chasse et animée par conséquent d'un mouvement d'oscillation. Lorsque la chasse est tout à fait en avant les dents de la fourchette peuvent pénétrer dans les barreaux de la grille. Si la navette en entrant dans la boîte a laissé la trame, cette trame s'interposant entre les dents de la fourchette et les barreaux de la grille relève la queue de la fourchette. Dans ce cas, le mentonnet M peut décrire librement son mouvement de l'arrière à l'avant; si, au contraire, il n'y a pas de trame interposée, la queue de la fourchette est baissée et le menton ne entraîne cette fourchette ainsi que le bras B qui la porte, mais contre ce

Mouvement d'enroulement du tissu.

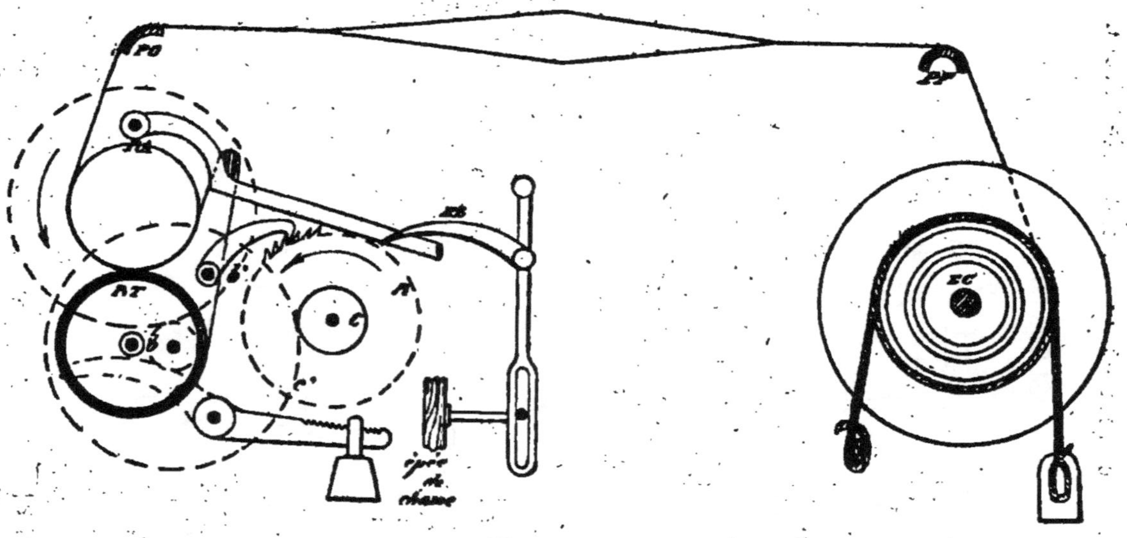

Figure 70.

Mouvement du casse-trame. Frein.

ÉLÉVATION

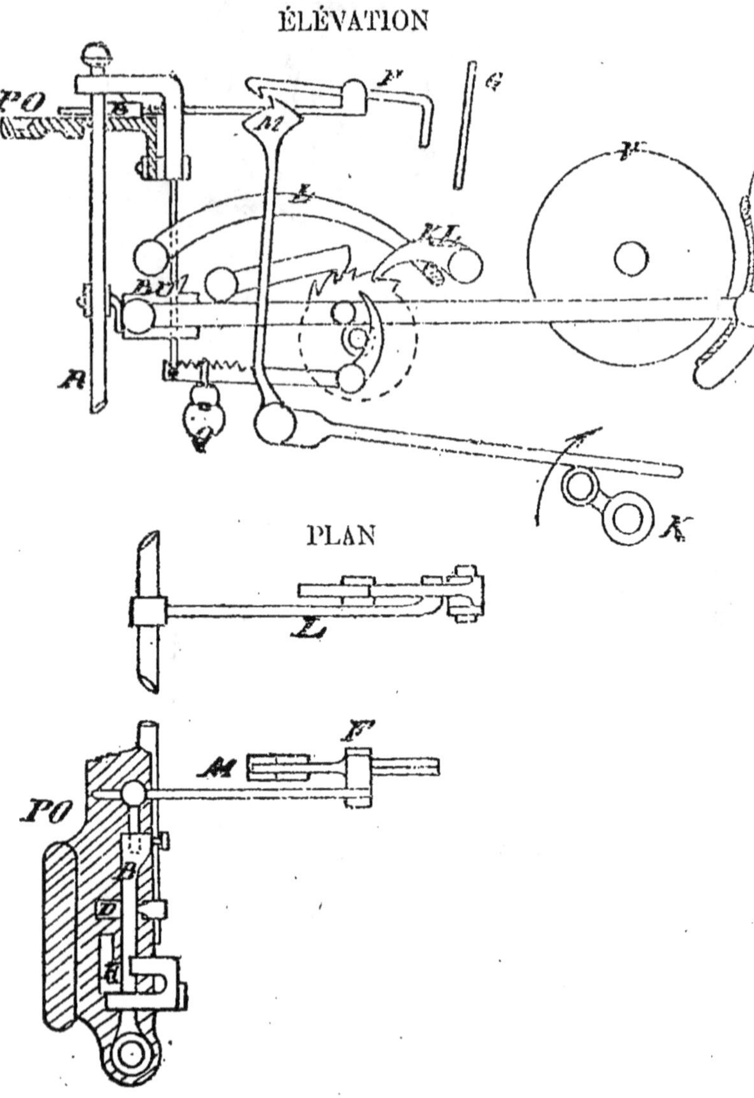

Figure 71.

bras se trouve le ressort de détente R que l'on fait sortir de son encoche et qui agit sur la fourche guide-courroie pour débrayer le métier ; en même temps un frein FR sollicité par une tringle horizontale sur laquelle agit un contrepoids Q, fait friction sur le volant V calé sur l'arbre moteur pour l'arrêter plus promptement. Le buttoir BU agit également sur le ressort de détente et sur le frein, lorsque la patte de la tringle d'arrêt n'a pas été relevée par l'entrée de la navette dans la boite, enfin un levier L monté sur une tringle dépendant du doigt D vient soulever le cliquet KL pour empêcher l'enroulement de se produire.

Réglage du métier. Théoriquement la chasse doit être tout à fait en arrière lorsque la navette est dans la foule ; cette règle est presque impossible en pratique, car l'arbre vilbrequin ne reste pas stationnaire pour attendre le passage de la navette ; mais alors on combine les mouvements de telle sorte que la navette soit au milieu de sa course quand la chasse est tout à fait en arrière ; cette règle n'est pas absolue, car pour des métiers marchant lentement la vitesse de la navette est très grande par rapport à celle de la chasse, cette navette peut toujours passer, aussi peut-on lui donner du retard, c'est-à-dire tourner la came KF en arrière. Pour des métiers à grande vitesse il faut, au contraire, donner de l'avance, c'est-à-dire tourner cette came en avant. Si le coup de fouet est trop fort on éloigne la came KF de l'arbre de fouet ; si le coup est trop faible on la rapproche, ou l'on creuse légèrement le bec de came.

Lorsque la chasse est complètement en arrière, la foule doit être tout à fait ouverte et au milieu de son temps de repos, les lames étant bien de niveau les deux nappes de fils doivent être chacune bien régulière. Dans certains cas on n'observe pas la règle ci-dessus, et l'on tisse à *pas ouvert*, c'est-à-dire que la foule n'est pas encore fermée quand le peigne vient frapper la duite, ceci surtout lorsque les chaines sont de qualité inférieure, mais alors on a des traces ou voies de rôt dans le tissu. Au contraire, on tisse à *pas fermé* lorsque la foule est complètement fermée quand le peigne vient frapper la duite ; par ce moyen on répartit également les fils de la chaine et l'on produit un tissu couvert très avantageux pour les étoffes légères.

Lorsque le porte-fil et la poitrinière sont de niveau, la chasse étant au milieu de sa course le seuil de cette chasse est à 25 millimètres environ au-dessous du niveau.

Le buttoir doit être réglé de telle façon que l'arbre vilbrequin soit dans sa position verticale ou incliné légèrement en avant quand le métier butte ; afin que le choc permette au vilbrequin de retourner facilement en arrière il doit y avoir à ce moment 60 millimètres environ de distance entre le rôt et le tissu et le buttoir mobile doit être de 7 millimètres plus avancé que l'autre.

Les dents de la fourchette doivent pénétrer de 6 millimètres environ dans la grille ; et la queue doit tomber à 2 ou 3 millimètres du mentonnet.

La came doit commencer à agir sur le levier quand le peigne vient frapper la duite.

L'enroulement du tissu doit se faire régulièrement et à cet effet ; on garnit le rouleau d'appel de toile verrée pour éviter le glissement, le cliquet agissant bien sur le rochet, il peut se faire que l'on produise des tissus veinés, ce défaut tient à la tension de la chaine. Il faut sur les ensouples caler des plateaux parfaitement centrés, autour desquels on enroule la corde qui sert de frein, cette corde doit être souple, et le diamètre du plateau aussi grand que possible ; lorsque les cordes retiennent la chaine on a une veine de force, lorsque, au contraire, les cordes lâchent brusquement on a un tissu plus faible il faut donc que les cordes glissent parfaitement. On les enduit quelquefois de talc. *MM. de Tassigny*, de Reims, font actuellement des *cordes plates avec une âme en fil d'acier*, ces cordes étant inextensibles et ayant plus d'adhérence, on règle plus facilement le déroulement de la chaine.

Le *saut de la navette* hors de la foule peut provenir de différentes causes : du mauvais état du taquet, d'une chasse gauche ou dont le seuil n'est pas bien à fleur avec la plaque de la boite, d'un peigne faisant ressaut, d'une foule qui n'est pas franche, de mailles trop longues, de fils de chaîne pris par un autre cassé, de templets placés trop haut, de trop d'avance ou de retard de la navette ou enfin d'une navette usée dont les faces sont arrondies.

Les *templets* doivent être placés au niveau de la poitrinière, ils ont pour but de maintenir le tissu à la largueur du peigne, ces templets peuvent être à mollettes horizontales ou à cylindres garnis d'aiguilles qui pénètrent dans les lisières lesquelles se font soit avec des fils doublés, soit avec des fils retors plus gros que les fils de fond.

Défauts. *Tissu irrégulier.* Ce défaut peut provenir soit de la raideur des cordes de tension, soit d'une chaîne qui n'est pas assez tendue ou enfin des pignons et roues de l'enroulement qui engrènent mal, quelquefois aussi du cliquet qui n'agit pas toujours sur le rochet.

Mauvaises lisières. Ce défaut peut provenir d'une foule qui n'est pas franche, trop ouverte, d'une chaîne trop tendue, d'une trame qui se déroule mal, de fils mal rentrés, d'un métier trop large.

Tissus pairés ou *voies de rôt.* Ce défaut peut provenir du porte-fil placé trop bas d'une foule trop ouverte, ou du tissage à pas ouvert.

Calculs et productions du métier à tisser. Le compte ou la réduction en trame dépend de la commande du rouleau d'appel.

Or son mouvement de rotation est obtenu à l'aide du cliquet K L qui, à chaque coup de chasse, agit sur le rochet et le fait tourner de une ou deux dents suivant sa course. (*Voir* fig. 70).

Pour 1 tour de rochet le rouleau d'appel RA à un développement

$$\frac{c}{c'} \times \frac{v}{v'} \times \pi RA$$

Admettons que le rochet tourne de 1 dent à chaque coup de chasse, dans ce cas 1 dent du rochet correspond à 1 duite et le développement du rou-

leau d'appel pour 1 duite est de $\dfrac{\dfrac{c}{c'} \times \dfrac{v}{v'} \times \pi RA}{R}$, pour n duites au centi-

mètre, le développement du rouleau d'appel correspondant à 1 cent. sera

$$1 = \frac{n \times \dfrac{c}{c'} \times \dfrac{v}{v'} \times \pi RA}{R}, \text{ d'où}$$

$$n = \frac{R \times c' \times v'}{\pi RA \times c \times b}$$

c'est-à-dire que le nombre de duites au centimètre = au nombre de dents du rochet multiplié par le produit des roues commandées, divisé par le développement du rouleau d'appel multiplié par le produit des pignons de commande ou

Nombre de duites au centimèt. $= \dfrac{\text{Rochet} \times \text{roues commandées.}}{\text{Rouleau d'appel} \times \text{pignons de commande}}$

On change le duitage en changeant le pignon C sur le rochet; si la valeur de C augmente, le quotient diminue, donc le *nombre de dents* du pignon de change est en rapport *inverse* avec le nombre de *duites* au centimètre.

Exemples : Rochet   R à 60 dents.
            Pignon de change   c   42   —
            Roue   c'   120   —
            Pignon   v   19   —
            Roue   v'   120   —
            Rouleau d'appel   RA   114 millimèt. de dia-
mètre ou 360 millimètres de développement appliquant la formule ci-dessus.

$$n = \frac{60 \times 120 \times 120}{36 \times 42 \times 19} = 27.7.$$

On aura donc 27 à 28 duites au centimètre.

On peut varier d'une duite en plus ou en moins en changeant la tension du rouleau de chaîne.

Si pour 28 duites on a un pignon 42, quel sera le nombre de dents du pignon pour 60 duites. D'après la formule ci-dessus on a

$$\frac{28}{60} = \frac{x}{42} \text{ d'où } x = 19.6 \text{ soit pignon 19 à 20 dents.}$$

On construit des métiers à tisser de différentes largeurs que l'on désigne par 3/4, 4/4, 9/8, 6/4, etc.

Ce sont encore d'anciennes dénominations qui indiquent que l'on peut tisser des étoffes d'une largeur de 3/4 d'aune, ou 90 centimètres, 4/4 d'aune ou 120, etc. La vitesse des métiers est inversement proportionnelle à leur largeur, ainsi tandis qu'un métier 3/4 battra à 220 coups par minute un 9/8 fera 170 à 180 coups.

Pour déterminer la production d'un métier à tisser, il faut donc connaître sa vitesse, et la réduction au centimètre.

Ainsi, un métier battant à 200 coups par minute, pour 30 duites au centimètre produira théoriquement dans une journée de douze heures ou 720' $\frac{720 \times 200}{30}$ 4800 centimètres ou 48 mètres, mais il faut, en pratique tenir compte des temps d'arrêt nécessités par le changement de trame, la rattache des fils, etc. et le plus ou moins d'habileté du tisseur. Ainsi, avec un bon ouvrier, on compterait 20 p. c. et un ouvrier ordinaire de 25 à 30 de réduction sur la production théorique.

Vitesse et production des métiers à tisser.

1° Mérinos et Cachemire.

Largeur au rôt	Largeur tissé	Coups par minute	Production par jour (12 heures)
4/4 ou 105 centim.	95 centim.	190 à 195	82,000 duites
110	100	185	81,000 —
9/8 120	106	180	80,000 —
5/4 144	129	165	76,000 —
6/4 176	160	140	65,000 —
193	175	125	57,000 —
200	180	120	55,000 —
228	210	105	50,000 —
235	220	98	48,000 —

2° Métiers à armure.

Suivant largeur, 120 à 150 coups par minute.

3° Métiers Jacquard.

Suivant largeur, de 95 à 110 coups par minute.

Mouvement des lames.

D'après l'exposé que nous avons fait aux principes du tissage, le nombre des lames et leur mouvement varie suivant le genre de tissu à fabriquer. On peut tisser mécaniquement avec 24, quelquefois même 30 ou 32 lames, mais plus le nombre de lames est grand, plus le tisseur a de difficultés, tant pour avoir une foule régulière que pour remettre les fils cassés.

Lorsque le nombre de lames ne dépasse pas 8, on peut se servir d'excentriques ou de tambours, si le rapport en trame n'est pas trop grand ; au delà, il faut avoir recours à des mécaniques d'armures ou ratières.

Nous nous occuperons d'abord des *mouvements des lames par excentriques* :

1° Armure toile. — Au tissage mécanique cette armure se fait avec 4 lames, mais la première et la deuxième lame portant les fils impairs, la troisième et la quatrième portant les fils pairs, fonctionnent toujours ensemble et le but est d'espacer les mailles sur chaque lame pour éviter les temes dans le tissage. Chaque lame doit produire une foule de levée pour une duite et une foule de rabat pour la duite suivante. Comme les lames sont mises en mouvement par des marches sur lesquelles agissent des excentriques, c'est d'après la vitesse et la forme de ces excentriques que l'on obtient le mouvement des lames. — Les excentriques de toile doivent faire une révolution pour le passage de deux duites, d'où leur vitesse est la moitié de celle de l'arbre moteur ; on les monte sur un canon tournant fou sur l'arbre des cames et placé à l'extérieur du métier du côté opposé aux poulies motrices. Sur ce canon est venue de fonte une roue de 120 dents, laquelle engrène au moyen d'intermédiaires avec un pignon calé sur l'arbre moteur ; de sorte que pour faire de la toile, on commandera le canon à l'aide d'un pignon de 60 dents. — Une duite est produite en un tour d'arbre moteur ; or d'après la mise en carte ci-contre, lorsque la lame a levé à la première duite, elle doit baisser à la deuxième, mais cette lame doit rester au repos levée et au repos rabat et, par suite, la foule sera immobile pendant le temps nécessaire au passage de la navette. On a reconnu qu'en pratique ce temps de repos est le 1/3 d'un tour d'arbre moteur, de sorte que la lame ayant été au repos levée pendant 1/3 tour d'arbre moteur, descendra jusqu'à ce qu'elle arrive au repos rabat pendant 1/3 tour, le temps qu'elle met à descendre correspond à 2/3 tour arbre moteur. Après le repos rabat, elle remontera pendant 2/3 tour. Les temps de repos levée et de repos rabat correspondent à des arcs de cercle ; pour la descente et pour la montée, on trace des courbes produisant un mouvement uniformément accéléré et uniformément retardé ; d'où la construction suivante :

Repos levée. . . . :	1/3	tour arbre moteur ou	1/6	canon des excentriques.		
Descente	2/3	—	—	—	2/6	—	—
Repos rabat. . . .	1/3	—	—	—	1/6	—	—
Montée	2/3	—	—	—	2/6	—	—

Etant donnés 1° le moyeu de l'excentrique ou le plus petit diamètre, 82 millimètres.

2° la course de l'excentrique 90 millimètres.

3° le diamètre du galet sur lequel agit l'excentrique, 86 millimètres.

On trace une circonférence avec un rayon égal au plus petit rayon + le rayon de galet. Soit 41 + 43 = 84, une deuxième circonférence égale à la première + la course soit 84 + 90 = 174. On prend sur cette circonférence 1/6 correspondant au repos levée ; et diamétralement opposé, 1/6 correspondant au repos rabat ; il reste de chaque côté 2/6, on divise cet arc en un certain nombre de parties égales, 6 par exemple, et la course en un même nombre de parties croissantes et décroissantes au moyen d'une demi-circonférence. Les points de rencontre des rayons avec les arcs de cercle tracés sur les divisions de la course, donnent les centres des diverses positions du galet, on trace alors de ces points des arcs de cercle tangentiellement auxquels on mène une courbe qui se raccorde aux arcs de cercle, correspondant au plus petit et au plus grand rayon de l'excentrique. Les

Excentrique de toile.

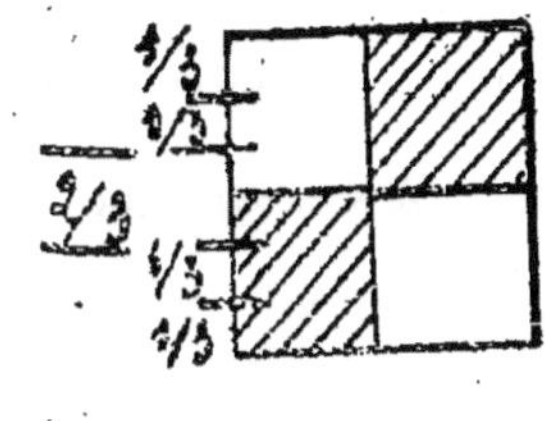

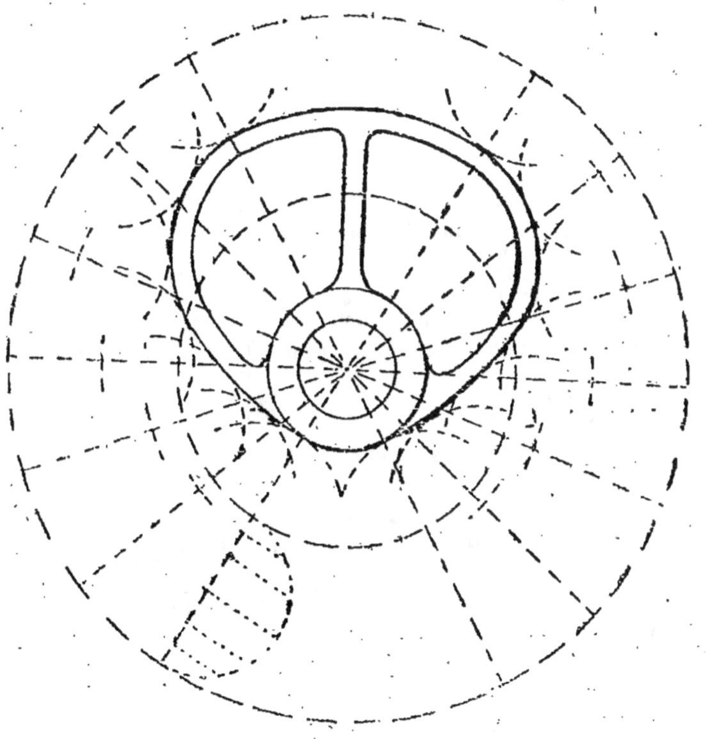

Figure 72.

excentriques sont nécessairement symétriques et sont diamétralement opposés l'un à l'autre.

2° **Armure Batavia.** — Le Batavia se fait avec quatre lames, chaque lame est reliée à une marche, il faut donc quatre marches et, par suite, quatre excentriques.

Les excentriques de batavia doivent faire une révolution pour le passage de 4 duites d'où leur vitesse est de 1/4 de celle de l'arbre moteur, la roue de 120 sera donc commandée par un pignon de 30 dents.

En suivant le même raisonnement que pour la toile on détermine le tracé suivant :

```
Repos levée. . . 4/3 tour  arbre  moteur ou 4/12 canon des excentriques.
Descente . . . . 2 3           —              1/12   —            —
Repos rabat. . . 4/3           —              4/12   —            —
Montée . . . . . 2/3           —              1 12   —            —
```

Les excentriques se tracent d'après les mêmes principes que pour la toile, (fig. 73) on les cale à 90° pour le batavia suivi, et pour faire le *batavia brisé*, le premier et le deuxième étant à 90°, le troisième est diamétralement opposé au deuxième, le quatrième diamétralement opposé au premier.

3° **Armure sergé de 3 par trame.** — Le sergé de 3 se fait avec 3 lames, il faut donc 3 marches et, par suite, 3 excentriques. Les excentriques de sergé doivent faire une révolution pour le passage de 3 duites d'où leur vitesse est de 1/3 de l'arbre moteur, la roue de 120 sera donc commandée par un pignon de 40 dents et le tracé se fait.

```
Repos levée . . . 1/3 tour arbre moteur ou 1/9 canon des  excentriques.
Descente. . . . . 2/3 —    —    —    2 9 —    —
Repos rabat. . . 4/3 —    —    —    4/9 —    —
Montée. . . . . . 2/3 —    —    —    2/9 —    —
```

Les excentriques sont calés à 120° l'un par rapport à l'autre (fig. 74).

4° **Armure sergé ou satin de 4 par trame.** — Le sergé ou satin de 4 se fait avec 4 lames, il faut donc 4 marches et, par suite, 4 excentriques. Les excentriques pour cette armure doivent faire une révolution pour le passage de 4 duites, d'où leur vitesse est le 1/4 de l'arbre moteur ; la roue de 120 sera donc commandée par un pignon de 30 dents et le tracé se fait.

```
Repos levée . . . 1/3 tour arbre moteur ou 1/12 canon des excentriques.
Descente. . . . . 7/3 —    -    —    2/12 —    —
Repos rabat . . . 2/3 —    —    —    2/12 —    —
Montée . . . . . 2/3 —    —    —    2/12 —    —
```

Les excentriques sont calés comme indiqué sur la figure 75 et peuvent s'employer aussi bien pour le satin que pour le sergé à la condition de modifier le calage.

5° **Armure sergé ou satin de 5 par trame.** — Le sergé ou satin de 5 se fait avec 5 lames, il faut donc 5 marches et, par suite, 5 excentriques. Les excentriques, pour cette armure, doivent faire une révolution pour le passage de 5 duites, d'où leur vitesse est le 1/5 de l'arbre moteur ; la roue de 120 sera donc commandée par un pignon de 24 dents et le tracé se fait.

```
Repos levée 1/3 de tour arbre moteur ou 1/15 canon des excentriques.
Descente    2/3       —       —    2/15     —       —
Repos rabat 10/3      —       —    10/15    —       —
Montée      2/3       —       —    2/15     —       —
```

Les excentriques sont calés comme indiqué sur la figure 76 et peuvent s'employer aussi bien pour le satin que pour le sergé à la condition de modifier le calage.

D'après ce qui précède on peut construire des excentriques pour une armure quelconque étant donné le duitage.

Dans les montages toile, batavia et sergé de trois les lames sont solidaires les unes des autres et reliées par leur partie inférieure à des galets qui les rabattent. Dans les autres armures les lames sont rabattues au moyen de ressorts disposés à la partie inférieure du métier.

Mouvement des lames par tambours. — Cette disposition consiste en un cylindre sur lequel on adapte des nez ou mentonnets remplaçant dans les excentriques le mouvement de levée ; à l'aide de ces organes on peut changer l'armure en changeant la position des nez, tandis que les excentriques ne peuvent produire qu'une armure déterminée.

Mouvement des lames par mécanique d'armure. — Le cadre de cet ouvrage ne nous permet pas d'entrer dans les détails de fonctionnement d'une mécanique d'armure, nous nous bornerons à dire que le système le plus rationnel consiste à produire la double foule et à être composé d'organes résistants et faciles à régler, leur construction repose sur celle de la mécanique Jacquard. Les métiers à armure ne peuvent pas battre aussi vite que les métiers à excentriques et à tambours, leur production est donc plus faible.

Métiers à plusieurs navettes. — Certains genres de tissus sont obtenus par des combinaisons de fils de diverses natures, couleurs ou grosseurs, ces différents changements dans la chaîne sont obtenus par l'ourdissage et n'exigent pour le tissage aucune disposition spéciale. Mais quand ces tissus sont obtenus par des combinaisons de trames de diverses matières, couleurs ou grosseurs, il faut pour les tisser autant de navettes qu'il y a de trames différentes ; ces navettes ne peuvent plus se loger dans une seule boîte de chasse, et nécessitent par conséquent l'emploi de métiers à plusieurs boîtes. Ces métiers se divisent en deux classes :

1° Métiers à boîtes montantes, 2° métiers à boîtes revolver, lesquels se subdivisent encore en métiers à duitage pair, chaque navette produisant au moins deux duites successives, et métiers à duitage impair, chaque navette pouvant ne produire qu'une duite.

Ces systèmes de métiers sont très variés et diffèrent suivant le genre d'articles à produire.

Manutentións après tissage. — Lorsque les pièces sont levées du métier elles sont vérifiées et duitées afin d'apprécier leur valeur et de noter leurs défauts, le tisseur est payé à façon et subit une amende proportionnelle aux défauts qu'il a laissés. Elles passent ensuite à l'épeutissage, au rentrayage et enfin au mesurage. L'épeutissage consiste à enlever les grosseurs, et les fils qui sortent du tissu. Le rentrayage consiste à réparer autant que possible les défauts du tissage fils courus, grilles, etc. Lorsqu'une pièce présente des clairs, on peut quelquefois corriger ce défaut en rapprochant les duites au moyen d'un petit peigne formé d'aiguilles, enfin, le mesurage indique la longueur de la pièce.

Excentrique de Batavia.

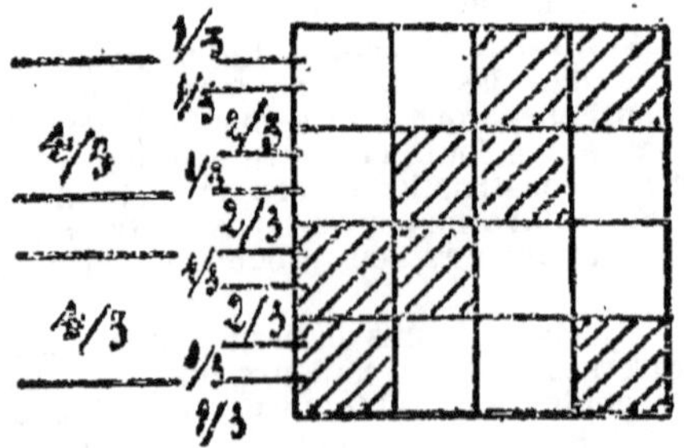

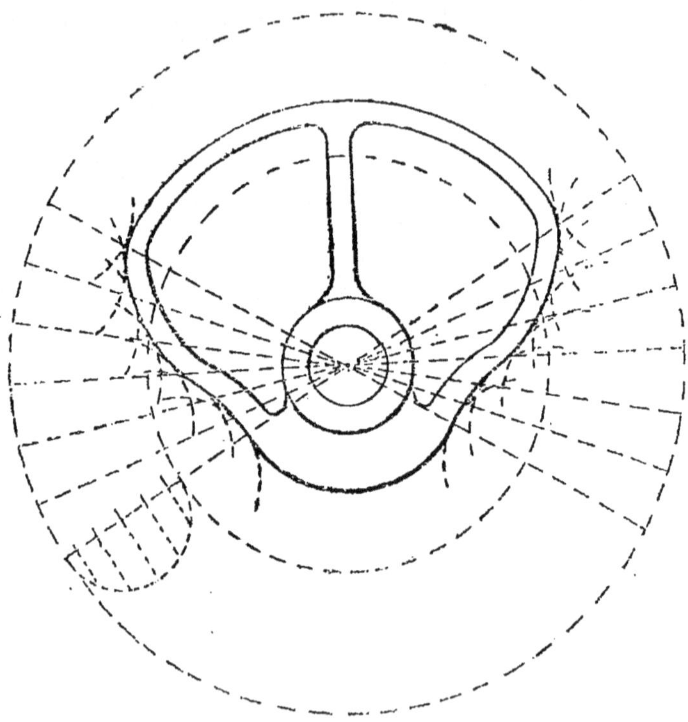

Figure 73.

Excentrique de sergé de 3.

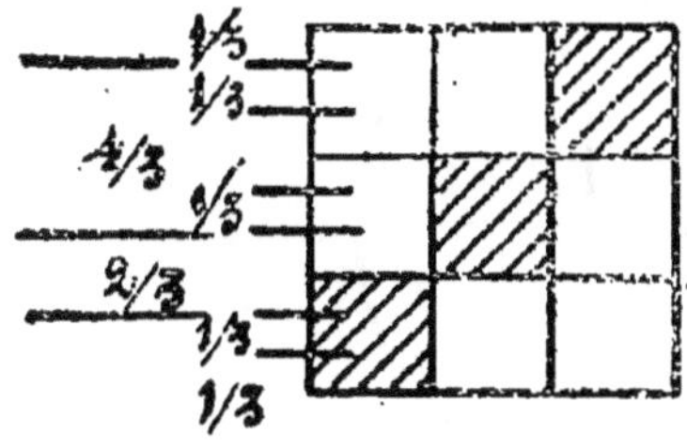

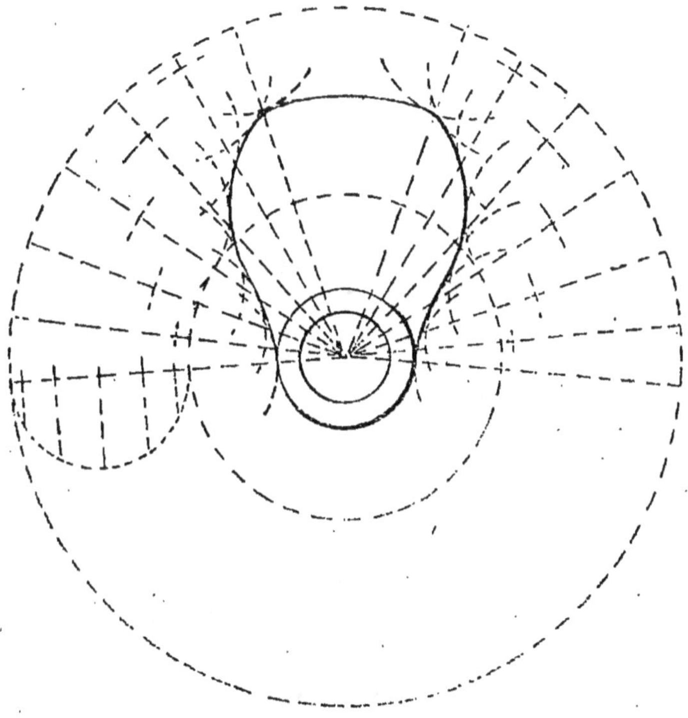

Figure 71.

Excentrique de sergé et satin de 4.

Calage.

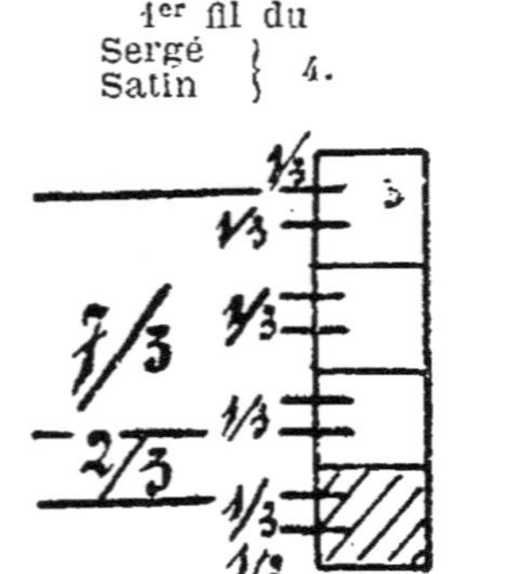

Sergé de 4.

Satin de 4.

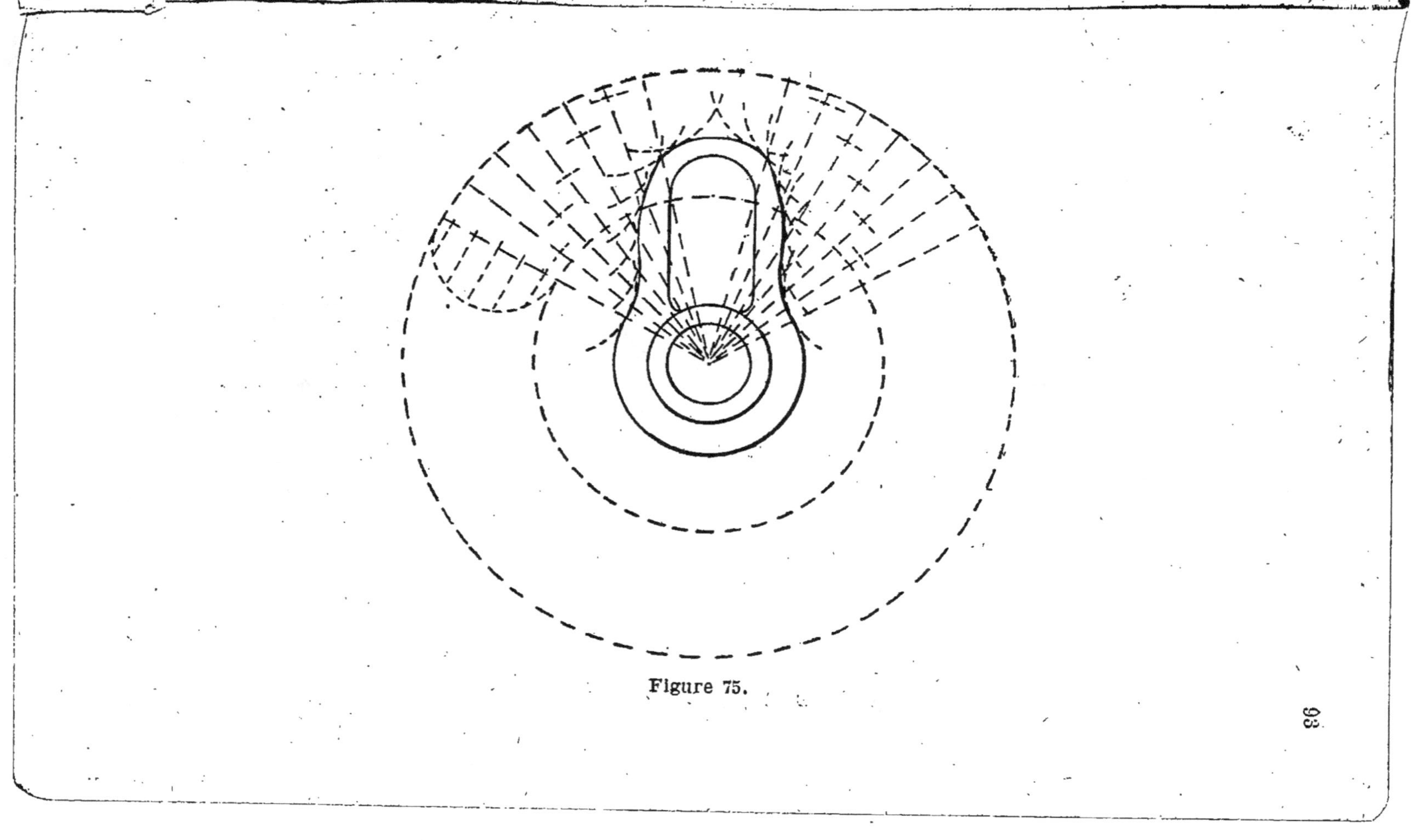

Figure 75.

Excentrique de sergé et satin de 5.

Calage.

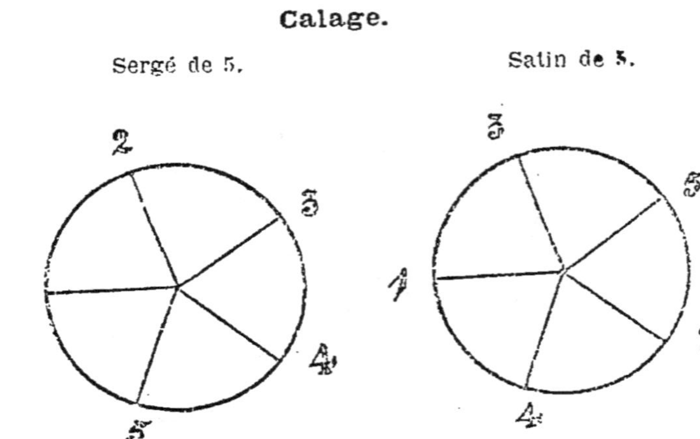

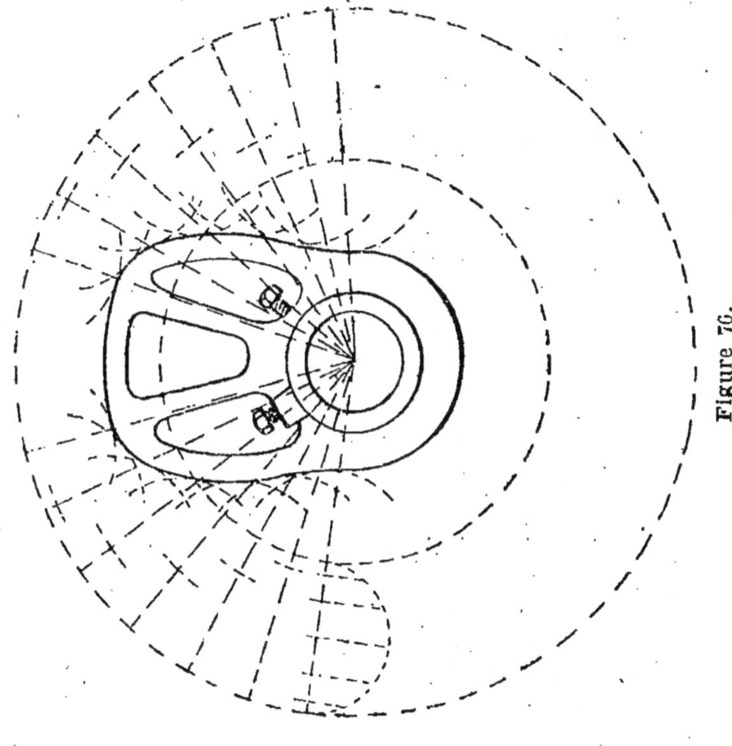

Figure 76.

TISSAGE MÉCANIQUE DU COTON.

Le tissage mécanique du coton comprend à peu près les mêmes opérations que celui de la laine ; nous n'aurons donc pas à nous étendre longuement sur ces opérations et nous nous contenterons de signaler les différences qui existent dans le travail.

Le **bruissage** se fait pour le coton comme pour la laine.

Le **bobinage** se fait au moyen de bobinoirs à bobines verticales, mais l'épuration et la tension des fils obtenus en les faisant passer sur une brosse ou sur une règle garnie de drap ou de peau.

La production par broche peut être évaluée par jour :

Pour les numéros moyen c'est-à-dire 20 chaîne à 32, à 800 ou 1,000 gram^{es}.

— — mi-fins 600 ou 800 —

Une ouvrière peut soigner de 30 à 40 broches.

L'**ourdissage** se fait à l'aide d'un ourdissoir analogue à celui de la laine.

Le nombre de tours du tambour est de 40 à 42 par minute, son diamètre étant de 0^m42, sa vitesse d'enroulement est $42 \times 0.420 \times 3.14 = 55^m449$ par minute ; mais comme pour le travail de la laine la production pratique doit être réduite de 35 à 40 p. c.

Ourdissoir casse-fils.

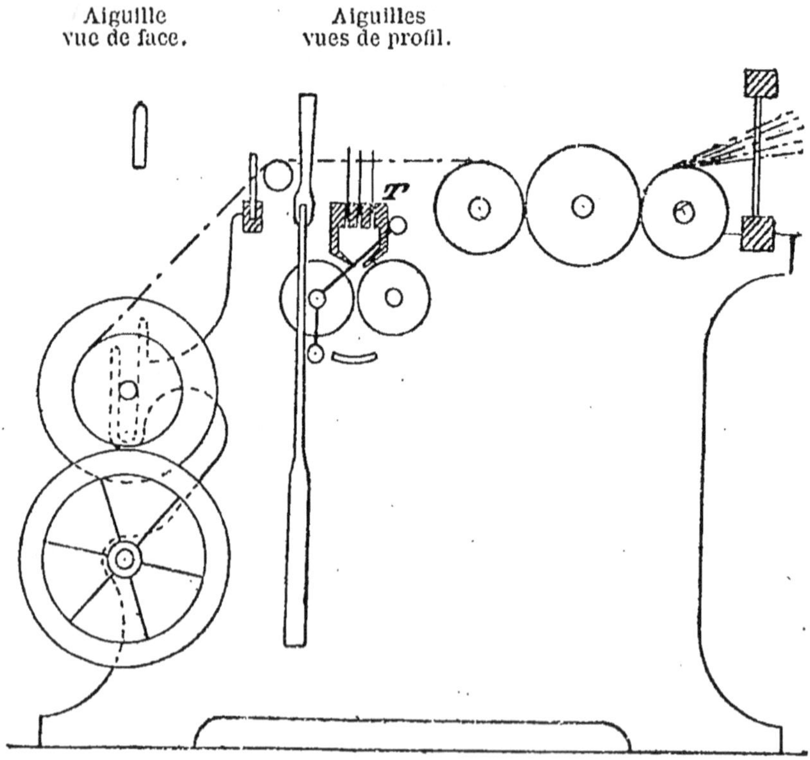

Aiguille
vue de face.

Aiguilles
vues de profil.

Figure 77.

Actuellement on emploie des *ourdissoirs casse-fils* d'une construction très simple qui permettent d'augmenter sensiblement la production tout en réduisant les frais de main-d'œuvre (fig. 77).

Le but du casse-fils est d'arrêter automatiquement la machine lorsqu'un fil vient à casser. On emploie à cet effet des aiguilles ou cavaliers que l'on pose sur les fils et dont les extrémités inférieures pénètrent dans les rainures d'une table T. Lorsqu'un fil casse son cavalier tombe entre deux cylindres dont l'un en s'écartant agit par l'intermédiaire de levier sur la fourche guide courroie et arrête la machine. Ce système d'ourdissoir présente certainement des avantages au point de vue de la production lorsque l'on travaille des fils bien réguliers ; mais quand le fil est duveteux ou boutonneux, il se forme contre les aiguilles des bourrelets qui occasionnent des ruptures fréquentes, c'est pourquoi son usage ne s'est pas encore répandu généralement.

Le coton après avoir été ourdi subit l'opération du *parage* ou de l'*encollage* suivant les cas.

Le **parage** a pour but d'enduire les fils d'un parement qui encouche le duvet à l'aide de brosses et rend ces fils plus lisses et plus résistants.

L'**encollage** au contraire consiste à plonger les fils dans un parement en ébulition. Ce parement doit pénétrer dans l'intérieur des fils et augmenter leur résistance, mais comme on n'est pas encore arrivé à faire usage de brosses pour lisser la surface comme dans la machine à parer, ce mode de préparation fournit toujours une chaîne un peu rugueuse.

Les *chaînes parées* absorbent en parement de 6 à 12 p. c. de leur poids tandis que les *chaînes encollées* en absorbent de 15 jusqu'à 30 p. c.

La *machine à parer écossaise* s'emploie surtout pour les tissus fins et soignés, elle donne d'excellents produits, mais elle a été abandonnée pour les articles courants par suite de sa faible production et des prix de façon très élevés. En effet, une machine à parer peut produire de 500 à 700 mètres et quelquefois 800 mètres par jour, tandis qu'une encolleuse produit une moyenne de 7,000 mètres, plus si le compte est lâche, moins si le compte est serré. Dans l'un et l'autre cas il n'est pas avantageux de pousser la production, car la chaîne étant alors séchée trop rapidement devient cassante.

L'**encollage** qui consiste à sécher la chaîne en la faisant passer sur deux tambours (fig. 78) aplatit les fils et les rend secs et durs, aussi pour éviter cet inconvénient a t-on cherché d'autres dispositions. L'une d'elles consiste à faire passer la chaîne sortant de la bâche à colle dans un séchoir ayant une très grande surface de chauffe (fig. 79); elle parcourt environ

Encolleuse à air chaud (Tulpin frères).

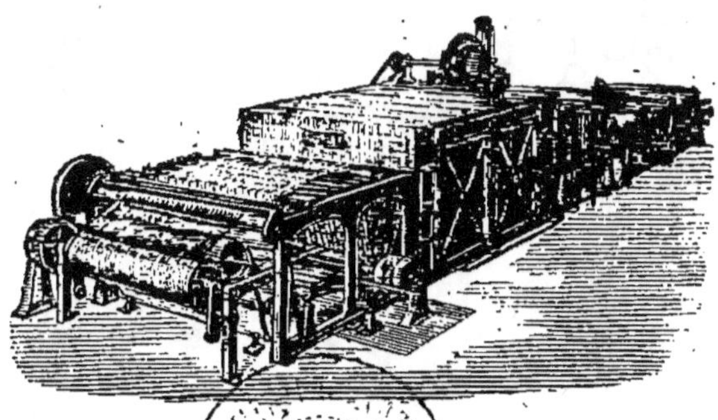

25 mètres dans cette étuve à la partie supérieure de laquelle est adapté un ventillateur qui a pour but d'activer l'action de la chaleur et d'éviter

Encolleuse à tambour.

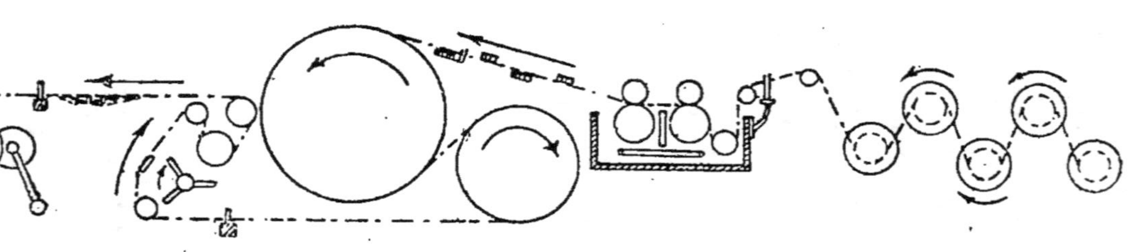

Figure 78.

Encolleuse à air chaud (Coupe).

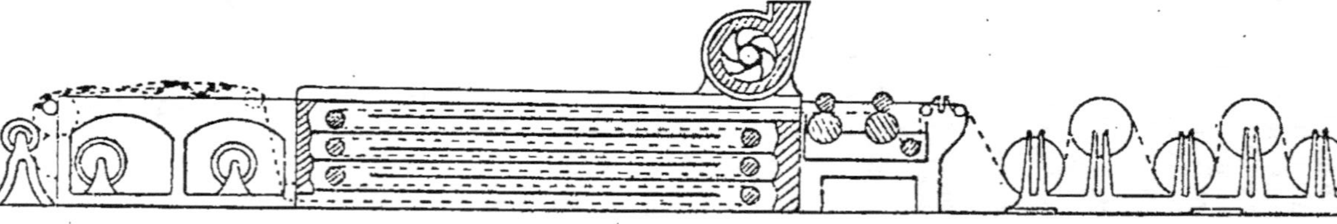

Figure 79.

la condensation. Cette disposition donne au fil plus de souplesse et de douceur.

Le parement employé pour le coton est à base de fécule de pommes de terre, d'amidon ou de farine fermentée ; on ajoute a cette base : 1° pour donner plus d'adhérence au parement du léiocomme ou une colle ; 2° pour donner plus d'onctuosité aux fils de la glycérine, des savons, des graisses ou un produit similaire préparé à l'avance et désigné sous les noms de sirop, d'encolline ou de parement ; 3° pour empêcher la décomposition du parement et éviter la moisissure dans le tissu du sulfate de cuivre ou de fer ; 4° pour donner du poids à la chaine, du kaolin, de la craie, de la terre de pipe ou du sulfate de baryte. La composition des parements varie avec le numéro du fil, la torsion, et la nature des tissus à produire.

Le parement pour machine à parer se prépare généralement dans l'appareil autoclave ou appareil Simon qui est d'un usage très simple.

Le parement pour encolleuse demande une préparation différente et beaucoup plus soignée, car la cuisson de la colle est un des points importants de l'encollage. Lorsque la colle est mal cuite ou inégale, elle n'est pas adhérente aux fils, peut produire des chaines duveleuses à certains endroits, et, par suite, occasionner bien des difficultés au tissage. Généralement le mélange se fait dans une cuve en sapin munie d'un agitateur et portant un robinet d'écoulement à la partie inférieure.

Avant de mettre l'encolleuse en marche on remplit la bâche à colle aux 2/3 environ de ce mélange, on introduit la vapeur dans le serpentin et l'on cuit à gros bouillon pendant 1/2 heure ou 3/4 d'heure.

Pendant la marche on renouvelle toutes les demi-heures le parement absorbé en versant un arrosoir du mélange dans la partie de la bâche qui n'est pas en contact avec le fil ; la cuisson s'opère et le fil est toujours imprégné d'un parement homogène.

Depuis quelques années on a simplifié le travail en disposant près de la machine un appareil où se cuit la colle que l'on introduit dans la bâche au fur et à mesure des besoins. Il suffit alors de maintenir au moyen du serpentin le parement à une température uniforme dans la bâche.

Ci-après quelques recettes de parement pour :

1° Machines à parer.

Eau.	100 litres.
Fécule.	8 kil. 500
Léiocomme	0.300
Sulfate de cuivre	0.100

Eau.	100 litres.
Farine de froment	5 kil.
Colle de Cologne	0.250
Sulfate de cuivre	0.200

Eau.	100 litres.
Fécule.	10 kil.
Léiocomme	0.150
Cristaux de soude.	0.150

Eau.	100 litres
Fécule.	14 kil.
Léiocomme	0.375
Colle de Cologne	0 375
Sulfate de cuivre	0.200

2° Encolleuses.

Articles forts nᵒˢ 5 à 20.

Eau.	100 litres.
Fécule.	25 kil.
Parement au lichen	1.500
Sulfate de cuivre	0.200

Articles moyens nᵒˢ 22 à 35.

Eau.	100 litres.
Fécule.	18 kil.
Parement au lichen	1. —
Sulfate de cuivre	0.200
Glycérine blonde	0.150

Articles fins.

Eau.	100 litres.
Fécule.	14 à 15 kil.
Parement au lichen	0.800
Sulfate de cuivre	0.200
Glycérine blonde	0.300

Il est bien entendu que tous les parements sont excessivement variables tant sous le rapport des produits que pour les proportions employées. Chaque industriel a pour ainsi dire une recette à lui.

Les opérations de **remettage ou rentrage et nouage** se font pour le coton comme pour la laine.

Le métier à tisser pour les articles classiques en coton diffère de celui que nous avons décrit pour la laine par la position des excentriques des marches qui au lieu de se trouver en dehors sont dans le métier même et agissent sur les lames pour les rabattre au lieu de les lever. Le métier occupe ainsi moins d'espace, mais le réglage des lames n'est pas aussi facile.

Quant aux autres mouvements ils sont à peu de chose près les mêmes. Nous devons cependant signaler, pour les articles forts, le mouvement du chasse-navette avec fouet dans la chasse.

La vitesse et la production des métiers à tisser le coton, sont sensiblement les mêmes que celles des métiers à tisser la laine. (*Voir* au métier à tisser la laine.)

NEUVIÈME PARTIE.

ÉTABLISSEMENT DE FILATURES ET DE TISSAGES. — COMPTABILITÉ.
— FILATURE.

Disposition des bâtiments d'une filature.

Les établissements se composent de constructions à rez-de-chaussée lorsque l'emplacement le permet, de préférence à des bâtiments à étages. La surveillance y est plus facile, la main-d'œuvre y est moindre, car la manutention des produits à transporter d'une machine à l'autre exige moins d'ouvriers, les dangers d'incendie sont moins grands, enfin, avec cette disposition les machines ont une assise solide indispensable pour leur bonne marche.

La toiture des bâtiments à rez-de-chaussée est en forme de dents de scie, la partie la plus inclinée entièrement couverte de tuiles, tandis que l'autre partie, garnie de fenêtres intérieures et extérieures, doit être dirigée vers le Nord afin d'éviter les rayons du soleil. La toiture, depuis le faîte jusqu'aux sous-poutres est plafonnée intérieurement, et l'espace compris entre les tuiles et le plafond est rempli, soit avec de la terre glaise et de la paille, soit avec de la sciure de bois imbibée de lait de chaux; ceci afin de mettre la salle à l'abri des influences de la température extérieure.

Les sous-pentes sont supportées par des colonnes en fonte espacées de 7 mètres dans le sens de la longueur et de 3^m50 à 3^m60 dans le sens de la largeur. Ces colonnes servent également à supporter la transmission ainsi que les tuyaux de chauffage et de vapeur.

Il doit régner, dans les salles de filature, une température uniforme autant que possible en même temps qu'un degré hygrométrique convenable pour faciliter le travail. La température la plus favorable est de 25 degrés centigrades, et le degré d'humidité le plus convenable est indiqué par 80 à 85 à l'hygromètre. Si ce degré est plus faible, il fait trop sec ; il faut soit arroser, soit lancer de la vapeur dans la salle ou faire usage de pulvérisateurs ou d'aéro-humecteurs. Un temps sec rend la laine électrique, les mèches et les fils deviennent cassants et produisent des barbes ou des vrilles.

Détermination des prix de revient.

La transformation de la laine brute en fil exige un très grand nombre de manipulations qui ne se font pas toujours toutes dans un même établissement. Ainsi il existe des ateliers dont la spécialité est de prendre la laine brute pour la livrer peignée, d'autre alors la transforment de peignés en fils.

Nous supposerons une organisation de cette nature, et chacun de ces établissements, peignage ou filature travaillant à façon, c'est-à-dire recevant la matière et la transformant pour le compte de tiers.

Nous indiquerons la composition des machines nécessaires pour ces deux établissements, la somme dépensée pour les créer et la méthode à suivre pour déterminer les prix de revient.

Une comptabilité bien tenue doit fournir tous les éléments et renseignements relatifs aux dépenses de transformation de la matière première, à l'espèce, qualité, quantité, etc. de marchandise produite. Il entre dans une filature un certain poids de matière première, laquelle sort à l'état de peigné, de chaîne ou de trame, diminuée d'une quantité de déchet plus ou moins grande. L'entrée de la matière première et la sortie du peigné ou du fil produit exigent donc un contrôle exact ainsi que les rendements et déchets obtenus à chaque série de machines, les prix de façon ou salaires payés aux ouvriers et, en général, toutes les dépenses et recettes de l'établissement.

Ces documents indispensables, ajoutés à la comptabilité commerciale, permettent d'établir le prix de revient des produits.

Un prix de revient se compose de cinq éléments :

1° La prix de la matière première ;
2° Le déchet perdu ;
3° Le prix de main-d'œuvre ;
4° Les frais généraux ;
5° Les intérêts et amortissements.

Le déchet perdu n'est autre chose que la différence entre le prix d'achat de la matière brute et le prix de vente des filés et des d4chets retrouvés obtenus avec cette matière ; il provient de l'évaporation, des chardons, boutons, débourrures, poussières, blousses, balayures, etc. Ainsi en supposant qu'une filature ait employé dans son année 500,000 kil. de matière **brute** et qu'elle ait produit 430,000 kil. de filés, il y a 70,000 kil. de déchets. soit 14 p. c. du poids brut et 16.25 p. c. du poids de filés.

Ces déchets ayant été vendus 25,000 francs, cette somme représente une certaine quantité de matière première à déduire des déchets bruts pour représenter les déchets réellement perdus, c'est-à-dire, que si la matière première vaut fr. 2-50 le kil. il représente un poids de 10,000 kil. de cette matière, ce qui réduit à 60,000 kil. la perte véritable, la perte réelle est donc de 12 p. c. de la matière brute et de 13.6 du poids de filés ; en conséquence, *le déchet perdu est le poids de matière première que l'on devrait ajouter à 1 kil. de cette matière pour obtenir 1 kil. de fil.*

On entend par **prix de façon** les frais de main-d'œuvre, les frais généraux, les intérêts et amortissements, en sorte qu'un prix de revient se compose du prix de 1 kil. de matière première plus le déchet perdu et du prix de façon de 1 kil. de produit.

Les frais de main-d'œuvre se composent des sommes payées aux différents ouvriers.

Les frais généraux se composent des sommes payées pour contributions, assurances, direction, employés, frais de bureau, chauffage, éclairage, graissage, approvisionnements divers, entretien et réparations de matériel.

Composition d'un peignage de laine.

	fr.	
1 bac à désuintage	fr.	400
1 batteuse ou loup pour pailleux		1,300
1 dégraissoir avec mouvements automatiques(3 trains)		10,000
2 sécheuses.		5,000
24 cardes avec avant-train (1ᵐ20 de largeur) garnies.		100,000
3 étirages de 6 têtes soit 18 têtes.		6,000
3 lisseuses		12,000
3 étirages de 8 têtes soit 24 têtes.		7,200
4 — 8 — 32 —		9,600
24 peigneuses		48,000
3 étirages à pots de 6 têtes soit 18 têtes.		6,000
3 étirages finisseurs à frottoirs de 6 têtes soit 18 têtes.		7,500
Total. . .fr.		213,000

La production moyenne d'une peigneuse étant, par jour, de 35 à 45 kil. de cœur, cet établissement produirait une moyenne de 1,000 kil. de cœur par jour.

Un établissement de peignage de cette importance reviendrait à 455,000 francs qui se décomposent comme suit :

Matériel détaillé ci-dessus	213,000
Moteurs, machines de 80 chevaux, générateurs pour chauffage, etc.	110,000
Transmission et gaz	25,000
Outillage et atelier de réparation	15,000
Matériel accessoire	20,000
Bâtiments, superficie 1.800 mètres carrés à 40 francs le mètre carré.	72,000
Total . . fr.	**455,000**

Prix de revient d'un peignage à façon.

D'après ce qui a été dit, nous avons à déterminer les sommes payées pour main-d'œuvre et frais généraux et à y ajouter l'amortissement et les intérêts.

1° Main-d'œuvre.

On compte 300 jours ouvrables dans l'année.

Triage	14 ouvriers, fr.	20,000
Dégraissage, séchage	5 —	5,500
Cardage	8 —	
Étirage et lissage	13 —	26,250
Peignage	8 —	
Préparation après peignage.	6 —	
Atelier de préparation	2 —	2,400
Contremaîtres	3 —	5,600
Ouvriers divers (chauffeurs, graisseurs, balayeurs et manouvriers)	8 —	9,600
Total . . fr.		**69,350**

2° Frais généraux.

Contributions et assurances . . . . fr.	5,586
Direction, employés, frais de bureau	7,000
Houille	20,000
Graissage, ensimage, savon, soude	20,000
Éclairage	2,000
Garniture de cardes, cylindres, courroies, drap, parchemin, accessoires divers	16,000
Total . . fr.	**70,586**

Récapitulation.

Main-d'œuvre . . . . fr.	69,350
Frais généraux	70,586
Total . . fr.	**139,936**

La dépense annuelle étant de 140,000 francs et la production de 300.000 kil. de peigné, les frais de fabrication sont de $\dfrac{140,000}{300,000} =$ franc 0-466 par kil.

Si le peignage est estimé à 455,000 francs comme ci-dessus et le fonds de roulement de 60,000 pour un établissement qui travaille à façon, les intérêts et amortissements sont :

Intérêts   5 p. c. sur fr. 455,000. . . . . . . fr. 22,750
    —   5 p. c. sur fr. 60,000.   3,000
Amortissem.10 p. c. sur fr. 455,000. 45,500
                                    Total . .fr. ———   71,250

et par kilo de peigné $\dfrac{71250}{300000}$ = fr. 0-237.

Soit un prix de revient total de fr. 0-466 + 0-237 = fr. 0-703 par kilo.

Composition d'une filature de laine (10,080 broches).

Nous avons vu que :

Une broche de métier à filer produit par jour 3,850 mètres de chaîne.
    —   —   —   3,650   —   de trame.

On peut évaluer d'après cela la production moyenne d'une filature à 3,700 mètres de fil d'un numéro moyen de 70,000 mètres au kilo soit 53 grammes par jour et par broche.

D'après ces calculs une filature de 10,080 broches produirait $10,080 \times 53 = 535$ kil. de fil. Comme il y a 2 p. c. d'évaporation plus 4 1/2 p. c. de déchets, cette filature mettrait journellement en œuvre, 575 kil. de peigné et sa composition serait :

2 défeutreurs à 2 têtes soit 4 têtes . . . . .fr.   3,000
1 gill-box à   4   —   2,500
1 étirage à   12   —   3,200
1 machine de chute double mèche à 18 têtes. 4.400
1 bobinoir double mèche à 40 têtes.   4,600
1   —   —   44   —   5,000
2   —   —   30   — soit 60 têtes   7,400
2   —   —   40   —   — 80 —   9,200
2   —   —   40   —   — 80 —   9,200
2   —   —   50   —   — 100 —   11,000
3   — finisseurs   50   —   — 150 —   16,500
18 métiers à filer renvideurs de 560 broches à 43 millimètres
d'écartement, soit 10,080 broches   151,000
                                    Total . .fr.   227,000

Un établissement de filature de cette importance reviendrait à 497,000 francs, qui se décomposent comme suit :

Matériel détaillé ci-dessus   227,000
Moteurs, machine de 95 chevaux, générateurs pour chauffage, etc.   110,000
Transmission et gaz   35,000
Outillage et atelier de réparation.   20,000
Matériel accessoire.   25,000
Bâtiments, Superficie 2,000 mètres carrés à 40 francs le mètre.   80,000
                                    Total . .fr.   497,000

Prix de revient d'une filature à façon.

D'après ce qui a été dit nous avons à déterminer les sommes payées pour main-d'œuvre et frais généraux à y ajouter l'amortissement et les intérêts.

1° *Main-d'œuvre.* (300 jours ouvrables).

Préparation	18 ouvriers, fr.		13,500
Fileurs	9	—	14,850
Aides	9	—	10,800
Rattacheurs	36	—	37,800
Bobineurs	9	—	6,075
Atelier de réparation.	2	—	3,000
Contremaîtres	2	—	4,500
Ouvriers divers (chauffeur, graisseur, balayeur, manouvriers, etc.	11	—	10,500

Total . .fr. . 101,025

2° *Frais généraux.*

Contributions et assurances . . . . .fr.		4,500
Direction, employés, frais de bureaux		5,500
Houille.		12,500
Graissage, ...		3,500
Eclairage		3,000
Cylindres, cordes, courroies, parchemins, etc.		15,000
Entretien, accessoires et réparations		5,000

Total . . fr. 49,000

Récapitulation.

Main-d'œuvre . . . . .fr.		101,000
Frais généraux		49,000

Total . . .fr. 150,000

La dépense annuelle étant de fr. 150,000 et la production annuelle étant de $3,700^m \times 300 \times 10,080 = 11,188,800,000$ mètres ou 11,188,800 écheveaux de 1,000 mètres ou 15,984,000 écheveaux de 700 mètres, les frais de fabrication sont de

$$\frac{150,000}{11,188,800} = \text{fr. } 0,0134 \text{ par écheveau de 1,000 mètres et}$$

$$\frac{150,000}{15,984,000} = \text{fr. } 00938 \text{ par écheveau de 700 mètres.}$$

Si la filature est estimée fr. 497,000, comme ci-dessus et le fond de roulement de fr. 50,000, pour un établissement qui travaille à façon, les intérêts et amortissement sont :

Intérêts à	5 p. c.	sur fr.	497,000	fr. 24,850	
—	5 p. c.	—	50,000	2,500	
Amortissement 10 p. c.		—	497,000	49,700	fr. 77,050

et par écheveau de fil produit.

$$\frac{77,050}{11,188,000} = \text{fr. } 0,00688 \text{ par écheveau de 1,000 mètres}$$

$$\frac{77,050}{15,984,000} = \text{fr. } 0,00482 \text{ par écheveau de 700 mètres.}$$

Le prix de revient total est donc :

Fr. $0,0134 + 0,00688 =$ fr. 0,02028 par écheveau de 1,000 mètres.
Fr. $0,00938 + 0,00482 =$ fr. 0,0142 — de 700 mètres.

On voit d'après les calculs ci-dessus que le prix de façon est très variable ; il dépend : 1° de la production ; 2° de la main-d'œuvre et des frais généraux qui varient suivant l'installation et les localités; 3° de l'amortissement. Nous avons pris comme base un amortissement de 10 p. c. pour un établissement neuf ce qui est donc un chiffre maximum et qui doit diminuer d'année en année.

Pour trouver *le prix de Revient des fils* il faudrait ajouter comme nous l'avons indiqué au début au prix de façon déterminé le prix de la matière première plus le déchet perdu.

On peut en pratique évaluer approximativement le prix de 1 kilog. de fil de laine peignée en numéros courants en multipliant le numéro kilométrique par :

> 10 1/2 à 11 centimes pour la trame,
> et 15 à 16 1/2 centimes pour la chaîne.

Ainsi de la trame numéro 100 ou 70,000 mètres au kilog. coûterait 70 $\times$ fr. 0,105 = fr. 7,35 par kil.

De la chaîne numéro 80 ou 56,000 mètres au kil. coûterait 56 $\times$ fr. 0,16 = fr. 8,90 par kil.

Disposition des bâtiments d'une filature de coton.

Ce que nous avons dit des constructions pour filature de laine peignée s'applique au coton.

Autant que possible les salles des mélanges et des batteurs doivent être séparées des autres salles de la filature ; et l'on estime qu'il faut par broche un espace de 32 décimètres carrés de terrain construit, les dépenses de construction varient de 30 à 40 francs le mètre carré suivant le plus ou moins de luxe et suivant les localités.

La température la plus favorable aux salles de filature de coton est de 20 degrés centigrades environ, et le degré d'humidité est indiqué par 70 degrés à l'hygromètre.

Machines composant un assortiment de filature de coton pour numéros ordinaires.

10,000 broches filant Amérique numéros 27/29 chaîne.
36/38 trame.

Production moyenne par jour 550 kilogrammes.

1 *Ouvreuse* à 1 tambour égreneur et 1 volant, 2 paires de tambours métalliques, toile sans fin à l'entrée et à la sortie, 2 ventilateurs.

1 *Batteur étaleur* à 2 volants, 2 paires de tambours métalliques, 2 ventilateurs, enroulage à compression à la sortie.

1 *Batteur tripleur* à 1 volant, 1 paire de tambours métalliques, 1 ventilateur, enroulage à compression à la sortie pour nappe de 0^m950 de largeur.

18 *Cardes* avec 2 paires de hérissons et 10 chapeaux plats en bois débourrés mécaniquement, briseur, débourrage constant du grand tambour, pôt tournant à la sortie.

1 *Machine à aiguiser* les hérissons et les chapeaux.

Appareils d'aiguisage pour les grands tambours et peigneurs.

3 *Bancs d'étirage* de 10 têtes chacun, 10 pôts tournants, 4 rangs de cylindres cannelés, casse-mèches dégreneurs pour un doublage de 8 rubans par tête, entonnoirs tournants envidant la mèche en spirale dans les pôts ; ces trois bancs sont destinés aux 3 passages successifs d'étirage.

2 *Bancs à broches en gros* de 52 broches chacun pour bobines coniques de 250 de course sur 140 de diamètre, ailettes à force centrifuge pour les presseurs.

2 *Bancs à broches intermédiaires* de 132 broches chacun pour bobines coniques de 220 de course sur 110 de diamètre, ailettes à force centrifuge.

4 *Bancs à broches en fin* de 168 broches chacun pour bobines coniques de 180 de course sur 85 de diamètre, ailettes à force centrifuge.

12 *Métiers à filer renvideurs* de 832 broches chacun.

Machines composant un assortiment de filature de coton pour numéros mi-fins.

10,000 broches filant Amérique chaîne 34/36.
Trame 45/50.

Production moyenne par jour 420 kilogrammes.

1 *Ouvreuse* comme assortiment I.

1 *Batteur étaleur* à 2 volants, comme assortiment I.

1 *Batteur tripleur* à 1 volant   —   —

13 *Cardes* à 2 paires de hérissons et 10 chapeaux plats comme assortiment I.

1 *Machine à réunir* pour les rubans des cardes formant un rouleau de 220 à 240 millimètres. 4 de ces rouleaux sont placés derrière les cardes en fin.

15 *Cardes* à 18 chapeaux plats en bois débourrés mécaniquement, briseur débourrage constant du grand tambour, pôt tournant à la sortie.

1 *Machine à aiguiser.*

Appareils d'aiguisage pour les grands tambours et peigneurs.

3 *Bancs d'étirage* de 8 têtes et 8 pôts tournants, comme assortiment I.

1 *Banc à broches en gros* de 72 broches avec bobines coniques.

2 *Bancs intermédiaires* de 120 broches chacun.

3 *Bancs en fin* de 160 broches chacun.

8 *Bancs superfins* de 210 broches chacun pour bobines coniques de 140 millimètres de course sur 65 de diamètre, ailettes avec presseurs à force centrifuge.

12 *Métiers à filer* renvideurs de 832 broches chacun.

Machines composant un assortiment de filature de coton pour numéros fins.

1,000 broches filant Jumel fin, chaîne 60/70.
Trame 90/100.

Production moyenne par jour 160 kilogrammes.

1 *Ouvreuse* à 1 volant, 1 paire de tambours métalliques, 1 ventilateur, toile sans fin à l'entrée et à la sortie.

1 *Batteur* à 1 volant, 1 paire de tambours métalliques, 1 ventilateur, enroulage à compression pour nappe de 0m950 de largeur.

6 *Cardes* à 2 paires de hérissons et 10 chapeaux plats en bois débourrés mécaniquement, briseur, débourrage constant du grand tambour, pôt tournant à la sortie.

1 *Machine à aiguiser.*

Appareils d'aiguisage pour les grands tambours et peigneurs.

1 *Étirage* à 4 têtes, 4 rangs de cylindres cannelés, 10 casse-mèches dégraisseurs par tête, entonnoirs tournants envidant la mèche en spirale, 4 pôts tournants.

1 *Bobineuse* de 6 têtes.

8 *Peigneuses Hübner.*

1 *Banc d'étirage* à 6 têtes, 5 rangs de cylindres cannelés, 8 casse-mèches dégreneurs par tête, entonnoirs tournants, 6 pôts ovales avec mouvement de va-et-vient.

1 *Banc d'étirage* à 6 têtes, 4 rangs de cylindres cannelés, 6 casse-mèches dégreneurs par tête, entonnoirs tournants, 6 pôts ovales avec mouvement de va-et-vient.

1 *Banc d'étirage* à 6 têtes comme le précédent pour le troisième passage.

1 *Banc à broches en gros* de 40 broches avec bobines coniques.

1 *Banc intermédiaire* de 104 broches avec bobines coniques.

2 *Bancs en fin* de 160 broches chacun avec bobines coniques.

6 *Bancs superfins* de 220 broches chacun, avec bobines coniques de 120 de course sur 65 de diamètre, ailettes à doubles presseurs avec force centrifuge.

12 *Métiers à filer* renvideurs de 832 broches chacun, têtière spéciale avec double vitesse des broches, étirage supplémentaire du chariot après l'arrêt des cylindres cannelés.

Le prix d'établissement par broche d'une filature de coton peut être évalué suivant les localités de :

30 à 34 francs pour le matériel.

10 à 13 francs pour l'immeuble (terrains et constructions).

Compte de revient annuel d'une filature à rez-de-chaussée de 30,000 broches filant des numéros ordinaires, chaîne 27/29, trame 36/38.

D'après ce qui a été dit précédemment, nous avons à déterminer les sommes payées pour main-d'œuvre et frais généraux, et y ajouter l'amortissement et les intérêts.

1° *Main-d'œuvre.*

On compte 300 jours ouvrables dans l'année.

Préparation	70 ouvriers, fr.		35,000
Filature	90	—	60.000
Bureau de réception	7	—	4,100
Atelier de réparation	8	—	8,000
Ouvriers divers, chauffeurs, manouvriers, etc.	14	—	9,900
	Total de la main-d'œuvre .	fr.	117,000

2° *Frais généraux*

Contributions et assurance	fr.	22,000
Direction, employés, frais de bureau		20,000
Houille 8,000 kil. par jour à 25 fr		60,000
Graissage		12,000
Éclairage		4,500
Garnitures, cordes, cylindres, courroies, cordes, drap et accessoires		34,500
Total des frais généraux .	fr.	153,000

Récapitulation.

Main d'œuvre	fr.	117,000
Frais généraux		153,000
Total .	fr.	270,000

Soit par broche $\dfrac{270,000}{30,000} = 9$ francs.

Il est bien entendu que les chiffres ci-dessus varient suivant les établissements et les localités, par suite la dépense par broche varie également.

La dépense annuelle d'une filature étant de 9 francs par broche et la production en chaîne 27/29 étant de 18 kilogrammes, les frais de fabrication par kilogramme sont de $\dfrac{9}{18} = $ fr. 0.50.

Le Louisiane pour numéros courants vaut actuellement fr. 1-60 le kilogramme et si l'on compte sur 10 p. c. de déchet perdu, soit 16 centimes, le prix auquel on pourrait sans intérêt ni amortissement vendre la chaîne 27/29 serait 1-60 + 0-16 + 0-50 = fr. 2-26.

La production en trame 36/38 est de 15 kilogrammes, les frais de fabrication par kilogramme sont de $\frac{9}{15}$ = fr. 0.60, ce qui élèverait le prix net du kilogramme de cette trame à 1-60 + 0-16 + 0-60 = fr. 2-36.

Examinons maintenant comment on doit procéder pour établir le prix de revient en tenant compte des intérêts et de l'amortissement.

Si nous estimons la filature à 40 francs la broche, prix très bas, et le fonds de roulement minimum à 8 francs par broche, chaque broche devra rapporter annuellement pour couvrir ces frais :

1° Intérêt	à 5 p. c. sur fr. 40 = fr.	2.—
2° —	5 p. c. — 8 =	0.40
3° Amortissement 10 p. c.	— 40 =	4.—
	Total fr.	6-40

Pour de la chaîne 27/29, production de 18 kilogrammes par an, la somme à ajouter par kilogramme est de $\frac{18}{6,40}$ = fr. 0.36, en sorte que le prix de revient sans aucun bénéfice serait de 2-26 + 0-36 = fr. 2-62.

Pour de la trame 36/38, production de 15 kilogrammes par an, la somme à ajouter par kilogramme est de $\frac{6,40}{15}$ = fr. 0.43, en sorte que le prix de revient sans aucun bénéfice serait de 2-36 + 0-43 = fr. 2-79, en supposant la même qualité de coton pour ces deux sortes de filés ; mais généralement on prend pour la trame une qualité inférieure ou on y mélange des déchets ou d'autres cotons.

On voit d'après les calculs ci-dessus le rôle important que joue la production dans un établissement, et comment en augmentant cette production on peut diminuer les prix de revient.

TISSAGE.

Machines composant un assortiment de tissage.

La composition des différentes machines d'un tissage varie suivant la nature des tissus à produire et la largeur des métiers.

Etant donné un certain nombre de métiers ainsi que leur largeur, il faut déterminer la production moyenne de chacun d'eux; on en déduira ensuite la longueur et le poids de chaîne employé par jour dans le tissage et par suite le nombre de broches de bobinoir, le nombre d'ourdissoirs et d'encolleuses nécessaires pour alimenter les métiers. On peut alors évaluer le coût d'établissement du tissage et le prix moyen par métier. D'après les données ordinaires on estime qu'un métier à tisser en 4/4 revient de 1,000 francs à 1,400 francs; un tissage de 200 métiers coûterait donc d'établissement 240,000 francs, immeubles et matériel compris. Le prix de revient d'un tissage de façonnés serait nécessairement plus élevé.

Prix de revient. Décomposition des tissus.

Le prix de revient d'un tissu comprend :
1° *Le prix de la matière première;*
2° *Le déchet perdu;*
3° *Le prix de façon ainsi qu'il a été établi pour la filature.*
Pour déterminer ces différents éléments il peut se présenter deux cas :
1° Evaluer le prix d'un tissu d'après un échantillon donné;
2° — — dont on connaît exactement la composition.

Dans le premier cas on est obligé de *décomposer* ou *d'analyser* l'échantillon pour en déterminer la composition et le ramener au deuxième cas.

Décomposition des tissus. — Il n'y a pas de règle absolue pour décomposer un tissu, mais généralement on procède aux recherches suivantes :

1° Rechercher la face d'endroit;
2°   —   le sens de la chaîne;
3°   —   la contexture;
4°   —   la nature des fils employés, le compte ou la réduction, le raccourt, le retrait;
5° En déduire l'ourdissage;
6°   —   le montage;
7°   —   le tramage.

Nous passerons rapidement en revue ces différentes questions qui sont d'une grande importance.

1° *Face d'endroit.* — On prend généralement comme face d'endroit celle qui a l'aspect le plus agréable à l'œil.

2° *Sens de la chaîne.* — On reconnaît de la manière suivante quel est le sens de la chaîne dans un tissu : soit par la lisière (lorsqu'elle existe) soit par les traces ou voies de rôt (lorsque le tissu est écru), soit par la direction plus rectiligne des fils de chaîne, leur plus grande torsion, soit enfin par une élasticité moindre de l'étoffe dans le sens de la chaîne que dans le sens de la trame.

3° *Contexture du tissu.* — On fait généralement une frange dans le sens de la chaîne, on prend un fil comme point de repère, puis on fait passer successivement les duites dans la frange, en notant à partir du fil de repère le mode de croisement des deux textiles : on obtient ainsi la mise en carte du tissu. Pour ce travail excessivement minutieux et qui demande beaucoup de patience, on se sert d'une loupe et d'aiguilles.

4° *Nature des fils employés, compte ou réduction, raccourt, retrait.* — Cette question demande quelques détails.

On peut reconnaître la *nature des fils* soit en les brûlant, soit en les observant au microscope, soit enfin en employant des procédés chimiques.

Les brins d'origine animale brûlent difficilement, produisent un charbon spongieux, boursouflé, laissent une cendre relativement abondante et dégagent une odeur de corne brûlée.

Les brins d'origine végétale brûlent avec une flamme vive et nette et laissent peu de résidus.

L'observation au microscope permet également de déterminer la nature des brins d'après leur structure.

Enfin, les procédés chimiques permettent de reconnaître non seulement la nature des brins, mais encore leur proportion en cas de mélanges.

En faisant bouillir pendant quelque temps un fragment de l'étoffe à analyser dans un bain d'acide azotique, la soie se colore en jaune clair, la laine en jaune plus foncé, le phormium en rouge; le lin, le chanvre et le coton restent blancs.

Si l'on veut pousser plus loin les investigations et s'assurer, pour des étoffes de laine, par exemple, si l'on a mélangé du coton ou un végétal, et en quelles proportions, il faut avoir recours à l'analyse chimique quantitative, car on est arrivé à combiner avec tant de soin la laine avec d'autres matières, pour en faire des tissus à bon marché, qu'il est quelquefois difficile au connaisseur, même le plus expérimenté, de reconnaître le mélange à première vue.

On peut employer dans ce cas le procédé suivant :

On dégraisse soigneusement l'échantillon à analyser, on le sèche à fond, puis, après l'avoir pesé, on le fait bouillir dans une solution de soude caustique. Les matières animales se dissolvent complètement, ou filtre, la lessive traverse le filtre, qui retient les matières végétales; on pèse alors ce résidu qui donne la proportion du mélange.

Le *compte* ou *réduction* se détermine à l'aide d'un petit instrument appelé *compte-fils* qui permet de compter le nombre de fils et de duites contenus dans l'unité de mesure adoptée (soit le quart de pouce, soit le centimètre).

Suivant les tissus il faut tenir compte sur la longueur comme sur la largeur du *raccourt* et du *retrait*. Le *raccourt* provient des ondulations de la chaîne sur la trame ou de l'*embuvage*; ce raccourt est d'autant plus prononcé que les duites sont plus rapprochées ou les fils plus gros; c'est ainsi que pour les tissus ordinaires il peut varier de 3 à 4 p. c. jusqu'à 8 p. c. et au delà. Le *retrait* provient du rapprochement des fils après le tissage; le tissu conserve au moyen des templets la largeur de l'empeignage, mais la trame, tirée en sortant de la navette, tend à se raccourcir lorsqu'elle est dans le tissu, ce qui a lieu depuis les templets jusqu'au rouleau d'étoffe. Le retrait en largeur est d'autant plus fort que la tension de la chaîne est plus forte, les fils moins serrés et la trame plus fine et plus serrée.

5° *L'ourdissage*, le *montage* et le *tramage* se déduisent des données ci-dessus et se déterminent comme nous l'avons indiqué aux principes.

Nous donnons ci-dessous un exemple de décomposition pour faire comprendre de quoi se compose ce travail.

Mérinos écru 5/4. 13/14 croisures (au quart de pouce).

Largeur du tissu au peigne 1^m44. Compte 80 ou 24 fils. 1,150 broches ou dents, 3 fils en dents.

Ourdissage.

Lisières	12 broches soit	24 fils, chaîne laine peignée n° 35 retors.
Fond	1,126 —	3,378 — — — n° 80 simple ou
		56,000 mètres.
Lisières	12 —	24 — — — n° 35 retors.
1,150 broches	3,426 fils.	

(Nous compterons pour l'emploi de matière 3,440 fils afin de compenser la différence de grosseur entre les fils de lisière et ceux du fond.)

Remettage.

Suivi sur 4 lames de 860 mailles chacune en 1^m44 de largeur.

Montage.

Métier mécanique, excentriques de batavia calés à angle droit l'un à la la suite de l'autre.

Tramage.

Trame laine peignée n° 120 (84,000 m.) Réduction en trame 76 duites au centimètre.

Lorsque le tissu est décomposé et que l'on possède tous les éléments indiqués ci-dessus, il est facile d'en terminer le prix de revient; c'est ce que nous allons établir.

Prix de revient des tissus de laine.

Nous commencerons par nous occuper des prix de façon qui se subdivisent en trois parties:

1° Frais généraux;
2° Frais de montage et de fournitures;
3° Frais de main-d'œuvre au tisseur..

Les frais généraux s'établissent par jour et par métier d'après les relevés annuels, ils sont nécessairement subordonnés à la largeur des métiers; nous en donnons ci-après les chiffres généralement admis.

Les frais de montage et de fournitures varient également suivant la largeur des métiers et la nature des tissus, il en est de même pour la main-d'œuvre au tisseur.

1° Frais généraux par jour et par métier.

Métiers 4/4, largeur au rôt 105, largeur tissé 95 cent., frais par jour fr. 1 00
— 9/8 — 120 — 106 — — 1 10
— 5/4 — 144 — 129 — — 1 35
— 6/4 — 176 — 160 — — 1 50
Grande laize — 193 — 175 — — 1 65
— 200 — 180 — — 1 75
— 228 — 210 — — 2 00
— 235 — 220 — — 2 10

D'après la production moyenne et le duitage au centimètre on détermine le nombre de jours que le tisseur mettra à tisser sa pièce, et l'on en déduit la valeur des frais généraux affectés à cette pièce.

Ainsi une coupe de mérinos 5/4, production 76,000 duites par jour, le duitage étant de 7 6 duites et la longueur de la pièce de 100 mètres, cette pièce sera faite en $\frac{76 \times 100 \times 100}{76,000} = 10$ jours — les frais généraux affectés à cette pièce seraient donc 1·35 $\times$ 10 = fr. 13·50.

2° Frais de montage et de fourniture par pièce de 100 mètres.

	Métier 9/8	Métier 5/4	Métier 6/4
Bobinage	0.50	0.75	1.—
Ourdissage	0.50	0.75	1.—
Encollage fécule	1.25	1.50	2.—
Nouage	0.50	0.75	1.—
Equipage	1.—	1.25	1.50
Rentrayage	1.—	1.25	1.50
Epeutissage	1.—	1.25	1.50
Mesurage	0.50	0.50	0.50
Totaux	6.25	8.00	10.00

La coupe de 5/4 ci-dessus coûterait donc 8 francs pour frais de montage.

3° Main-d'œuvre au tisseur.

On paierait 3.30 centimes par 1,000 duites au tisseur pour cette pièce donc pour 76,000 duites la façon serait de 760 $\times$ 0.03 = fr. 25.08.

Récapitulation.

1° Frais généraux . . . . fr. 13 50
2° — montage et fourniture. 8 00
3° — main-d'œuvre 25 10
Total. . . fr. 46 60

Le prix de façon par mètre serait de fr. 0-466.

Le prix de revient se composant du prix de la matière et du prix de façon sera donc déterminé de la manière suivante :

Largeur au peigne 144 centimètres. — *Raccourt* 6 p. c.

Emploi de chaîne 3,440 fils d'une longueur de 106 mètres pour une coupe de 100 mètres.

Chaîne n° 80 soit 56,000 mètres au kil.

$$\text{Poids de chaîne } \frac{3,440 \times 106}{56,000} = 6 \text{ kil. } 500$$
$$\text{— — déchet 3 \% } 0 - 200$$

fr. 6,700 à 8   fr. 53-60

Emploi de trame pour 100 mètres 7,600 duites au mètre, 760.000 duites pour 100 mètres d'une largeur de 1^{m}44 soit 1.094.400 mètres de trame 120, soit 84,000 mètres au kil.

$$\text{Poids de trame } \frac{1,094,400}{84,000} = 13 \text{ kil. } 029$$
$$\text{— — déchet 5 \% } 0 - 651$$

fr. 13,680 à 9   fr. 123-12

Prix de façon établi comme ci-dessus   46-60
Temps passé en magasin des filés 3 % sur 176-72   5-30

Total   fr.   228-62

Le prix de revient du mètre de tissu est donc de fr. 2-2872 sans aucun bénéfice.

Prix de revient d'un calicot 60 P 3/4 20 duites.

Le compte de chaine des tissus classiques en coton se désigne par *portées* qui indique le nombre de fois 40 fils contenus dans la largeur du tissu, le duitage se compte au 1/4 de pouce et il y a 147.6 quarts de pouce au mètre.

Largeur au peigne 0^{m}97, raccourt 4 p. c., chaine 27/29, trame 36/38.

Emploi de chaîne 2,400 fils d'une longueur de 104 mètres pour une coupe de 100 mètres, chaine n° 28 soit 56,000 mètres au kil.

$$\text{Poids de chaîne } \frac{2,400 \times 104}{56,000} = 4 \text{ kil. } 46$$
$$\text{— — déchet 2 1/2 \% } 0 - 11$$

fr. 5-57 à 2 65 le kil. fr. 14-75

Emploi de trame pour 100 mètres 20 × 147.6 = 2,952 duites au mètre, 295,200 duites pour 100 mètres d'une largeur de 0^{m}97 soit 286,344 mètres, de trame 36/38 ou 74,000 mètres au kil.

$$\text{Poids de trame } \frac{286,344}{74,000} = 3\text{-}87$$
$$\text{— — déchet 4 \% } = 0\text{-}15$$

fr. 4-002 à 2-80 le kil. fr. 11,25

Prix de façon. Bobinage, ourdissage,
encollage, nouage, etc.   0-60
Tissage   3-25
Frais généraux 1-35 par métier et par
jour en comptant sur une production de 22 mètres par jour soit
pour 4 1/4   6-10

fr. 9-05

Temps passé en magasin des filés 3 % sur 26 francs   0-78

Total   fr.   36-73

Prix de *Revient du mètre* fr. 0-367.

Composition de tissus classiques en laine.

1° *Mérinos simple.*

Chaîne	Trame		Croisure au 1/4 de pouce	cᵗᵉ	broches au décimètre
Chaîne 75	Trame 90	8	Croisure au 1/4 de pouce	cᵗᵉ 72	broches au décimètre 3 fils en broche.
—	95	9			—
—	100	10			—
—	105	11			—
80	110	12			76
—	115	13			—
—	120	14			—
—	125	15			—
85	130	16			80
—	135	17			—
—	140	18			—
—	145	19			—
90	150	20			84
—	155	22			—
—	160	24			—

2° *Mérinos double.*

Chaîne	Trame	croisures au 1/4 de pouce	cᵗᵉ
Chaîne 35,000ᵐ au kil.	90	10/11 croisures au 1/4 de pouce	cᵗᵉ 72
—	95	12/13	72
—	100	14/15	76
—	105	16/17	76
36000	110	18/19	76
—	115	20/21	76
—	120	22/23	76
—	125	24/25	76
—	130	26/27	76
Chaîne 38000ᵐ au kᵒ.	135	28/29	76
—	140	30/31	76
42000	145	32/33	76
—	150	34/35	76
—	155/160	36	76

3° *Cachemire d'Écosse.*

Chaîne	trame		cᵗᵉ
Chaîne 75	trame 90	11	cᵗᵉ 76
—	100	12	80
—	108	13	80
80	116	15	80
86	123	16	80
90	136	18	82
—	145	20	84
95	150	24/25	84

Composition de tissus classiques en coton.

Calicot.

1° 60 portées 18 fils — chaîne 27/29 — 12 à 20 duites — trame 36/38 — laize de 2/3 jusqu'à 8/4 — sorte courante 3/4.

2° 70 portées 21 fils — chaîne 27/29 — 21 à 30 duites — trame 36/38 — laize de 3/4 à 8/4 — sorte courante 3/4.

3° 75 portées 22 fils — chaîne 28 à 30 — 22 à 34 duites — trame 30 à 42 — laize 3/4 — sorte courante chaîne 27/29 — trame 36/38.

4° 80 portées 24 fils — chaîne 28 à 30 — 26 à 36 duites — trame 37 à 42 — laize 3/4.

5° 90 portées 28 fils — chaîne 40 — 30 à 38 duites — trame 50 — laize 3/4.

6° 100 portées 30 fils — chaîne 50 — 40 à 42 duites — trame 60 — laize 3/4.

Cretonne.

1° Cretonne à grain carré 54 portées 16 fils — chaîne n° 10 — 14 duites — trame 12 — laize 2/4 — poids 20 à 21 kil. les 100 mètres en écru.

2° Cretonne genre Shirting, 54 portées 16 fils — chaîne n° 16 — 20 à 28 duites — trame 26 — laize 3/4. — Poids 14 à 17 kil. les 100 mètres en écrus

3° Cretonne genre Shirting 60 portées — 18 fils — chaîne n° 20 — 20 à 30 duites — trame 26 — laize 3/4 — poids de 15 à 18 kilogr. 500 par 100 mètres en écru.

On fait en cretonne d'autres genres très variés.

Croisé.

60, 68 et 70 portées — chaîne 27/29 — 8 à 13 côtes ou croisures — trame 36/38 — laize 3/4.

Brillanté.

1° 60 à 70 portées — 18 à 22 fils, chaîne 27/29 — 18 à 24 duites — trame 36/38 — laize 3/4.

2° Brillanté fin, 85 à 95 portées — 25 à 28 fils — chaîne 50 — 30 duites — trame 50 à 60 — laize 3/4.

Piqué.

90 à 100 portées — 27 à 30 fils — chaîne 40 pour endroit — chaîne 30 pour fond — 50 duites — trame 50 — laize 3/4.

Mousseline.

90 à 95 portées — 27 à 30 fils — chaîne 60, 70 et 80 — 28 à 34 duites, — trame 60, 70 et 80 — laize 82, 85 et 90.

Organdi.

50 à 65 portées — 16 à 11 fils — chaîne 100 à 130 — 15 à 24 duites — trame 100 à 150 — laize 80 à 85.

Jaconat.

55 à 67 portées — 18 à 22 fils — chaîne 50 à 70 — 14 à 20 duites — trame 60 à 110 — laize 82 à 85.

Sattinettes.

Ces articles destinés à l'impression se font :

1° Sorte courante, 70 portées — 22 fils — chaine 27/29 — 24 à 30 duites — trame 36/38 — laize 3/4.

2° Pour confections, robes, etc. 85 à 135 portées — 26 à 40 fils — chaine 40 à 50 — 30 à 50 duites — trame 30 à 70 — laize 3/4.

3° Pour ameublements 54 à 60 portées — 16 à 18 fils — chaine 14 à 20 — 18 à 30 duites — trame 14 à 20 — laize 3/4.

4° Satins fins 60 à 72 portées — 18 à 24 fils — chaine 100 à 130 — 60 à 80 duites — trame 100 à 130 — laize 3/4.

Tous les articles ci-dessus se font également sur des largeurs très variables et les comptes indiqués sont tous au quart de pouce.

Tissus à croissures.

Dans les tissus à côtes batavias, sergés ou leurs dérivés, le nombre de croisures dépend de la réduction en chaine et en trame, autrement dit les trois éléments, chaine, trame et croisure, formant les deux membres d'une équation sont corrélatifs l'un de l'autre, de telle sorte que, connaissant deux d'entre eux, on peut toujours trouver le troisième.

Nous prendrons comme exemple un batavia d'après lequel nous déterminerons le rapport entre le nombre de croisures, de fils et de duites à l'unité de mesure au centimètre par exemple. Nous représenterons pour la clarté de la démonstration les fils de chaine par des lignes verticales, les duites par des lignes horizontales, et la levée des fils sur les duites ou les fils pris par des points.

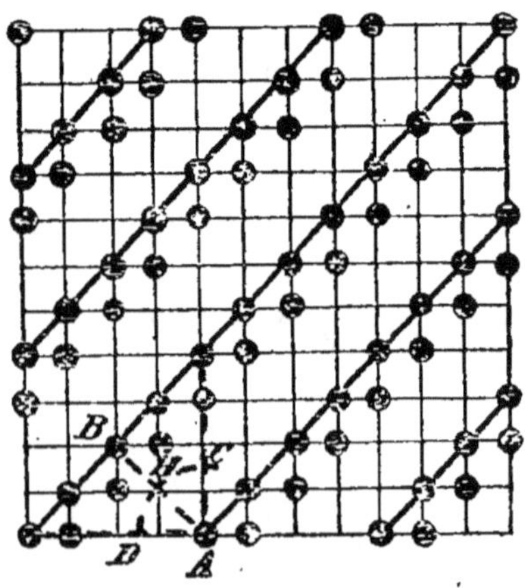

Figure 80.

Soit c nombre de fils au centimètre AD Écartement entre 2 fils $= \dfrac{1}{c}$

$\qquad t \qquad$ — duites au centimètre AC — — 2 duites $= \dfrac{1}{t}$

$\qquad k \qquad$ — croisure au centim. AB — — 2 côtes $= \dfrac{1}{k}$

$\qquad\qquad$ AH est le 1/4 de AB soit $= \dfrac{1}{4k}$

$$AH^2 = DH + HC$$

$$DH + DC = AD^2 \text{ d'où } DH = \frac{AD^2}{DC}$$

$$HC + DC = AC^2 \text{ d'où } HC = \frac{AC^2}{DC}$$

$AH^2 = \dfrac{AD^2}{DC} + \dfrac{AC^2}{DC} = \dfrac{AD^2 + AC^2}{AD^2 + AC^2}$ remplaçant les lettres par les valeurs ci-

dessus, il vient $\dfrac{1}{16\,k^2} = \dfrac{\dfrac{1}{c^2} + \dfrac{1}{t^2}}{\dfrac{1}{c^2} + \dfrac{1}{t^2}} = \dfrac{1}{c^2 + t^2}$ d'où $16\,k^2 = c^2 + t^2$ et $k =$

$\dfrac{1}{4}\sqrt{c^2 + t^2}$ c'est-à-dire le nombre des croisures est égal au 1/4 de la racine carrée de la somme des carrés des fils et des duites.

Pour les sergés de 3 la formule serait $k = \dfrac{1}{3}\sqrt{c^2 + t^2}$ et d'une façon générale le nombre des croisures est égale à $\dfrac{1}{x}\sqrt{c^2 + t^2}$ — x étant le nombre de fils au rapport de l'armure.

D'après cette formule connaissant 2 des éléments on trouve le troisième.

ainsi p k a des mérinos
$$k = \frac{1}{4}\sqrt{c^2 + t^2}$$

Batavia
$$c = \sqrt{16\,k^2 - t^2}$$

$$t = \sqrt{16\,k^2 - c^2}$$ Par exemple, si

$k = 16$ croisures au quart de pouce ou $\dfrac{16 + 147.6}{100} = 23\text{-}62$ au centim.

$c = 24$ fils au centimètre

le duitage au centimètre est $= \sqrt{16 \times 23{,}62^2 - 24^2} = 91\ 1/2$ duites

pour des cachemire d'Ecosse
$$k = \frac{1}{3}\sqrt{c^2 + t^2}$$

Sergé de 3
$$c = \sqrt{9\,k^2 - t^2}$$

$$t = \sqrt{9\,k^2 - c^2}$$

par exemple, si

$k = 16$ croisures au quart de pouce ou $\dfrac{16 + 147{,}6}{100} = 23\text{-}62$ au centimètre.

$c = 22{,}0$ fils au centimètre

le duitage au centimètre est $t = \sqrt{9 \times 23{,}62^2 - 2{,}28^2} = 67$ duites au centim.

En analysant cette formule, on remarque que tout en conservant le même compte de croisures on peut augmenter le nombre de fils en diminuant le nombre de duites ou inversement.

Cette formule permet également de construire un appareil qui détermine sans le secours d'aucun calcul le rapport entre les 3 éléments, chaine, trame et croisure.

En effet, la formule primitive $16\,k^2 = c^2 + t^2$ n'est autre que celle qui correspond aux carrés construits sur les côtés $4\,k$, c et t d'un triangle rectangle. Sur une ligne horizontale représentant les fils et sur une ligne verticale représentant les duites nous porterons à partir de leur point de rencontre des divisions égales — et sur une réglette mobile nous porterons des divisions quatre fois plus grandes pour des mérinos ou croisés et trois fois plus grandes pour des cachemires. Connaissant par exemple le nombre de fils et le nombre de croisures au centimètre, on lit les fils sur la ligne horizontale, on applique le O de l'échelle sur laquelle on lit les croisures et le point de l'échelle avec la ligne verticale indique le duitage.

Nous donnons ci-après deux tableaux qui pourront être utiles aux personnes qui s'occupent des mérinos et des cachemires d'Écosse.

Mérinos.

Rapport entre les croisures, les fils et les duites.

Croisures au 1/4 de pouce	Croisures au centimètre	Nombre de duites au centim.tre correspondant aux comptes de fils suivants (3 fils en dent)			
		compte 72 ou 21.6 fils	compte 76 ou 22.8 fils	compte 80 ou 24 fils	compte 84 ou 25.2 fils
8	11.8	42.—		40.80	
9	13.3	48.50		47.60	
10	14.76	54.90		54.20	
11	16.24	61.—		60.50	
12	17.71		67.—	66.80	
13	19.19		73.40	73.10	
14	20.66		79.50	79.30	
15	22.14		85.70	85.40	
16	23.62		91.80	91.50	
17	25.09		97.70	97.50	
18	26.57		103.90	103.50	
19	28.04		110.—	109.50	
20	29.52		116.—		115.30
22	32.47		128.—		127.—
24	35.42		140.—		139.—
26	38.38		152.—		
28	41.32		163.50		
30	44.28		175.50		
32	47.24		187.50		
34	50.18		199.50		

DIXIÈME PARTIE

FILATURE DES LAINES CARDÉES

La filature des laines cardées a pour but la transformation de la laine du mouton en un fil plus ou moins grossier, possédant la précieuse propriété de pouvoir se feutrer et de la communiquer aux tissus tels que Draperies, Flanelles, Bonneteries, etc...

En dehors du travail des laines naturelles, la transformation de certains déchets nécessite également une manutention semblable. Tels sont notamment, les *Ploquettes* ou déchets de carbonisation, et les *Renaissances*, qui comportent deux qualités principales distinctes, les *Mungo* et les *Shoddy*. Le premier de ces termes anglais, usités couramment partout aujourd'hui, s'applique particulièrement aux filaments laineux obtenus par l'effilochage des chiffons de drap foulé; le second à la matière résultant de l'effilochage des articles de bonneterie et des chiffons de tissus peu feutrés.

Sous le nom de Renaissance, on comprend encore la laine *Thibet*, provenant des tissus très légers de laine peignée et les matières produites, en général, par le traitement des chiffons des sortes suivantes: Tissus mi-laine, puis la laine *Vigogne*, qui est constituée par un mélange de coton et de blousses de peignage.

Les opérations de filage de ces matières textiles se subdivisent en deux parties essentielles : celle de la PRÉPARATION ou *filage en gros*, et celle du *filage en fin*.

La PRÉPARATION a un triple but à remplir : 1° le *cardage*, qui devra diviser la masse filamenteuse, la désagréger pour arriver au parallélisme des fibres de laine et en même temps leur nettoyage ; 2° le *nappage*, qui sera parfait lorsque la nappe cardée se présentera avec uniformité de couleur et régularité d'épaisseur. Autant que possible, le poids de cette nappe devra être partout égal, par même unité de surface ; 3° le *filage en gros*, c'est-à-dire la séparation de la nappe ci-dessus en un certain nombre égal de fils grossiers appelés mèches ou boudins, qui seront convertis en filés par l'opération du filage en fin.

Ces trois opérations, cardage, nappage et boudinage, sont inséparables, et doivent se faire nécessairement et successivement sur le même assortiment de trois machines, dont la première sera la carde ouvreuse avec tambour, travailleurs, nettoyeurs et peigneurs ; la seconde, analogue à la première, comportera à sa sortie, l'appareil ou tambour de nappage ; et la troisième sera munie de l'appareil de filage dit *système continu*.

Le *filage en fin* n'a donc plus qu'à affiner la mèche de la carde fileuse ; l'amener par l'étirage à la finesse de fil voulue, soit à celle variant des numéros 1/2 à 30 métrique par exemple, et par la torsion, en faire un fil doux ou rude, élastique ou résistant, suivant ses multiples destinations. Ce but est rempli par le métier à filer, qui pourra être l'ancienne *Mule-Jenny*, le métier *Self-Acting* ou automate, ou le métier à filer continu, ou métier fixe.

Dans le travail de la laine cardée, la machine la plus intéressante et celle dont dépend le résultat de la filature, est certainement la carde-fileuse. Depuis une dizaine d'années, dans cet ordre d'idées, les cardes dites « *Continu diviseur* » se sont répandues partout. Les cardes anciennes à lanières, de divers systèmes, qui étaient l'expression de cette modification dans la transformation du filage en gros, tendent de plus en p'us, à leur tour, à céder la place aux continus à lames voyageuses en acier trempé. Les figures 81 et 82 donneront une idée de ce système, qui est celui de J. S. Bolette.

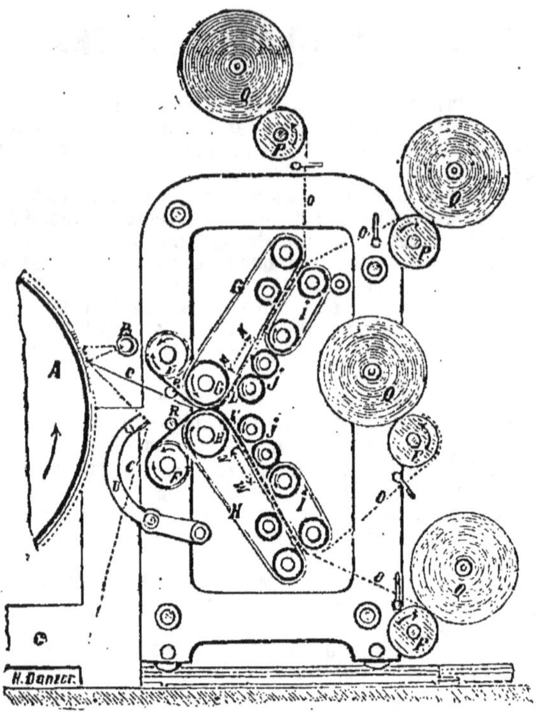

Figure 81.

Pour les cardes continues à lanières, il arrive quelquefois que les mèches de préparation cassent dans leur parcours ; c'est un inconvénient auquel il faut veiller attentivement. Il n'existe qu'un seul moyen d'y remédier, c'est de choisir des largeurs de lanières qui soient en rapport avec la matière cardée, car il est évident que cette dernière doit être convenablement acheminée afin que la séparation des rubans se fasse d'une manière normale, et sans entraînement de l'un par l'autre, ce qui est préjudiciable à la régularité des mèches.

Avec des laines fines on prendra des lanières de 9 à 10 millimètres de largeur, tandis que pour des laines plus longues et plus grossières, cette largeur ne devra pas être inférieure à 24 millimètres. Cette dernière catégorie de laines se file ordinairement assez fin pour le tissage des articles Cheviots ; mais pour arriver à la finesse voulue, avec daes lanières de 24 millimètres, il faudrait donner aux mèches un étiriège trop fort. On tourne cette difficulté en leur faisant subir un deuxième filage ou surfilage, et on arrive de cette manière à produire un fil cardé très fin, très beau, ayant l'apparence d'un fil peigné.

La division de la nappe cardée en rubans est autre avec les lames métalliques qu'avec le système des lanières. La nappe n'est point séparée par déchirement, mais découpée régulièrement, les ressorts faisant l'office de ciseaux. Cette séparation se fait donc moins brutalement. Ce mode de procéder autorise conséquemment une séparation de la nappe en un nombre de rubans plus grand.

La largeur des lanières dépendra de la qualité des matières à traiter et de la finesse des fils à produire. Dans une grande filature, ces con—

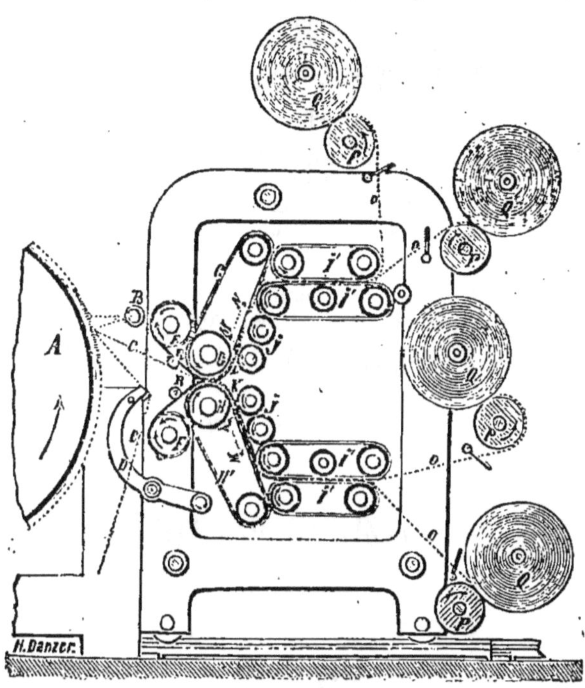

Figure 82.

sidérations ont leur valeur et peuvent être suivies ; mais dans une petite usine dans laquelle le filage se ferait par exemple, à façon, avec un ou deux assortiments de cardes, il est nécessaire d'adopter une largeur moyenne de lanières permettant de faire face à toutes les demandes. Dans un cas pareil il vaudra mieux se baser sur le genre de filés demandés le plus communément.

A-t-on par exemple des n°^{s} 3 à 8, la mèche de préparation à la carde continue devra être du n° $\frac{3}{1.2} = 2.5$, en admettant un étirage de $\frac{1}{1.2}$.

Comme avec une mèche n° 1 et une laine fine, la largeur pratique de lanière est de 25 millim., celle minima, à adopter dans ce cas, sera de $\frac{25}{2.5}$ 10 millim. Pour produire du n° 8, la même mèche devra être étirée de $\frac{8}{2.5} = 3.2$. Mais comme il faut être en mesure de pou—

voir traiter une laine plus grossière, il sera bon d'adopter des lanières de 15 millim. et de diminuer le poids d'alimentation à l'entrée de la carde, si l'on veut filer du n° 8.

Parmi les diviseurs de Bolette à lames voyageuses en acier trempé, qui sont indiqués plus haut, on remarque le peigneur de la carde en A ; B est le peigne détacheur ; C la nappe de laine à dévider. D représente l'appareil servant à introduire la nappe automatiquement dans le diviseur. E et F. sont des rouleaux oscillants auxquels sont fixées les lames K et L. — G et H indiquent les manchons diviseurs frotteurs. I I sont les manchons frotteurs dans le continu à simples manchons frotteurs et I' I' les manchons doubles frotteurs du continu à doubles manchons frotteurs. Les petits cylindres destinés à maintenir les lames contre les manchons diviseurs pendant leur mouvement de va-et-vient se remarquent en J J. — K et L sont les lames diviseuses en acier trempé dont le parcours est indiqué en M et N.

Les continus diviseurs à lames voyageuses, de Bolette par exemple, obvient à divers inconvénients que présentent les appareils diviseurs à lames fixes, et qui sont : L'encrassement continuel qui oblige d'arrêter le continu 15 et 20 fois par jour, pour nettoyer les lames à la main avec un pinceau ; l'usure de ces lames qui doivent être remplacées trois ou quatre fois par an. Enfi l'introduction à la main de la nappe dans l'appareil.

L'économie sur la mise en fabrication peut être de 5 0/0 environ sur les lames fixes, et avec les mêmes lames voyageuses en acier, on peut produire sur le même appareil, sur 1 m. 20 de largeur, 100 bons fils d'environ 8,000 à 35,000 mètres au kilo.

ONZIÈME PARTIE

LA SOIE

La soie est le fil formant le cocon de la chenille appelée ver à soie. (*Bombyx mori*). Ce fil est formé de deux brins soudés ensemble et il en résulte qu'il est aplati ; chacun de ces brins est rond, considéré isolément.

La soie est hygrométrique et absorbe de 10 à 30 0/0 d'eau, ce qui, pour la vente, nécessite le recours à la *condition des soies*.

Le fil de soie, tel qu'il sort du cocon, contient : 30 parties de soie proprement dites et 70 parties de matières diverses : eau, cire, graisse.

Débarrassé de ces produits, le fil présente la composition suivante : 50 parties de carbone, 35 parties d'oxygène, 11 parties d'azote et 4 parties d'hydrogène.

Lorsque le ver a terminé son cocon et qu'on veut conserver celui-ci, il faut procéder à l'*étouffage* des chrysalides.

La *filature* suit l'étouffage. Le fil obtenu par le dévidage du cocon est réuni pendant la filature à 3 au 5 autres pour former le fil de *soie grège*.

Après la filature, vient le *moulinage*. La soie grège livrée en écheveaux ou flottes, et enroulée sur des bobines; c'est le *dévidage*. Puis dévidée et redévidée à nouveau elle passe entre des appareils qui la lissent, c'est le *purgeage*. Après cela le fil reçoit une forte torsion, c'est le *filage* ou *première torsion*, ou *premier apprêt*. Ce fil apprêté est réuni à un autre fil semblablement apprêté, par le *doublage* et ces deux fils doublés subissent une deuxième torsion ou *deuxième apprêt*, en sens inverse de la première.

Le fil ainsi obtenu s'appelle *organsin* et s'emploie pour la chaîne des tissus. Pour le faire on emploie la meilleure soie grège dont le fil réunit lui-même les fils de 3 à 4 cocons.

Pour faire la *trame* des étoffes, la grège employée est de moindre qualité que pour l'organsin.

L'organsin reçoit de 60 à 80 tours de torsion par c|m. La trame est un peu moins tordue. En dehors de ces classifications fondamentales de chaîne et de trame, il existe une variété innombrable de fils de soie pour usages variés. Ils se distinguent entre eux par le nombre de brins et le degré de torsion.

Étouffage. — Cette opération se fait par plusieurs procédés. L'étouffage au soleil qui est un moyen barbare, susceptible d'aucune précision, mais économique. L'étouffage par l'air sec qui consiste à se servir des fours de boulanger, à 40 ou 50 degrés de chaleur si la cuisson est lente, et à 75 ou 80 degrés si la cuisson est rapide. L'étouffage dans des fours spéciaux à air sec. Ces fours se divisent en deux catégories : 1° les étuves ; 2° les fours à courant d'air sec. Les étuves, fours généralement employés, sont des fours chauffés par un foyer ou une source de chaleur *extérieure*. Les fours à courant d'air sec produisent l'étouffage le plus certain. Quel que soit le système de four employé, pour que l'étouffage soit parfait, il faut : 1° Éviter une chaleur trop intense, ou un coup de *feu* ; 2° éviter une dessiccation trop complète ; 3° éviter les condensations de vapeur. Chaque espèce de cocons demande un degré de cuisson différent.

Triage. — Les cocons qui ont subi un étouffage subissent un nouveau triage après cette opération pour enlever ceux que la chrysalide aurait pu tacher pendant la cuisson. Un troisième triage consiste dans une visite générale des cocons ; on enlève alors :

1° Les cocons doubles et les cocons troués (*bucati*) ;

2° Les cocons tachés, moisis, rouillés, tous les cocons défectueux.

Puis on trie finalement les cocons suivant leur qualité, en séparant les gros et les petits, les cocons pointus (*puntati*) et les duveteux (*bibaroli*).

Filature. — Deux méthodes sont employées : le filage à la chandelle et le filage sur tavelle ; le premier prévaut en France, le deuxième en Italie.

Les cocons subissent encore les opérations préliminaires du baignage et du battage dans des *bassines* dont l'eau aura 55 à 65° Réaumur pour le filage des cocons épais ; 45 à 50° R. pour les cocons minces et 40 à 45° R. pour les cocons duveteux. Le filage proprement dit sur tavelle ou autrement, suit le bassinage, et le pesage de la soie termine toutes ces opérations pour obtenir la *soie grège*.

Moulinage. — On transforme par le moulinage, le fil de soie grège en fil susceptible de former des étoffes. Il comporte les opérations que nous avons signalées plus haut.

Force motrice — Personnel — Coût. — Pour un moulinage de 100 fuseaux de deuxième torsion, il faut au plus 1/6 de cheval-vapeur effectif.

Quant au personnel, en rapportant tout au même nombre de 100 fuseaux, correspondant à 4 roquets de doublage, 137 fuseaux de première torsion, 12 roquets de purgeage et 52 tavelles de dévidage, il faut :

		Ouvrières	Main-d'œuvre
100 fuseaux de 2ᵉ torsion demandent		0.208 à 1 fr. 05	soit 0 fr. 2184
4 roquets de doublage	—	0.167 à 0 fr. 85	— 0 fr. 1420
137 fuseaux de 1ʳᵉ torsion	—	0.271 à 0 fr. 85	— 0 fr. 2303
52 tavelles de dévidage	—	5 20 à 0 fr. 75	— 3 fr. 9000
12 roquets de purgeage	—	0 375 à 0 fr. 80	— 0 fr 3900

Prix de la main-d'œuvre par 100 fuseaux et par jour,.... 4 fr, 7907

Les dépenses du personnel supérieur sont :

Un directeur	à 16 fr. » par jour....	16 fr. »
Un sous-directeur	à 6 fr. » —	6 fr. »
Un surveillant	à 2 fr. » —	2 fr. »
Trois surveillants d'étage	à 1 fr. 50 —	4 fr. 50

et d'autres employés tels que chauffeurs, portiers, mécaniciens, ouvriers conducteurs, qui forment un total de 46 francs par jour avec les précédents.

En supposant la fabrique à 3,200 fuseaux de 2ᵉ torsion, cela fait : pour 100 fuseaux, une dépense de 1 franc 43. Donc 100 fuseaux dépensent par jour 6 francs 22, soit 1.866 francs par an : et comme 100 fuseaux produisent 0 k. 900 par jour, il s'ensuit que la main-d'œuvre du kilogramme de soie filée revient à 7 francs environ.

Dans ce prix on ne compte pas les frais généraux, l'éclairage et le chauffage, les impôts, l'intérêt du capital des constructions et du matériel, l'amortissement, les dépenses diverses, dont le total réuni se monte à environ 2.150 francs pour 100 fuseaux, et par an.

Devis de l'établissement d'un moulinage. — Nous comptons toujours par unité de 100 fuseaux de 2ᵉ torsion. Un mètre carré de terrain suffira pour 3 fuseaux et leurs accessoires. 100 fuseaux demanderont conséquemment 33 mètres 1/3, et 39 mètres carrés environ, en comptant les magasins, ateliers et locaux divers. Ce qui ferait :

Construction de 39 m. q. en sheds de 4 mètres au rez-de-chaussée à 32 francs le m. q. . . .	1.248 fr. »»
Achat de terrain à 1 franc le m. q..	39 fr. »»
Achat de la chaudière pour 100 fuseaux . , . .	171 fr. »»
Installation du chauffage et de l'éclairage pour 100 fuseaux.	744 fr. 20
100 fuseaux, 2ᵉ torsion, à 6 fr. 25.	625 fr. »»
4 roquets de doublage, à 18 francs	72 fr. »»
137 fuseaux, 1ʳᵉ torsion, à 5 fr. 25.	719 fr. »»
12 roquets de purgeage, à 6 francs	72 fr. »»
52 tavelles de dévidage, à 5 fr. 25	273 fr. »»
	3.963 fr. 20
Prix du moteur pour 100 fuseaux.	354 fr. 00
Total général	4.317 fr. 20

DOUZIÈME PARTIE

DÉCHETS DE SOIE

La filature des déchets de soie, communément appelée *bourre de soie*, *shappe* ou *fantaisie*, constitue une industrie entièrement indépendante de celle de la soie proprement dite.

Le cocon, tel que le livre le ver, contient quatre zones concentriques:

1° Une filasse sans gomme (*barella*, *bourre*). 2° Le *morescone*, *frison*, qui est l'enveloppe extérieure qu'on enlève au battage.

3° La soie proprement dite. 4° Le *capo-morto* ou *bourette*, qui est le dernier fil et qui se trouve fort mince.

La bourre s'enlève à la main; le morescone ou frison part au battage. La soie se file et le capo-morto ou bourette se met à part sans être filé. Le cocon épuisé, et ne contenant plus que le capo-morto, se nomme cocon *bassiné*; il s'ensuit que sur les 1000 ou 15 0 mètres de fil que contient le cocon, on n'en utilise que 800 environ. Un cocon de race jaune, du pays, donne pour résultat après la filature, 9 0/0 de soie pure, 4 0/0 de morescone fine, 3 0/0 de morescone; quelques cocons doubles et bassinés, plus le déchet de dévidage.

Les *déchets* ou bas produits se composent aussi des cocons où sont enfermés deux ou plusieurs vers qui, ayant entremêlé leurs fils, rendent le dévidage impossible. On y range aussi les cocons percés.

Les cocons turcs ou macédoniens donnent 40 0/0 de bas produits; les autres cocons, en général, en donnent de 20 à 25 0/0.

La production de 100 kilogrammes de bonne soie exige une perte soit équivalente de ce produit, soit en cocons percés ou doubles, soit en frisons soit en bassinés. La filature des déchets de soie est donc très importante.

Les déchets comme la soie elle-même comportent une certaine quantité de matières étrangères formant sur le fil un vernis soluble dans l'eau de savon. L'opération par laquelle on enlève ce vernis avant la teinture porte le nom de *décreusage*.

Le cycle des transformations des bas produits ou déchets est le suivant: 1° Battage des cocons et bassinés; 2° Nappage; 3° Filling ou grande mise en pointes; 4° Peignage; 5° Petite mise en pointes; 6° Etalage et nappage; 7° Filature.

Battage. — Le battage mécanique a pour effet d'ouvrir, adoucir ou assouplir et de faire gonfler les cocons et bassinés; il peut être employé aussi pour les frisonnets et les frisons.

Après le décreusage, les matières se comportent mieux au nappage en sortant de la batteuse, et le peignage conserve mieux le long tout en donnant un plus bel aspect au produit.

La figure 83 représente la batteuse pour cocons et bassinés, le plus généralement employée. Elle est très simple et comporte une claie tournante avec courroie porte-fouets. Son service est fait par une ouvrière qui se tient devant la claie. La couche de cocons mise sur cette dernière a une épaisseur qui varie de 4 à 8 centimètres; elle est assujettie sur la claie au moyen de petites tringles mobiles.

La vitesse moyenne de cette machine est de 120 tours à l'arbre moteur, ce qui correspond à environ un tour par minute à la claie porte-matière.

126 bis

La durée d'une battue est de 2 à 4 tours de la claie, suivant la nature de la matière et le degré de décreusage qui doit précéd r c s diverses opérations.

On doit régler la hauteur du coussin à coulisse de manière à soulager les tôles des fouets dans leur passage brusque sur la petite poulie. La production d'une batteuse peut s'estimer à 120 kilogs par jour pour un bon battage de cocons et à 100 kilogs pour bassinés.

Figure 83.

N'a-t-on à traiter que des fressies on emploiera la batteuse à bâtons, dans laquelle les fouets sont remplacés par des bâtons. Elle dérive du même principe que la première.

Nappage. — Le nappage a pour but de mettre en nappes l s cocons bassinés e: autres après le battage et après avoir subi une aspersion préalable d'eau. La figure 84 donne l'aspect d'une nappeuse.

L'étirage qui se produit entre l'alimentation et le tambour nappeur peut varier au m yen de pignons de rechange, entre 200 et 2000.

Dans les anciennes machines de ce genre, le hérisson d'alimentation était recouvert d'une coquille l'enveloppant presque entièrement, ce qui brisait et déchirait la matière. Dans la machine ci-dessus, cette enveloppe est supprimée, d'où il résulte une diminution du court et une augmentation de rendements en peignés longs.

La matière est approvisionnée par paquets correspondant chacun à une nappe. L'ouvrière étale un paquet sur la toile d'alimentation, en couches régulières de 3 à 4 centimètres d'épaisseur, d'où cette matière, engagée dans les hérissons alimentaires, est soumise à l'action du grand tambour nappeur qui l'ouvre et l'allonge. Les quelques parties qui peuvent échapper à cette action sont retenues par un hérisson intérieur qui finit de les ouvrir. Les incuits et les chrysalides tombent au fond de la machine.

La vitesse ordinaire d'une nappeuse est de 250 à 300 tours par minute au grand tambour. La poulie motrice est munie d'un frein pour permettre un arrêt rapide. Le débrayage est disposé pour être manœuvré soit de l'avant, soit de l'arrière de la machine. La garniture des divers rouleaux et tambours se fait en rubans boutés sur cuir, ou toile, ou caoutchouc.

Les rouleaux alimentaires sont garnis d'un aiguillage n° 15 ou 16, de 5 à 7 millimètres de saillie.

Le grand tambour, d'un aiguillage n° 14 ou 15, et de 13 à 15 millimètres de saillie.

Les hérissons de retenue, en n° 13 ou 16, et de 9 à 10 millimètres de saillie.

La production d'une nappeuse varie de 100 à 120 kilogs de nappé par jour.

Figure 84.

Grande mise en pointes. — La machine de grande mise en pointes ou *Filling*, fig. 87, que nous reproduiso s dans le dessin ci-dessous sert seulement pour la première préparation des grandes longueurs pour les peigneuses circulaires. La levée se fait sur baguettes

Figure 85.

Le Filling porte un tambour de 12 plaques de cardes pour les matières tendres nappées, ou 12 gills à un ou deux rangs d'aiguilles pour les frisons. Un ouvrier suffit au service de cette machine. Les baguettes garnies sont soigneusement empilées dans les boîtes de service pour être livrées aux peigneuses circulaires des premières longueurs. Suivant la matière, des pignons de rechange permettent de varier l'étirage.

La vitesse de cette machine est d'environ 100 tours par minute, et sa production journalière de 50 à 100 kil.

Comme garnitures, on emploie, pour le grand tambour, 12 plaques de cardes de 70 centimètres de longueur, aiguilles n° 18, coude arrondi, boutées sur toile et caoutchouc de 4 1/2 millim. d'épaisseur,

Pour le rouleau alimentaire, 8 sections en bois donnant 190 millimètres de diamètre sur 730 de long, garnies chacune de 10 rangées d'aiguilles ou pointes n° 14, épaisseur du bois 13 millimètres.

Pour le rouleau inférieur, on emploie un ruban sur cuir de 52 millimètres de largeur, avec aiguilles n° 18.

Peignage. — Le peignage qui semble être préconisé est celui de la peigneuse circulaire à serrage automatique, de préférence au peignage avec dressings ou machines plates constituant l'ancien système.

En commençant le peignage des courtes barbes sur les machines circulaires à quatre cylindres peigneurs, on conservera les dressings pour les premières et deuxièmes longueurs. On arrivera ainsi à tirer les longues sur circulaires à deux peigneurs avec de grands avantages.

La production moyenne d'une série de peigneuses circulaires en toutes longueurs est d'environ 15 à 18 kilos de peignés par machine, en 12 heures, suivant la richesse de la matière.

La production des dressings n'est que de 4 à 5 kilos par machine dans le même temps.

Avec des peigneuses circulaires, l'espace nécessaire à une même production est moins important, d'où il résulte un prix d'établissement relativement moindre.

Par la substitution à la dressing-machine, d'un tambour horizontal à quatre, puis à deux peigneurs, on avait réalisé un progrès considérable

Figure 86.

mais le serrage des pinces se faisait toujours à la main. Pendant la rotation du tambour qui effectue de 7 à 10 tours par heure, suivant la nature des barbes, l'ouvrier doit garnir les presses, faire la voltée, c'est-à-dire retourner la matière, ou bien retirer la bourre peignée pour garnir les presses à nouveau, et, à chaque opération, serrer et desserrer à la main, sans arrêter la machine.

Dans les peigneuses circulaires, cette double action se produit automatiquement. La figure 86 donne le dessin d'une de ces peigneuses.

Avec le serrage automatique, plus de peignage échancré et des arrachés qui vont au tirage suivant, au préjudice des grandes longueurs. La production augmente de 30 0/0.

Avec le serrage manuel, cette production est de 15 à 18 kilogs en moyenne ; elle est de 20 à 24 kilogs avec le serrage automatique, suivant les matières.

Les peigneuses circulaires à serrage automatique se divisent en deux séries :

1° Les peigneuses pour longues, c'est-à-dire pour premières et deuxièmes longueurs, dont les deux peigneurs ont 70 centimètres de diamètre au bout des aiguilles et 64 sur le bois ;

2° Les peigneuses pour courtes, c'est-à-dire pour troisièmes, quatrièmes et au besoin cinquièmes longueurs, dont les quatre peigneurs ont 30 centimètres de diamètre sur bois.

La vitesse du grand tambour-presse, dont le diamètre est de 1 m. 500 et qui est divisé en quatre sections ou presses, est de 60 à 110 tours par jour, suivant les longueurs. Des pignons de rechange permettent cette variation. Les cylindres-peigneurs marchent à une vitesse moyenne de 120 tours par minute.

Ils sont garnis chacun d'une seule toile-caoutchouc boutée, savoir :

Pour les grandes longueurs : toiles de 2 m. sur 0.700, boutées sur 0.660 millimètres en trois sections, séparées par une bande de 20 millimètres sans aiguilles.

Le premier peigneur, aiguilles n. 20, coudés arrondis, saillie 23 millimètres.

Le deuxième peigneur, aiguilles n. 22, coudés arrondis, saillie 21 millimètres.

Pour les courtes : toiles de 0.940 millimètres sur 0.700, boutées sur 0.660 millimètres, la jonction formant une bande non boutée de 20 millimètres.

Les deux premiers peigneurs, aiguilles n. 22, coudés arrondis, saillie 21 millimètres.

Les deux derniers peigneurs, aiguilles n. 24, coudés arrondis, saillie 15 millimètres.

La production d'une peigneuse à serrage automatique peut s'évaluer comme suit :

En premières longueurs : à 1,500 loquettes du poids de 25 à 30 grammes chacune, de soie peignée, par journée de 12 heures, soit environ 35 à 40 kilogrammes.

En deuxièmes longueurs : de 1,500 à 1,800 loquettes de 15 grammes chacune, soit 22 kilogrammes environ.

En troisièmes longueurs : à 2,000 loquettes de 6 à 10 grammes l'une, soit 15 kilogrammes environ.

Enfin, en quatrièmes et cinquièmes longueurs, de 2,500 à 3,000 loquettes de 2 à 4 grammes, soit 9 kilogrammes à peu près.

Petite mise en pointes. — La machine de petite mise en pointes a pour mission de reprendre successivement les déchets des peigneuses circulaires. Sa disposition particulière évite les enroulages ou entraînements autour du cylindre alimentaire. Elle est beaucoup plus simple que le grand *Filling*, n'ayant qu'à diviser les nappes retirées des cylindres peigneurs des peigneuses circulaires.

La petite mise en pointes fig. 87 est conduite par un garçon dont le

travail est le même que sur les grands fillings. Il fait la levée des loquettes.

Figure 87.

La vitesse de cette machine est de 250 à 300 tours aux poulies motrices. Des pignons de rechange permettent de varier l'étirage, suivant
la nature de la matière et suivant sa longueur.

Comme garnitures, on emploie pour le rouleau alimentaire un ruban
sur cuir de 25 millimètres de largeur, aiguilles n. 20, saillie 8 millimètres, avec boutage clair.

Pour le tambour, la garniture se fait en cardes ou en gills, dont
l'écartement est proportionnel aux longueurs des déchets à mettre en
pointes. Généralemcmt trois écartements sont nécessaires. Les cardes
sont sur plaques caoutchouc et toile, à cinq rangées d'aiguilles n. 18,
sur 16 millimètres de large et 600 de long.

Les gills sur plaque de cuivre de 600 millimètres de long, 22 de large,
avec 243 aiguilles plates, n. 14 à 20, saillie 25 millimètres, sur un rang
donnant 580 millimètres de long de la première à la dernière aiguille.
Comme production on compte généralement deux petites mises en pointes
pour desservir chaque peigneuse circulaire.

Étalage-Nappage. — L'Étaleur-nappeur, représenté par la figure 88
est la dernière machine de préparation proprement dite, avant
d'arriver à la filature. Les Étaleurs à gills généralement employés sont
d'un entretien coûteux comme toutes les machines utilisant ce genre de
peignes; leur production est faible. Dans la figure 88 est représenté
un Étaleur-nappeur dont l'alimentation se fait au moyen de peignes
ronds ou hérissons, avec manchon de caoutchouc accompagnant la
matière. Les dispositions de l'alimentation, du laminage, de la direction de la matière autour du tambour-nappeur, rendent cette machine
éminemment pratique. Sa production varie de 20 à 40 kilogs par jour
suivant les matières.

Le service de l'étaleur est fait par une ouvrière. La vitesse de cette
machine est généralement de 150 à 160 tours d'arbre moteur par minute. Des pignons de rechange permettent de varier l'étirage entre l'alimentation et les cylindres lamineurs.

Les trois hérissons de l'étaleur sont composés de manchons métalliques de 260 millimètres de long garnis d'aiguilles n. 19, dont la disposition varie pour les diverses longueurs.

Le peignage formc, comme dans la laine peignée, assez souvent une
industrie séparée de la filature proprement dite. Il livre à celle-ci le

peigné en nappes, classées comme on a pu le pressentir, en 1re, 2e, 3e, 4e et 5e longueurs.

Figure 88.

Filature. — La filature fait encore un ou deux passages d'étaleur-nappeur, puis ensuite donne à la matière : 1 passage de rubanneau, 4 passages d'étirage, 2 passages de bobinoir. De là, la mèche passe directement au métier à filer, soit *sel-acting* pour cannettes ou *continu* à cannettes, ou encore *continu* à bobines, si le produit est à livrer au retordage ou au doublage.

Ces métiers à filer sont ceux utilisés pour les précédentes matières textiles, coton, laine, etc., avec quelques légères modifications.

Bien des maisons n'emploient dans leurs assortiments de préparation que des machines à peignes ronds, d'autres que des machines à gills.

Une filature convenablement montée, en peignes ronds par exemple, doit posséder quatre assortiments de machines, ou au moins trois, si elle est appelée à traiter tout le produit d'un peignage.

Le nombre de passages à la préparation est variable, et dépend de la propreté et de la régularité de la matière, de la première mise en nappes, du numéro du fil à produire et de la régularité de celui-ci. Au lieu de donner le dernier passage de préparation sur bobinoir, il est préférable de le faire sur un banc à broches, surtout à partir des troisièmes longueurs.

TREIZIÈME PARTIE

LA RAMIE

Cette belle et nouvelle industrie qui depuis quelque temps a des tendances très grandes à s'implanter définitivement en France, grâce aux soins et à la persévérance de Monsieur P. A. Favier, d'Avignon, mérite ici quelques notes concernant ses procédés actuellement connus.

Dégommage et désagrégation des fibres. — La plupart des procédés pour le dégommage des lins peuvent être employés dans ce but.

La matière gommeuse qui adhère aux fibres textiles végétales c'est la pectose, qui sous l'effet de la fermentation se transforme en pectine soluble et en acide pectique insoluble. A cause de la grande largeur des fibres de la Ramie, les procédés de dégommage connus pour les lins peuvent être poussés au degré de désagrégation le plus avancé, dont la limite doit s'arrêter toutefois au point de destruction de la cellulose.

Peignage et Cardage. — Toutes les bonnes peigneuses à lin et à chanvre, quoiqu'ayant un arrachement barbare, donneront d'assez bons résultats pour les fils de certains numéros de Ramie, destinés à la toilerie. Une simple modification dans le degré des peignes suffira. Des peigneuses spéciales sont actuellement l'objet d'études particulières de divers côtés.

Blanchiment. — Les procédés de blanchiment de cette matière reposent tous sur les principes de Berthollet et de Teissier, qui consistent à obtenir l'élimination des parties résineuses par des lessives alcalines, plus ou moins concentrées, avec ou sans pression, et diffèrent pour le blanchiment par l'emploi des hypochlorites, hyposulfites, acide sulfureux, eau oxygénée, etc.

Filature. — Aucun système spécial n'a encore prévalu quant à présent. Les uns filent cette matière sur des métiers à peu près semblables à ceux pour filer la bourre de soie ; d'autres sur des métiers à filer la laine cardée ; d'autres enfin se servent de dispositions mécaniques qui sont le secret de leur fabrication.

Teinture. — La teinture de la Ramie peut se faire par à peu près tous les procédés de teinture usités, son affinité étant très grande pour toutes les couleurs. La solidité du teint et la vivacité des teintes sont obtenues par l'emploi judicieux des mordants.

Les fibres de Ramie se teignent mieux que le lin et le chanvre et aussi bien que le coton, la laine et la soie.

Pour leur rendre le brillant lorsque la teinture la leur enlève, il suffit de laminer ou cylindrer quelque peu le fil ou le tissu en pièce.

Tissage. — Cette matière peut se tisser d'une façon aussi générale que le coton ou la laine. Les fils de Ramie peuvent servir à la fabrication de la baptiste la plus fine jusqu'à la toile d'étoupes ; de la serviette la plus ordinaire jusqu'au damas meuble.

On en fera des filins très déliés et des câbles de marine.

QUATORZIEME PARTIE

MACHINE A TRICOTER OU TRICOTEUSE MÉCANIQUE

La tricoteuse mécanique, inventée par l'américain Lamb, n'a aucune analogie ni comme construction ni comme fonctionnement avec aucun autre métier à tisser.

Sa mise en marche et son travail actif et utile ne nécessitent absolument aucune préparation spéciale. Les matières premières employées à la production du nombre considérable des genres de tissus qu'elle produit, sont employées sous leurs formes de sortie des métiers à filer, soit laine ou cotons de différentes qualités ou numéros. En un mot les bobines ou cannettes sortant des métiers à filer peuvent être placées immédiatement devant une tricoteuse mécanique, et, sans aucune préparation, devenir un tissu uni, fantaisie, à côtes ou de diverses nuances et ceci dans un très court espace de temps.

Le tissu produit sur la tricoteuse est continu et composé d'un seul fil. Ce fil passé en dessous de la machine, par l'espace resté vide entre les deux fontures du métier, est immédiatement pris par des aiguilles à clavettes, qui, l'entraînant dans leur mouvement de descente, forment des mailles tricotées, se multipliant à l'infini et avec une rapidité telle, qu'une ouvrière de 14 à 15 ans travaillant dix heures par jour, produit sur un métier, un tissu en côtes unies et continu, portant de 4 à 5,000,000 mailles, ou 40 mètres de longueur par jour. Ceci à la main et sans aucune force motrice.

La tricoteuse mécanique est donc le métier à tisser donnant la plus grande production que l'on puisse obtenir sans appareils spéciaux et sans moteur ; ses applications multiples à tous genres de tissus à mailles en font un auxiliaire puissant de la filature.

Les genres d'industries auxquels convient le plus spécialement l'emploi de ces métiers sont les suivants :

Bonneterie, chapellerie, passementerie, draperie, couvertures, articles de Paris, tiges de chaussures, chaussons, tapis et étoffes d'ameublements. Confections pour hommes, dames et enfants. Flanelles et tissus en laine et en coton. Sacs et articles de pêche, de chasse et de voyages.

Les tricoteuses mécaniques sont d'un prix peu élevé (variant de 125 à 1,000 fr.) ; leur emploi en est simple et pratique pour tous les genres d'industries auxquels elles se rattachent. Elles sont généralement employées à la production des articles suivants : Bas et chaussettes unis et à côtes 2/2, 1/1 à dessins à jours et en mailles fantaisies et rayées ou pointillées en 2, 4 et 6 nuances. Jupons, matinées, berrets, maillots, gilets, tapis, couvertures, rideaux, robes, fichus, pèlerines, vestes, pantalons, bourses, blagues, ceintures, guêtres, chaussons, mitaines, gants, passementeries, vêtements de femmes et d'hommes, coiffures pour femmes, hommes et enfants, coiffures orientales, bonnets de zouaves, turcos, persans, chechias, fez, etc., draperie, tricotine, etc. etc., en mailles unies, côtes 2/2, 1/1 côtes perlées, côtes anglaises, côtes à jours, à dessins, rayées, pointillées, en zig-zag et de fantaisies.

La maison Schwab fils, de Baume-les-Dames (Doubs) qui a apporté à ce métier les derniers perfectionnements, peut fournir les renseignements les plus précis sur sa marche, ses prix et ses meilleurs emplois.

Les tissus de laine fabriqués à la tricoteuse peuvent être apprêtés, feutrés et foulés, et remplacer avec avantage les meilleures draperies d'Elbeuf et Sedan.

Métier spécial pour la production rapide de berrets, fez, chechias, casquettes, bonnets marins, de zouaves, de turcos et tous genres de coiffures orientales.

Ce nouveau métier qui est rectiligne, peut produire à la main et mû par une bonne ouvrière, de 30 à 40 bonnets de zouaves ou fez par jour. Monté à deux têtes, le même métier peu donner de 60 à 80 pièces.

L'ouvrière travaillant à ce métier n'a ni report de maille, ni aucune diminution à faire au poinçon ou à la main.

Toutes les diminutions se font automatiquement.

NOUVEAU MÉTIER AUTOMATIQUE A MAILLES

DITES FOURRÉES

Pour la fabrication de bas unis, chaussons et étoffes en 2, 4 et 6 nuances, avec pointillés, rayures en longs, dausiers et autres fantaisies. Breveté S. G. D. G.

Ce métier est le seul qui produit les mailles unies à fils passés en un grand nombre de dessins et nuances.

La variété de sa production, aussi bien en côtes qu'en mailles unies, en fait un auxiliaire indispensable aux fabricants qui s'occupent des articles nouveautés et de fantaisies.

C'est le seul métier qui, par sa maille à fil passé, donne un tissu double qui peut remplacer avantageusement, pour la fabrication des chaussons et pantoufles, les tissus fourrés flanelle et fourrés laine.

QUINZIÈME PARTIE

LIN, CHANVRE ET JUTE

La nature du sol et le genre de culture offrent au commerce des variétés innombrables dans les lins et les chanvres. Le mode de rouissage influe également d'une façon importante sur la qualité de ces matières textiles.

Le département du Nord est le pays le plus productif en lin. Il fournit les lins de Bergues, d'Armentières, de Lille et de Douai.

Les lins de Bergues sont toujours rouis à l'eau dormante, et ont généralement une couleur gris foncé. On les file du n° 20 au n° 30 et ils rendent au peignage jusqu'à 70 0[0, quelquefois au delà.

Les lins d'Armentières et de Lille ont une couleur jaune clair. Leur rendement au peignage, quoiqu'inférieur aux lins de Bergues, est encore avantageux.

Les lins de Douai rappellent les belles nuances du chanvre, et sont quelquefois employés pour ce dernier, dont on ne peut les distinguer, une fois convertis en toile, qu'à l'odeur.

Le prix de ces lins varie de 2 fr. 50 à 3 fr. 50 les trois livres, selon les saisons et les marchés.

Les lins de Picardie sont inférieurs aux lins de Flandre. Ordinairement rouis sur le pré, ils sont d'une couleur gris sale, tirant sur le roux. La moyenne de leur prix est de 1 fr. 50 le kilogr. et on ne peut les filer que du n° 16 au n° 22.

La Normandie est aussi très fertile en lins. On distingue trois espèces, connues sous le nom de lins du pays de Caux, lins de Bernai et lins de Romois. Ces lins perdent beaucoup au peignage.

Les lins de Bretagne sont d'une nature excellente, mais mal rouis et mal teillés. Leur rendement est faible et les prix généralement fort bas.

En France, outre les lins indigènes. l'industrie consomme beaucoup de lins étrangers qui viennent de la Belgique, de la Hollande et d'Irlande, et surtout de Russie pour les fils communs.

La France produit également beaucoup de chanvre. Les principaux centres sont : l'Anjou, la Champagne, le Maine, la Normandie, la Sarthe, l'Alsace, la Lorraine et la Picardie.

Les chanvres d'Italie sont fort recherchés, particulièrement ceux de Bologne, qui sont de belle couleur et ont une grande finesse jointe à beaucoup de force.

La Russie fournit aussi de bons chanvres.

La corderie absorbe plus de 60 0[0 du chanvre qui se consomme en France, le reste est employé pour le tissage, pour le fil de cordonnerie, etc.

Peignage. — Le succès de la filature dépend d'un bon peignage quoi qu'elle en soit tout à fait indépendante. L'opération du peignage se fait à la main ou mécaniquement.

Dans le peignage à la main, les plus gros peignes s'appellent Ruffers et portent 13 aiguilles sur chaque rang. Les peignes les plus fins sont de 200 à 300 aiguilles sur un seul rang.

Le tableau ci-dessous indique le nombre d'aiguilles sur un rang composant une série, pour peigner des lins devant produire jusqu'au n° 200.

Nᵒˢ DES FILS en LIN LONG	PEIGNES				
	1°	2°	3°	4°	5°
20	Ruffers	14–18	30	»	
30	»	16–18	40	80	
50	»	18–20	40	120	
78	»	18–21	60	110	
Lin coupé					
30	Ruffers	18–22	60	120	
50	»	20–25	60	130	
70	»	20–25	60	130	200
100	»	40	80	140–160	250
170	»	40	100	160	300
200	»	40	100	160	300

Avant de livrer le lin aux peignes, on le divise en cordons n'excédant pas le poids de 120 grammes pour le lin long, 65 pour le lin coupé en deux, 55 ou 60 pour les extrémités des lins coupés en trois ou quatre et 50 pour les milieux. Ces quantités sont réduites de moitié quand on tient à de bons résultats.

Les peigneuses mécaniques employées dérivent toutes de la peigneuse primitive de Philippe de Girard. On connaît la *Peigneuse Ward*, qui est une machine circulaire à presses tournantes. Elle rend en moyenne pour le long brin 4 à 6 0|0, moins que le peignage à la main, même matière pour même numéro. La façon est diminuée de 25 à 30 0|0, les étoupes gagnent en valeur de 5 à 6 0|0 sur le peignage à la main. Pour le lin coupé en deux, le rendement est à peu de chose près semblable au peignage à la main. Les étoupes ont plus de valeur et la façon est encore réduite de 25 à 30 0|0. Pour les lins coupés en trois ou quatre, le rendement est le même que peigné à la main, et les étoupes gagnent en valeur 7 à 8 0|0. La façon est encore réduite de 30 0|0.

La *Peigneuse Combe*, est également une machine circulaire. Outre les avantages des peigneuses Ward, celle-ci rend 2 à 3 0|0 en plus. Il y a encore les peigneuses *Lacroix*, *Feray*, et autres. Plus récemment la *peigneuse-teilleuse* de M. Cardon a pris jour, mais on ne peut encore guère se prononcer sur son rendement pratique.

Nous donnons ici un tableau comparatif des prix de façon pour 100 kilog de lin, rendu peigné en magasin.

Le lin coupé donne un rendement plus fort au peignage ; il peut encore être filé à un numéro plus élevé et offre plus de régularité dans le fil.

Nᵒˢ DU FIL	A LA MAIN			A LA MÉCANIQUE		
	Lin long	Lin coupé en deux	Lin coupé en trois	Lin long	Lin coupé en deux	Lin coupé en trois
16 à 25	8ᶠ »	11ᶠ »		6ᶠ »	7ᶠ »	
25 à 40	9 50	12 50	15ᶠ »	7 »	8 »	8ᶠ 50
40 à 60	12 »	14 »	15 »	7 50	8 50	9 25
60 à 80	13 50	15 50	18 50	8 »	9 »	10 50

Les machines de filature employées pour le travail des lins et chanvres dérivent du même principe que celles des autres matières textiles. Elles n'en diffèrent que par les écartements qui sont nécessairement beaucoup plus grands. Le cycle des opérations est de un ou deux passages d'étaleur, 2 ou 3 passages d'étirage, 1 passage de banc-à-broches, puis le filage au sec ou au mouillé.

Tableau d'une combinaison de préparation pour lin.

MÉTIERS	Développᵗ des fournissʳˢ	Leur consommation	Développᵗ de l'étireur	Rendemᵗ	Étirage
Étaleuse	1ᵐ 124	4ᵐ 500	33ᵐ 800	33ᵐ 800	30ᵐ 170
1ᵉʳ étirage	1 540	36 480	25 000	25 000	16 400
2ᵉ —	2 200	26 400	31 150	31 150	14 210
3ᵉ —	2 200	26 400	31 150	62 300	14 210
Banc-à-br.	1 990	»	21 540	»	10 700

Ce deuxième tableau est susceptible de quelques changements, et on peut augmenter la vitesse du banc-à-broches pour du chanvre.

Tableau d'une combinaison de préparation pour chanvre.

MÉTIERS	Développ^t des fourniss^{rs}	Leur consommation	Développ^t de l'étireur	Rendem^t	Étirage
Etaleuse	0^m 920	3^m 680	26^m 50	26^m 500	29m »
1er étirage	1 620	19 440	30 990	30 990	19 »
2° —	2 040	40 080	26 820	2} 820	13 200
3e —	2 130	34 080	22 400	44 800	10 500
Banc-à-br.	1 990	47 520	16 520	396 }0	8 460

La torsion est proportionnelle au numéro de la mèche, c'est-à-dire à sa finesse, et la pratique vaudra toujours mieux que le calcul pour établir exactement le degré de torsion utile.

Tableau des torsions moyennes par pouce anglais pour mèches de banc-à-broches devant être filées.

NUMÉROS	A SEC		AU MOUILLÉ	
	LIN	ÉTOUPES	LIN	ÉTOUPES
1	0.35	0.40	»	»
2	0.45	0.50	0.35	0.45
2 ½	0.50	0.60	0.40	0.50
3	0.60	0.70	0.50	0.60
3 ½	0.70	0.80	0.55	0.65
4	0.80	0.90	0.60	0.70
4 ½	0.90	1 »	0 65	0.80
5	1 »	1.10	0.70	0.90
6	1.10	1.20	0.85	1 »
7	»	»	1 »	1 15

Il suffira de multiplier ces chiffres par 3.95 pour avoir les torsions par décimètre.

Étoupes. — Les étoupes sont les déchets du peignage manuel ou mécanique des lins et chanvres. Leur traitement industriel, à partir du cardage, diffère très peu de la préparation du jute.

Jute. — Le jute nous vient des Indes et d'Amérique; sa longueur moyenne est de deux mètres, mais elle atteint souvent trois mètres. On le coupe comme le chanvre.

Le jute se réduit en étoupes; quelquefois on le fait peigner et le fil qu'on obtient est alors beaucoup plus fort et plus régulier.

Le cardage se compose de deux passages : le premier, à la carde briseuse, le second, à la carde finisseuse. Les étoupes de lin subissent deux fois le premier cardage.

Produit et calcul du numéro. — On étale sur la table de la carde briseuse 440 grammes sur une longueur de 1 mètre 20 centim. Etiré de 32.75 le poids du ruban sortant est de $400 : 1.20 \times 32.75 = 11$ grammes 3. Le paquet ou 32904 mèt. pèseront donc $11.3 \times 329040 = 3718.152$. Le poids du paquet n° 1 est de 540 kilos; le n° du ruban sera de 540 divisé par $3718.152 = 0.15$. Les arrêts n'étant pas fréquents sur cette machine on aura à peu près, pour 12 heures de travail, une production de $12 \times 60 \times 36.75 = 26460$ mètres.

Les rubans sortant de la carde briseuse sont réunis par une *Doulleuse* et les bobines de cette machine passent à la carde finisseuse.

Le jute qui a été peigné doit être étalé exactement comme le lin et le chanvre. L'étirage doit être moindre et la pression plus forte. Les étirages pour le jute diffèrent encore des autres en ce qu'ils ne réunissent que deux et quelquefois quatre rubans.

Combinaison de jute étalé, n° 7 (chaîne).

MÉTIERS	Développt des fournissrs	Consommation	Développt de l'étireur	Rendemt	Etir
Etaleuse	1.1 0	2.360	22.300	22.300	13.900
1er étirage	1.800	21.200	30.990	30.990	17.220
2e —	2 040	23.560	26.820	26.820	13.200
3e —	2.130	34.080	22.400	44.800	10.500
Banc-à-br.	1.980	47.520	16.520	396.500	8.400

On étale 6 kilos sur deux cuirs pour 1000 yards ou 934 mètres. Les broches du banc-à-broches font 482 tours et la torsion est 1 tour 4.0 par centimètre.

Combinaison de jute cardé, n° 7.

MÉTIERS	Développt des fournissrs	Consommation	Développt de l'étireur	Rendemt	Étirage
1er étirage	4.060	32.480	22.730	45.460	5.600
2° —	3.430	54.880	20.000	160.000	5.830
Banc-à-br.	2.260	154.30	14.200	965.000	6.260

La vitesse des broches est de 561 tours, la torsion de 0.292 par centimètre.

Combinaison de déchet de jute. n° 3.

MÉTIERS	Développt des fournissrs	Consommation	Développt de l'étireur	Rendemt	Étirage
1er étirage	4.640	37.120	16 000	32.000	3.450
2° —	5.620	45.000	21.250	42.500	3.780
3° —	4.000	32.000	22.100	88.400	5.500
Banc-à-br.	3.540	169.920	16.510	792.800	4.660

La vitesse des broches est de 518 tours, et la torsion de 0.316 par centimètre.

Filature. — Tous les métiers à filer ces sortes de matières se ressemblent ; ils ne diffèrent entre eux que par l'écartement des cylindres. L'écartement le plus grand est aux métiers à filer le lin et le chanvre ; ensuite viennent les métiers à filer les étoupes et le jute long, puis les métiers à filer le jute court et finalement les métiers à l'eau chaude. Dans le filage à sec, on ne doit étirer que de 9 à 15 ; pour les numéros au-dessous de 20, on ne peut étirer que de 10 à 13 ; pour ceux au-dessous de 12, on n'étirera que de 8 à 9.

Les métiers à filer au mouillé se distinguent des autres par leur bac, placé tout le long du métier et rempli d'eau chauffée par des tuyaux de vapeur. Les cylindres sont en cuivre avec une cannelure de 18 à 40 par pouce; leur diamètre varie de 2 pouces et demi à trois pouces et demi. L'écartement des broches est également de 2 pouces et demi à 3 pouces et demi.

Combinaison d'étoupes de lin, n° 16.

MÉTIERS	Développᵗ des fournissᵣˢ	Consommation	Développᵗ de l'étireur	Rendemᵗ	Étirage
1ᵉʳ étirage	2.580	61.920	16 550	49.650	6.400
2° —	1.960	23.520	13.060	39.180	6.660
3° —	2.330	37.2 0	18.650	74.500	7.940
Banc-à-br.	1.400	84.000	11.190	671.400	8.000

La vitesse des broches est de 629 tours, et la torsion de 0.56 par centimètre.

Avec les métiers au mouillé, on file du n° 6 au n° 80. Les lins coupés se filent jusqu'aux numéros 200 et 250.

Les métiers à l'eau chaude se divisent en quatre séries. La première pour filer les numéros les plus bas jusqu'au numéro 20 ; puis celle des numéros 20 à 40 ; celle des numéros 40 à 80, et la dernière jusqu'aux numéros les plus élevés.

Combinaisons de filage.

SÉRIES	ÉTIREURS		BROCHES		Hauteur des fûts de bobines
	Diamètre	Cannelure	Écartement	Vitesse	
1°	2¾ à 3	18	3 à 3½	2000—2800	3 ½ à 4
2°	2½	24	2 ½ à 2 ¾	2800—3200	2 ½ à 3
3°	2	28	2 ¼	30 0—3600	2 à 2 ½
4ᵉ	1 ½ à 2	32	2	3000—3800	1 ½ à 2

Torsion. — Le fil au sec se tord plus que le fil au mouillé. Les fils d'étoupe se tordent environ 1/6 de plus que ceux de lin et de chanvre. Le jute ne se file jamais au mouillé.

Le long brin jute rentre dans la catégorie du lin et leurs étoupes dans celle des étoupes de lin et de chanvre.

Presque toujours le n° 30 chaîne a une torsion de 10 à 12 tours par pouce ; pour chaîne forte on donne 12 à 15 tours.

La filterie demande une torsion qui varie de 15 à 18 tours.

Pour la trame ordinaire n° 30, on ne donne que 7 à 8 tours.

Tableau des torsions par pouce et décimètre des nᵒˢ de fil pour tissage les plus usités.

Nᵒˢ	Torsions par pouce	Torsions par décimètre	Nᵒˢ	Torsions par pouce	Torsions par décimètre	Nᵒˢ	Torsions par pouce	Torsions par décimètre
2	2 82	11.10	18	8.48	33.40	65	1 .12	63.60
3	3.46	13.60	20	8.94	35 30	70	16.72	66 »
4	4 »	15.80	22	9.38	37 »	75	17.32	68.40
5	4.46	17.60	25	10 »	39.50	80	17.88	70.60
6	4.90	19 »	28	10 53	41.90	90	18.96	74 80
7	5.33	21 »	30	10.94	43.20	100	20 »	79 »
8	5.76	22.70	35	11.82	46.60	110	20.96	82.70
9	6 »	23.70	40	12.64	49.90	120	21.90	86.50
10	6.32	24.90	45	13.40	52.90	140	23.66	93.40
12	6 92	27.30	50	14 14	55.80	160	25.28	99.80
14	7.48	29 50	55	14.82	58.50	180	26.82	105.90
16	8 »	31.60	60	15.48	61.10	200	28.28	111.70

N° du fil syst. franç.	POIDS du paquet	N° anglais correspondᵗ	N° du fil syst. angl.	POIDS du paquet	N° français correspondᵗ
1	200.00	1.64	1	540 »	0.61
2	100.09	3.28	2	270 »	1.22
3	66.66	4.92	3	180 »	1.83
4	50 »	6.56	4	135 »	2.44
5	40 »	8.20	5	103 »	3.05
6	33.33	9.84	6	90 »	3.66
7	28.50	11 48	7	78 »	4.27
8	25 »	13.12	8	68 »	4.88
9	22.22	14.77	9	60 »	5.49
10	20 »	16.41	10	55 »	6.10
12	16.66	19.69	12	45 »	7 32
14	14 28	22 97	14	38.500	8.54
16	12.50	26.25	16	34 »	9.76
18	11.10	29.55	18	31 »	10.98
20	10 »	32 82	20	28 »	12.20
22	9.09	36 »	22	25 »	13.42
25	8 »	41 »	25	22 »	15.25
28	7.20	45.08	28	20 »	17.08
30	6.66	49.23	30	18 »	18.30
35	5.71	57.41	35	16 »	21.35
40	5 »	65.64	40	14 »	24.40
45	4.44	73.85	45	12 »	27.45
50	4 »	82.05	50	11 »	30.50
55	3.63	90 25	55	10 »	33.55
60	3.33	98.60	60	9 »	36.60
65	3.07	106.66	70	8 »	42.70
70	2.75	114.87	80	7 »	48.80
75	2.66	123.17	90	6 »	54.90
80	2.50	131.28	100	5.500	61 »
85	2.35	139.48	110	5 »	67.10
90	2.20	147.70	120	4.500	73.20
95	2.10	159 90	140	4 »	85.40
100	2 »	164.12	160	3.500	97.60

Pour obtenir le numéro français d'un paquet dont on connaît le numéro anglais, il suffira de multiplier ce numéro par 0.61. Inversement, pour connaître le numéro anglais d'un paquet dont on a le numéro français, on multipliera ce numéro connu par 1.64.

Cachemires d'Ecosse.

Croisures au 1/4 de pouce	Croisures au centimètre	Compte de chaîne	Duites au centimètre
9	13.3	76	32.8
10	14.76	ou	38.1
11	16.24	22.8 fils	43.4
12	17.71	»	48.—
13	19.19	»	52.9
14	20.66	»	57.7
15	22.14	»	62.5
16	23.62	»	67.—
17	25.09	77.5	71.6
18	26.57	ou	76.2
19	28.04	23.25 fils	80.7
20	29.52	»	85.4
21	31.—	80	89.7
22	32.47	ou	94.5
23	34.—	24 fils	99.—
24	35.42	»	103.4
25	36.90	»	107.9
26	38.38	»	112.6
27	39.90	»	117.2
28	41.32	»	121.6
29	42.80	»	126.1
30	44.28	»	130.7

X. — MATHEMATIQUES.

Circonférences et cercles.

Diamètre	Circonfér.	Surface	Diamètre	Circonfér.	Surface	Diamètre	Circonfér.	Surface	Diamètre	Circonfér.	Surface
1.0	3.1416	0.78540	6.0	18.850	28.2743	11.0	34.558	95.0332	16.0	50.265	201.062
1	3.4558	0.95033	1	19.164	29.2247	1	34.872	96.7689	1	50.580	203.583
2	3.7699	1.13097	2	19.478	30.1907	2	35.186	98.5203	2	50.894	206.120
3	4.0841	1.32732	3	19.792	31.1725	3	35.500	100.287	3	51.208	208.672
4	4.3982	1.53938	4	20.106	32.1699	4	35.814	102.070	4	51.522	211.241
5	4.7124	1.76715	5	20.420	33.1831	5	36.128	103.869	5	51.836	213.825
6	5.0265	2.01062	6	20.735	34.2119	6	36.442	105.683	6	52.150	216.424
7	5.3407	2.26989	7	21.049	35.2565	7	36.757	107.513	7	52.465	219.040
8	5.6549	2.54469	8	21.363	36.3168	8	37.071	109.359	8	52.779	221.671
9	5.9690	2.83529	9	21.677	37.3928	9	37.385	111.220	9	53.093	224.318
2.0	6.2832	3.14159	7.0	21.991	38.4845	12.0	37.699	113.097	17.0	53.407	226.980
1	6.5973	3.46361	1	22.305	39.5919	1	38.013	114.990	1	53.721	229.658
2	6.9115	3.80133	2	22.619	40.7150	2	38.327	116.899	2	54.035	232.352
3	7.2257	4.15476	3	22.934	41.8539	3	38.642	118.823	3	54.350	235.062
4	7.5398	4.52389	4	23.248	43.0084	4	37.956	120.763	4	54.664	237.787
5	7.8540	4.90874	5	23.562	44.1786	5	39.270	122.718	5	54.978	240.528
6	8.1681	5.30929	6	23.876	45.3646	6	39.584	121.690	6	55.292	243.285
7	8.4823	5.72555	7	24.190	46.5663	7	39.898	126.677	7	55.606	246.057
8	8.7965	6.15752	8	24.504	47.7836	8	40.212	128.680	8	55.920	248.846
9	9.1106	6.60520	9	24.819	49.0167	9	40.527	130.698	9	56.235	251.649
3.0	9.4248	7.06858	8.0	25.133	50.2655	13.0	40.841	132.732	18.0	56.549	254.469
1	9.7389	7.54768	1	25.447	51.5300	1	41.155	134.783	1	56.863	257.304
2	10.053	8.04248	2	25.761	52.8103	2	41.469	136.848	2	57.177	260.155
3	10.367	8.55299	3	26.075	54.1061	3	41.783	138.929	3	57.491	263.022
4	10.681	9.07920	4	26.389	55.4177	4	42.097	141.026	4	57.805	265.904
5	10.996	9.62113	5	26.704	56.7450	5	42.412	143.139	5	58.119	268.803
6	11.310	10.1788	6	27.018	58.0880	6	42.726	145.267	6	58.434	271.716
7	11.624	10.7521	7	27.332	59.4468	7	43.040	147.411	7	58.748	274.646
8	11.938	11.3411	8	27.646	60.8212	8	43.354	149.571	8	59.062	277.591
9	12.252	11.9459	9	27.960	62.2114	9	43.668	151.747	9	59.376	280.552
4.0	12.566	12.5664	9.0	28.274	63.6173	14.0	43.982	153.938	19.0	59.690	283.529
1	12.881	13.2025	1	28.588	65.0388	1	44.296	156.145	1	60.004	286.521
2	13.195	13.8544	2	28.903	66.4761	2	44.611	158.368	2	60.319	289.529
3	13.509	14.5220	3	29.217	67.9291	3	44.925	160.606	3	60.633	292.553
4	13.823	15.2053	4	29.531	69.3978	4	45.239	162.860	4	60.947	295.592
5	14.137	15.9043	5	29.845	70.8822	5	45.553	165.130	5	61.261	298.648
6	14.451	16.6190	6	30.159	72.3823	6	45.867	167.415	6	61.575	301.719
7	14.765	17.3494	7	30.473	73.8981	7	46.181	169.717	7	61.889	304.805
8	15.080	18.0956	8	30.788	75.4296	8	46.496	172.034	8	62.204	307.907
9	15.394	18.8574	9	31.102	76.9769	9	46.810	174.366	9	62.518	311.026
5.0	15.708	19.6350	10.0	31.416	78.5398	15.0	47.124	176.715	20.0	62.832	314.159
1	16.022	20.4282	1	31.730	80.1185	1	47.438	179.079	1	63.146	317.309
2	16.336	21.2372	2	32.044	81.7128	2	47.752	181.458	2	63.460	320.474
3	16.650	22.0618	3	32.358	83.3229	3	48.066	183.854	3	63.774	323.655
4	16.965	22.9022	4	32.673	84.9487	4	48.381	186.265	4	64.088	326.851
5	17.279	23.7583	5	32.987	86.5901	5	48.695	188.692	5	64.403	330.064
6	17.593	24.6301	6	33.301	88.2473	6	49.009	191.134	6	64.717	333.292
7	17.907	25.5176	7	33.615	89.9202	7	49.323	193.593	7	65.031	336.535
8	18.221	26.4208	8	33.929	91.6088	8	49.637	196.067	8	65.345	339.795
9	18.535	27.3397	9	34.243	93.3132	9	49.951	198.557	9	65.659	343.070

Circonférences et cercles.

Diamètre	Circonfér.	Surface	Diamètre	Circonfér.	Surface	Diamètre	Circonfér.	Surface	Diamètre	Circonfér.	Surface
21.0	65.973	346.361	26.0	81.681	530.929	31.0	97.389	754.768	36.0	113.10	1017.88
1	66.288	349.667	1	81.996	535.021	1	97.704	759.645	1	113.41	1023.54
2	66.602	352.989	2	82.310	539.129	2	98.018	764.538	2	113.73	1029.22
3	66.916	356.327	3	82.624	543.252	3	98.332	769.447	3	114.04	1034.91
4	67.230	359.681	4	82.938	547.391	4	98.646	774.371	4	114.35	1040.62
5	67.544	363.050	5	83.252	551.546	5	98.960	771.311	5	114.67	1046.35
6	67.858	366.435	6	83.566	555.716	6	99.274	784.267	6	114.98	1052.09
7	68.173	369.836	7	83.881	559.902	7	99.588	789.239	7	115.30	1057.84
8	68.487	373.253	8	84.195	564.104	8	99.903	794.226	8	115.61	1063.62
9	68.801	376.685	9	84.509	568.322	9	100.22	799.229	9	115.92	1069.41
22.0	69.115	380.133	27.0	84.823	572.555	32.0	100.53	804.248	37.0	116.24	1075.21
1	69.429	383.596	1	85.137	576.804	1	100.85	809.282	1	116.55	1081.03
2	69.743	387.076	2	85.451	581.069	2	101.16	814.332	2	116.87	1086.87
3	70.058	390.571	3	85.765	585.349	3	101.47	819.398	3	117.18	1092.72
4	70.372	394.081	4	86.080	589.646	4	101.79	824.480	4	117.50	1098.58
5	70.686	397.603	5	86.394	593.957	5	102.10	829.577	5	117.81	1104.47
6	71.000	401.150	6	86.708	598.285	6	102.42	834.690	6	118.12	1110.36
7	71.314	404.708	7	87.022	602.628	7	102.73	839.818	7	118.44	1116.28
8	71.628	408.281	8	87.336	606.907	8	103.04	844.963	8	118.75	1122.21
9	71.942	411.871	9	87.650	611.362	9	103.36	850.123	9	119.07	1128.15
23.0	72.257	415.476	28.0	87.965	615.752	33.0	103.67	855.299	38.0	119.38	1134.11
1	72.571	419.096	1	88.279	620.158	1	103.99	860.490	1	119.69	1140.09
2	72.885	422.733	2	88.593	624.580	2	104.30	865.697	2	120.01	1146.08
3	73.199	426.385	3	88.907	6.9.018	3	104.62	870.920	3	120.32	1152.09
4	73.513	430.053	4	89.221	633.471	4	104.93	876.159	4	120.64	1158.12
5	73.827	433.736	5	89.535	637.940	5	105.24	881.413	5	120.95	1164.16
6	74.142	437.435	6	89.850	642.424	6	105.56	886.683	6	121.27	1170.21
7	74.456	441.150	7	90.164	646.925	7	105.87	891.969	7	121.58	1176.28
8	74.770	444.881	8	90.478	651.441	8	106.19	897.270	8	121.89	1182.37
9	75.084	448.627	9	90.792	655.972	9	106.50	902.587	9	122.21	1188.47
24.0	75.398	452.389	29.0	91.106	660.520	34.0	106.81	907.920	39.0	122.52	1194.59
1	75.712	456.167	1	91.420	665.083	1	107.13	913.269	1	122.84	1200.72
2	76.027	459.961	2	91.735	669.662	2	107.44	918.633	2	123.15	1206.87
3	76.341	463.770	3	92.049	674.256	3	107.76	924.013	3	123.46	1213.04
4	76.655	467.595	4	92.363	678.867	4	108.07	929.409	4	123.78	1219.22
5	76.969	471.435	5	92.677	683.493	5	108.38	934.820	5	124.09	1225.42
6	77.283	475.292	6	92.991	688.134	6	108.70	940.247	6	124.41	1231.63
7	77.597	479.164	7	93.305	692.792	7	109.01	945.690	7	124.72	1237.86
8	77.911	483.051	8	93.619	697.465	8	109.33	951.149	8	125.04	1244.10
9	78.226	486.955	9	93.934	702.154	9	109.64	956.623	9	125.35	1250.36
25.0	78.540	490.874	30.0	94.248	706.858	35.0	109.96	962.113	40.0	125.66	1256.64
1	78.854	494.809	1	94.562	711.579	1	110.27	967.618	1	125.98	1262.93
2	79.168	498.759	2	94.876	716.315	2	110.58	973.140	2	126.29	1269.23
3	79.482	502.726	3	95.190	721.066	3	110.90	978.677	3	126.61	1275.56
4	79.796	506.707	4	95.504	725.834	4	111.21	984.230	4	126.92	1281.90
5	80.111	510.705	5	95.819	730.617	5	111.53	989.798	5	127.23	1288.25
6	80.425	514.719	6	96.133	735.415	6	111.84	995.382	6	127.55	1294.62
7	80.739	518.748	7	96.447	740.230	7	112.15	1001.98	7	127.86	1301.00
8	81.053	522.792	8	96.761	745.060	8	112.47	1006.60	8	128.18	1307.41
9	81.367	526.853	9	97.075	749.906	9	112.78	1012.28	9	128.49	1313.82

Circonférences et cercles.

Diamètre	Circonfér.	Surface	Diamètre	Circonfér.	Surface	Diamètre	Circonfér.	Surface	Diamètre	Circonfér.	Surface
41.0	128.81	1320.25	46.0	144.51	1661.90	51.0	160.22	2042.82	56.0	175.93	2463.
1	129.12	1326.70	1	144.83	1669.14	1	160.54	2050.84	1	176.24	2471.
2	129.43	1333.17	2	145.14	1676.39	2	160.85	2058.87	2	176.56	2480.
3	129.75	1339.65	3	145.46	1683.65	3	161.16	2066.92	3	176.87	2489.
4	130.06	1346.14	4	145.77	1690.93	4	161.48	2074.99	4	177.19	2498.
5	130.38	1352.65	5	146.08	1698.23	5	161.79	2083.07	5	177.50	2507.
6	130.69	1359.18	6	146.40	1705.54	6	162.11	2091.17	6	177.81	2516.
7	131.00	1365.72	7	146.71	1712.87	7	162.42	2099.28	7	178.13	2524.
8	131.32	1372.28	8	147.03	1720.21	8	162.73	2107.41	8	178.44	2533.
9	131.63	1378.85	9	147.34	1727.57	9	163.05	2115.51	9	178.76	2542.
42.0	131.95	1385.44	47.0	147.65	1734.94	52.0	163.36	2123.72	57.0	179.07	2551.
1	132.26	1392.05	1	147.97	1742.34	1	163.68	2131.89	1	179.38	2560.
2	132.58	1398.67	2	148.28	1749.74	2	163.99	2140.08	2	179.70	2569.
3	132.89	1405.31	3	148.60	1757.16	3	164.31	2148.29	3	180.01	2578.
4	133.20	1411.96	4	148.91	1764.60	4	164.62	2156.51	4	180.33	2587.
5	133.52	1418.63	5	149.23	1772.05	5	164.93	2164.75	5	180.64	2596.
6	133.83	1425.31	6	149.54	1779.52	6	165.25	2173.01	6	180.96	2605.
7	134.15	1432.01	7	149.85	1787.01	7	165.56	2181.28	7	181.27	2614.
8	134.46	1438.72	8	150.17	1794.51	8	165.88	2189.56	8	181.58	2623.
9	134.77	1445.45	9	150.48	1802.03	9	166.19	2197.87	9	181.90	2632.
43.0	135.09	1452.20	48.0	150.80	1809.56	53.0	166.50	2206.18	58.0	182.21	2642.
1	135.40	1458.96	1	151.11	1817.11	1	166.82	2214.52	1	182.53	2651.
2	135.72	1465.74	2	151.42	1824.67	2	167.13	2222.87	2	182.84	2660.
3	136.03	1472.54	3	151.74	1832.25	3	167.45	2231.23	3	183.15	2669.
4	136.35	1479.34	4	152.05	1839.84	4	167.76	2239.61	4	183.47	2678.
5	136.66	1486.17	5	152.37	1847.45	5	168.08	2248.01	5	183.78	2687.
6	136.97	1493.01	6	152.68	1855.08	6	168.39	2256.42	6	184.10	2697.
7	137.29	1499.87	7	153.00	1862.72	7	168.70	2264.84	7	184.41	2706.
8	137.60	1506.74	8	153.31	1870.38	8	169.02	2273.29	8	184.73	2715.
9	137.92	1513.63	9	153.62	1878.05	9	169.33	2281.75	9	185.04	2724.
44.0	138.23	1520.53	49.0	153.94	1885.74	54.0	169.65	2290.22	59.0	185.35	2733.
1	138.54	1527.45	1	154.25	1893.45	1	169.96	2298.71	1	185.67	2743.
2	138.86	1534.39	2	154.57	1901.17	2	170.27	2307.22	2	185.98	2752.
3	139.17	1541.34	3	154.88	1908.90	3	170.59	2315.74	3	186.30	2761.
4	139.49	1548.30	4	155.19	1916.65	4	170.90	2324.28	4	186.61	2771.
5	139.80	1555.28	5	155.51	1924.42	5	171.22	2332.83	5	186.92	2780.
6	140.12	1562.28	6	155.82	1932.21	6	171.53	2341.40	6	187.24	2789.
7	140.43	1569.30	7	156.14	1940.00	7	171.85	2349.98	7	187.55	2799.
8	140.74	1576.33	8	156.45	1947.82	8	172.16	2358.58	8	187.87	2808.
9	141.06	1583.37	9	156.77	1955.65	9	172.47	2367.20	9	188.18	2818.
45.0	141.37	1590.43	50.0	157.08	1963.50	55.0	172.79	2375.83	60.0	188.50	2827.
1	141.69	1597.51	1	157.39	1971.36	1	173.10	2384.48	1	188.81	2836.
2	142.00	1604.60	2	157.71	1979.23	2	173.42	2393.14	2	189.12	2846.
3	142.31	1611.71	3	158.02	1987.13	3	173.73	2401.82	3	189.44	2855.
4	142.63	1618.83	4	158.34	1995.04	4	174.04	2410.51	4	189.75	2865.
5	142.94	1625.97	5	158.65	2002.96	5	174.36	2419.22	5	190.07	2874.
6	143.26	1633.13	6	158.96	2010.90	6	174.67	2427.95	6	190.38	2884.
7	143.57	1640.30	7	159.28	2018.86	7	174.99	2436.69	7	190.69	2893.
8	143.88	1647.48	8	159.59	2026.83	8	175.30	2445.45	8	191.01	2903.
9	144.20	1654.68	9	159.91	2034.82	9	175.62	2454.22	9	191.32	2912.

Circonférences et cercles.

Diamètre	Circonfér.	Surface	Diamètre	Circonfér.	Surface	Diamètre	Circonfér.	Surface	Diamètre	Circonfér.	Surface
61.0	191.64	2922.47	66.0	207.35	3421.19	71.0	223.05	3959.19	76.0	238.76	4536.46
1	191.95	2932.06	1	207.66	3431.57	1	223.37	3970.35	1	239.08	4548.41
2	192.27	2941.66	2	207.97	3441.96	2	223.68	3981.53	2	239.39	4560.37
3	192.58	2951.28	3	208.29	3452.37	3	224.00	3992.72	3	239.70	4572.34
4	192.89	2960.92	4	208.60	3462.79	4	224.31	4003.93	4	240.02	4584.35
5	193.21	2970.57	5	208.92	3473.23	5	224.62	4015.15	5	240.33	4596.35
6	193.52	2980.24	6	209.23	3483.68	6	224.94	4026.39	6	240.65	4608.37
7	193.84	2989.92	7	209.54	3494.15	7	225.25	4037.65	7	240.96	4620.41
8	194.15	2999.62	8	209.86	3504.64	8	225.57	4048.92	8	241.27	4632.47
9	194.46	3009.34	9	210.17	3515.14	9	225.88	4060.20	9	241.59	4644.54
62.0	194.78	3019.07	67.0	210.49	3525.65	72.0	226.19	4071.50	77.0	241.90	4656.63
1	195.09	3028.82	1	210.80	3536.18	1	226.51	4082.82	1	242.22	4668.73
2	195.41	3038.58	2	211.12	3546.73	2	226.82	4094.15	2	242.53	4680.85
3	195.72	3048.36	3	211.43	3557.30	3	227.14	4105.50	3	242.85	4692.98
4	196.04	3058.15	4	211.74	3567.88	4	227.45	4116.87	4	243.16	4705.13
5	196.35	3067.96	5	212.06	3578.47	5	227.77	4128.25	5	243.47	4717.30
6	196.66	3077.79	6	212.37	3589.08	6	228.08	4139.65	6	243.79	4729.48
7	196.98	3087.63	7	212.69	3599.71	7	228.39	4151.06	7	244.10	4741.68
8	197.29	3097.48	8	213.00	3610.35	8	228.71	4162.48	8	244.42	4753.89
9	197.61	3107.36	9	213.31	3621.01	9	229.02	4173.93	9	244.73	4766.12
63.0	197.92	3117.25	68.0	213.63	3631.68	73.0	229.34	4185.39	78.0	245.04	4778.36
1	198.23	3127.15	1	213.94	3642.37	1	229.65	4196.86	1	245.36	4790.62
2	198.55	3137.07	2	214.26	3653.08	2	229.96	4208.35	2	245.67	4802.90
3	198.86	3147.00	3	214.57	3663.80	3	230.28	4219.86	3	245.99	4815.19
4	199.18	3156.96	4	214.88	3674.53	4	230.59	4231.38	4	246.30	4827.50
5	199.49	3166.92	5	215.20	3685.28	5	230.91	4242.92	5	246.62	4839.82
6	199.81	3176.90	6	215.51	3696.05	6	231.22	4254.47	6	246.93	4852.16
7	200.12	3186.90	7	215.83	3706.84	7	231.54	4266.04	7	347.24	4864.51
8	200.43	3196.92	8	216.14	3717.64	8	231.85	4277.62	8	247.56	4876.88
9	200.75	3206.95	9	216.46	3728.45	9	232.16	4289.22	9	247.87	4889.27
64.0	201.06	3216.99	69.0	216.77	3739.28	74.0	232.48	4300.84	79.0	248.19	4901.67
1	201.38	3227.05	1	217.08	3750.13	1	232.79	4312.47	1	248.50	4914.09
2	201.69	3237.13	2	217.40	3760.99	2	233.11	4324.12	2	248.81	4926.52
3	202.00	3247.22	3	217.71	3771.87	3	233.42	4335.78	3	249.13	4938.97
4	202.32	3257.33	4	218.03	3782.76	4	233.73	4347.46	4	249.44	4951.43
5	202.63	3267.45	5	218.34	3793.67	5	234.05	4359.16	5	249.76	4963.91
6	202.95	3277.59	6	218.65	3804.59	6	234.36	4370.87	6	250.07	4976.41
7	203.26	3287.75	7	218.97	3815.53	7	234.68	4382.59	7	250.38	4988.92
8	203.58	3297.92	8	219.28	3826.49	8	234.99	4394.33	8	250.70	5001.45
9	203.89	3308.10	9	219.60	3837.46	9	235.31	4406.09	9	251.01	5013.99
65.0	204.20	3318.31	70.0	219.91	3848.45	75.0	235.62	4417.86	80.0	251.33	5026.55
1	204.52	3328.53	1	220.23	3859.45	1	235.93	4429.65	1	251.64	5039.12
2	204.83	3338.76	2	220.54	3870.47	2	236.25	4441.46	2	251.96	5051.71
3	205.15	3349.01	3	220.85	3881.51	3	236.56	4453.28	3	252.27	5064.32
4	205.46	3359.27	4	221.17	3892.56	4	236.88	4465.11	4	252.58	5076.94
5	205.78	3369.55	5	221.48	3903.63	5	237.19	4476.97	5	252.90	5089.58
6	206.09	3379.85	6	221.80	3914.71	6	237.50	4488.83	6	253.21	5102.23
7	206.40	3390.16	7	222.11	3925.80	7	227.82	4500.72	7	253.58	5114.90
8	206.72	3400.49	8	222.42	3936.92	8	238.13	4512.62	8	253.84	5127.58
9	207.03	3410.83	9	222.74	3948.05	9	238.45	4524.53	9	254.15	5140.82

Circonférences et cercles.

Diamètre	Circonfér.	Surface	Diamètre	Circonfér.	Surface	Diamètre	Circonfér.	Surface	Diamètre	Circonfér.	Surface
81.0	254.47	5153.00	86.0	270.18	5808.80	91.0	285.88	6503.88	96.0	301.59	7238.23
1	254.78	5165.73	1	270.49	5822.32	1	286.20	6518.18	1	301.91	7253.32
2	255.10	5178.48	2	270.81	5835.85	2	286.51	6532.50	2	302.22	7268.42
3	255.41	5191.24	3	271.12	5849.40	3	286.83	6546.84	3	302.54	7283.54
4	255.73	5204.02	4	271.43	5862.97	4	287.14	6561.18	4	302.85	7298.67
5	256.04	5216.81	5	271.75	5876.55	5	287.46	6575.55	5	303.16	7313.82
6	256.35	5229.62	6	272.06	5890.14	6	287.77	6589.93	6	303.48	7328.99
7	256.67	5242.45	7	272.38	5903.75	7	288.08	6604.33	7	303.79	7344.17
8	256.98	5255.29	8	272.69	5917.38	8	288.40	6618.74	8	304.11	7359.37
9	257.30	5268.14	9	273.00	5931.02	9	288.71	6633.17	9	304.42	7374.58
82.0	257.61	5281.02	87.0	273.32	5944.68	92.0	289.03	6647.61	97.0	304.73	7389.81
1	257.92	5293.91	1	273.63	5958.35	1	289.34	6662.07	1	305.05	7405.06
2	258.24	5306.81	2	273.95	5972.04	2	289.65	6676.54	2	305.36	7420.32
3	258.55	5319.73	3	274.26	5985.75	3	289.97	6691.03	3	305.68	7435.59
4	258.87	5332.67	4	274.58	5999.47	4	290.28	6705.54	4	305.99	7450.88
5	259.18	5345.62	5	274.89	6013.20	5	290.60	6720.06	5	306.31	7466.19
6	259.50	5358.58	6	275.20	6026.96	6	290.91	6734.60	6	306.62	7481.51
7	259.81	5361.57	7	275.52	6040.73	7	291.23	6749.15	7	306.93	7496.85
8	260.12	5384.56	8	275.83	6054.51	8	291.54	6763.72	8	307.25	7512.21
9	260.44	5397.58	9	276.15	6068.31	9	291.85	6778.31	9	307.56	7527.58
83.0	260.75	5410.61	88.0	276.46	6082.12	93.0	292.17	6792.91	98.0	307.88	7542.96
1	261.07	5423.65	1	276.77	6095.95	1	292.48	6807.52	1	308.19	7558.37
2	261.38	5436.71	2	277.09	6109.80	2	292.80	6822.16	2	308.50	7573.78
3	261.69	5449.79	3	277.40	6123.66	3	293.11	6836.80	3	308.82	7589.22
4	262.01	5462.88	4	277.72	6137.54	4	293.42	6851.47	4	309.13	7604.66
5	262.32	5475.99	5	278.03	6151.43	5	293.74	6866.15	5	309.45	7620.13
6	262.64	5489.12	6	278.35	6165.34	6	294.05	6880.84	6	309.76	7635.61
7	262.95	5502.26	7	278.66	6179.27	7	294.37	6895.55	7	310.08	7651.11
8	263.27	5515.41	8	278.97	6193.21	8	294.68	6910.28	8	310.39	7666.62
9	263.58	5528.58	9	279.29	6207.17	9	295.00	6925.02	9	310.70	7682.14
84.0	263.89	5541.77	89.0	279.60	6221.14	94.0	295.31	6939.78	99.0	311.02	7697.69
1	264.21	5554.97	1	279.92	6235.13	1	295.62	6954.55	1	311.33	7713.25
2	264.52	5568.19	2	280.23	6249.13	2	295.94	6969.34	2	311.65	7728.82
3	264.84	5581.42	3	280.54	6263.15	3	296.25	6984.15	3	311.96	7744.41
4	265.15	5594.67	4	280.86	6277.18	4	296.57	6998.97	4	312.27	7760.02
5	265.40	5607.94	5	281.17	6291.24	5	296.88	7013.80	5	312.59	7775.64
6	265.78	5621.22	6	281.49	6305.30	6	297.19	7038.65	6	312.90	7791.28
7	266.09	5634.52	7	281.80	6319.38	7	297.51	7043.52	7	313.22	7806.93
8	266.41	5647.83	8	282.12	6333.48	8	297.82	7058.40	8	313.53	7822.60
9	266.72	5361.16	9	282.43	6347.60	9	298.14	7073.30	9	313.85	7838.28
85.0	267.04	5674.50	90.0	282.74	6361.73	95.0	298.45	7088.22	100.0	314.16	7853.98
1	267.35	5687.86	1	283.06	6375.87	1	298.77	7103.15	1	314.47	7869.70
2	267.66	5701.24	2	283.37	6390.03	2	299.08	7118.09	2	314.79	7885.43
3	267.98	5714.63	3	283.96	6404.21	3	299.39	7133.06	3	315.10	7901.18
4	268.29	5728.03	4	284.00	6418.40	4	299.71	7148.03	4	315.42	7916.94
5	268.61	5741.46	5	284.31	6432.61	5	300.02	7163.03	5	315.73	7932.72
6	268.92	5754.90	6	284.63	6446.83	6	300.34	7178.04	6	316.04	7948.51
7	269.23	5768.35	7	284.94	6461.07	7	300.65	7193.06	7	316.36	7964.32
8	269.55	5781.82	8	285.26	6475.33	8	300.96	7208.10	8	316.67	7980.15
9	269.86	5795.30	9	285.57	6489.60	9	301.28	7223.16	9	316.99	7995.99

Longueur des arcs, cordes et hauteur des arcs dont le rayon = 1.

Degrés	Long^r d'arc	Corde	Haut^r d'arc	Degrés	Long^r d'arc	Corde	Haut^r d'arc	Degrés	Long^r d'arc	Corde	Haut^r d'arc
1	0.0175	0.0175	0.0000	51	0.8901	0.8610	0.0974	101	1.7628	1.5432	0.3639
2	0.0349	0.0349	0.0002	52	0.9076	0.8767	0.1012	102	1.7802	1.5545	0.3707
3	0.0524	0.0524	0.0003	53	0.9250	0.8924	0.1051	103	1.7977	1.5652	0.3775
4	0.0698	0.0698	0.0006	54	0.9425	0.9080	0.1090	104	1.8151	1.5760	0.3843
5	0.0873	0.0872	0.0010	55	0.9599	0.9235	0.1130	105	1.8326	1.5867	0.3912
6	0.1047	0.1046	0.0014	56	0.9774	0.9389	0.1171	106	1.8500	1.5972	0.3982
7	0.1222	0.1221	0.0019	57	0.9948	0.9543	0.1212	107	1.8675	1.6077	0.4052
8	0.1396	0.1395	0.0024	58	1.0123	0.9696	0.1254	108	1.8850	1.6180	0.4122
9	0.1571	0.1569	0.0031	59	1.0297	0.9848	0.1296	109	1.9024	1.6282	0.4193
10	0.1745	0.1743	0.0038	60	1.0472	1.0000	0.1340	110	1.9198	1.6383	0.4264
11	0.1920	0.1917	0.0046	61	1.0647	1.0151	0.1384	111	1.9373	1.6483	0.4336
12	0.2094	0.2091	0.0055	62	1.0821	1.0301	0.1428	112	1.9548	1.6581	0.4408
13	0.2269	0.2264	0.0064	63	1.0996	1.0450	0.1474	113	1.9722	1.6678	0.4481
14	0.2443	0.2437	0.0075	64	1.1170	1.0598	0.1520	114	1.9897	1.6773	0.4554
15	0.2618	0.2611	0.0086	65	1.1345	1.0746	0.1566	115	2.0071	1.6868	0.4627
16	0.2793	0.2783	0.0097	66	1.1519	1.0893	0.1613	116	2.0246	1.6961	0.4701
17	0.2967	0.2956	0.0110	67	1.1694	1.1039	0.1661	117	2.0420	1.7053	0.4775
18	0.3142	0.3129	0.0123	68	1.1868	1.1184	0.1710	118	2.0595	1.7143	0.4850
19	0.3316	0.3301	0.0137	69	1.2043	1.1328	0.1759	119	2.0769	1.7233	0.4925
20	0.3491	0.3473	0.0152	70	1.2217	1.1472	0.1808	120	2.0944	1.7321	0.5000
21	0.3665	0.3645	0.0167	71	1.2392	1.1614	0.1859	121	2.1118	1.7407	0.5076
22	0.3840	0.3816	0.0184	72	1.2566	1.1755	0.1910	122	2.1293	1.7492	0.5152
23	0.4014	0.3987	0.0201	73	1.2741	1.1896	0.1961	123	2.1468	1.7576	0.5228
24	0.4189	0.4158	0.0219	74	1.2915	1.2036	0.2014	124	2.1642	1.7659	0.5305
25	0.4363	0.4329	0.0237	75	1.3090	1.2175	0.2066	125	2.1817	1.7740	0.5383
26	0.4538	0.4499	0.0256	76	1.3265	1.2313	0.2120	126	2.1991	1.7820	0.5460
27	0.4712	0.4669	0.0276	77	1.3439	1.2450	0.2174	127	2.2166	1.7899	0.5538
28	0.4887	0.4838	0.0297	78	1.3614	1.2586	0.2229	128	2.2340	1.7976	0.5616
29	0.5061	0.5008	0.0319	79	1.3788	1.2722	0.2284	129	2.2515	1.8052	0.5695
30	0.5236	0.5176	0.0341	80	1.3963	1.2856	0.2340	130	2.2689	1.8126	0.5774
31	0.5411	0.5345	0.0364	81	1.4137	1.2989	0.2396	131	2.2864	1.8199	0.5853
32	0.5585	0.5512	0.0387	82	1.4312	1.3121	0.2453	132	2.3038	1.8271	0.5933
33	0.5760	0.5680	0.0412	83	1.4486	1.3252	0.2510	133	2.3213	1.8341	0.6013
34	0.5934	0.5847	0.0437	84	1.4661	1.3383	0.2569	134	2.3387	1.8410	0.6093
35	0.6109	0.6014	0.0463	85	1.4835	1.3512	0.2627	135	2.3562	1.8478	0.6173
36	0.6283	0.6180	0.0489	86	1.5010	1.3640	0.2686	136	2.3736	1.8544	0.6254
37	0.6458	0.6346	0.0517	87	1.5184	1.3767	0.2746	137	2.3911	1.8608	0.6335
38	0.6632	0.6511	0.0545	88	1.5359	1.3893	0.2807	138	2.4086	1.8672	0.6416
39	0.6807	0.6676	0.0574	89	1.5533	1.4018	0.2867	139	2.4260	1.8733	0.6498
40	0.6981	0.6840	0.0603	90	1.5708	1.4142	0.2929	140	2.4435	1.8794	0.6580
41	0.7156	0.7004	0.0633	91	1.5882	1.4265	0.2991	141	2.4609	1.8853	0.6662
42	0.7330	0.7167	0.0664	92	1.6057	1.4387	0.3053	142	2.4784	1.8910	0.6744
43	0.7505	0.7330	0.0696	93	1.6232	1.4507	0.3116	143	2.4958	1.8966	0.6827
44	0.7679	0.7492	0.0728	94	1.6406	1.4627	0.3180	144	2.5133	1.9021	0.6910
45	0.7854	0.7654	0.0761	95	1.6580	1.4746	0.3244	145	2.5307	1.9074	0.6993
46	0.8029	0.7815	0.0795	96	1.6755	1.4863	0.3309	146	2.5482	1.9126	0.7076
47	0.8203	0.7975	0.0829	97	1.6930	1.4979	0.3374	147	2.5656	1.9176	0.7160
48	0.8378	0.8135	0.0865	98	1.7104	1.5094	0.3439	148	2.5831	1.9225	0.7244
49	0.8552	0.8294	0.0900	99	1.7279	1.5208	0.3506	149	2.6005	1.9273	0.7328
50	0.8727	0.8452	0.0937	00	1.7453	1.5321	0.3572	150	2.6180	1.9319	0.7412

Longueur des arcs, cordes et hauteur des arcs dont le rayon = 1.

Degrés	Longʳ d'arc	Corde	Hautʳ d'arc	Degrés	Longʳ d'arc	Corde	Hautʳ d'arc	Degrés	Longʳ d'arc	Corde	Hautʳ d'arc
151	2.6354	1.9363	0.7496	161	2.8100	1.9726	0.8350	171	2.9845	1.9938	0.9215
152	2.6529	1.9406	0.7581	162	2.8274	1.9754	0.8436	172	3.0020	1.9951	0.9302
153	2.6704	1.9447	0.7666	163	2.8449	1.9780	0.8522	173	3.0194	1.9963	0.9390
154	2.6878	1.9487	0.7750	164	2.8623	1.9805	0.8608	174	3.0369	1.9973	0.9477
155	2.7053	1.9526	0.7836	165	2.8798	1.9829	0.8695	175	3.0543	1.9981	0.9564
156	2.7227	1.9563	0.7921	166	2.8972	1.9851	0.8781	176	3.0718	1.9988	0.9651
157	2.7402	1.9598	0.8006	167	2.9147	1.9871	0.8868	177	3.0892	1.9993	0.9738
158	2.7576	1.9632	0.8092	168	2.9322	1.9890	0.8955	178	3.1067	1.9997	0.9825
159	2.7751	1.9665	0.8178	169	2.9496	1.9908	0.9042	179	3.1241	1.9999	0.9913
160	2.7925	1.9696	0.8264	170	2.9671	1.9924	0.9128	180	3.1416	2.0000	1.0000

Lignes trigonométriques naturelles.

Gr.	sin.	cos.	tg.	cotg.		Gr.	sin.	cos.	tg.	cotg.	
0	0.000	1.000	0.000		90	23	0.391	0.921	0.424	2.356	67
1	0.017	1.000	0.017	57.29	89	24	0.407	0.914	0.445	2.246	66
2	0.035	0.999	0.035	28.64	88	25	0.423	0.906	0.466	2.145	65
3	0.052	0.999	0.052	19.08	87	26	0.438	0.899	0.488	2.050	64
4	0.070	0.998	0.070	14.30	86	27	0.454	0.891	0.510	1.963	63
5	0.087	0.996	0.087	11.43	85	28	0.469	0.883	0.532	1.881	62
6	0.105	0.995	0.105	9.514	84	29	0.485	0.875	0.554	1.804	61
7	0.122	0.993	0.123	8.144	83	30	0.500	0.866	0.577	1.732	60
8	0.139	0.990	0.141	7.115	82	31	0.515	0.857	0.601	1.664	59
9	0.156	0.988	0.158	6.314	81	32	0.530	0.848	0.625	1.600	58
10	0.174	0.985	0.176	5.671	80	33	0.545	0.839	0.649	1.540	57
11	0.191	0.982	0.194	5.145	79	34	0.559	0.829	0.675	1.483	56
12	0.208	0.978	0.213	4.705	78	35	0.574	0.819	0.700	1.428	55
13	0.225	0.974	0.231	4.331	77	36	0.588	0.809	0.727	1.376	54
14	0.242	0.970	0.249	4.011	76	37	0.602	0.799	0.754	1.327	53
15	0.259	0.966	0.268	3.732	75	38	0.616	0.788	0.781	1.280	52
16	0.276	0.961	0.287	3.487	74	39	0.629	0.777	0.810	1.235	51
17	0.292	0.956	0.306	3.271	73	40	0.643	0.766	0.839	1.192	50
18	0.309	0.951	0.325	3.078	72	41	0.656	0.755	0.869	1.150	49
19	0.326	0.946	0.344	2.904	71	42	0.669	0.743	0.900	1.111	48
20	0.342	0.940	0.364	2.747	70	43	0.682	0.731	0.933	1.072	47
21	0.358	0.934	0.384	2.605	69	44	0.695	0.719	0.966	1.056	46
22	0.375	0.927	0.404	2.475	68	45	0.707	0.707	1.000	1.000	45
	cos.	sin.	cotg.	tg.	Gr.		cos.	sin.	cotg.	tg.	Gr.

TABLES NUMÉRIQUES

Table qui donne les nombres de 1 à 120, leurs carrés et leurs racines carrées et leurs racines cubiques, la longueur et la surface des circonférences construites sur ces nombres comme diamètres.

Nombre	Circonfér.	Surface	Carré	Cube	Racine carrée.	Racine cubique
1	3.14	0.78	1	1	1.000	1.000
2	6.28	3.14	4	8	1.414	1.259
3	9.42	7.07	9	27	1.732	1.442
4	12.57	12.57	16	64	2.000	1.587
5	15.71	19.63	25	125	2.236	1.709
6	18.85	28.27	36	216	2.449	1.817
7	21.99	38.48	49	343	2.645	1.912
8	25.13	50.26	64	512	2.828	2.000
9	28.27	63.61	81	729	3.000	3.080
10	31.41	78.54	100	1000	3.162	2.154
11	34.55	95.03	121	1331	3.316	2.223
12	37.69	113.09	144	1728	3.464	2.289
13	40.84	132.73	169	2197	3.603	2.351
14	43.98	153.93	196	2744	3.741	2.410
15	47.12	176.71	225	3375	3.872	2.466
16	50.26	201.06	256	4096	4.000	2.519
17	53.40	226.98	289	4913	4.123	2.571
18	56.54	254.46	324	5832	4.242	2.620
19	59.69	283.52	361	6859	4.358	2.668
20	62.83	314.15	400	8000	4.472	2.714
21	65.97	346.36	441	9261	4.582	2.758
22	69.11	380.13	484	10648	4.690	2.802
23	72.25	415.47	529	12167	4.795	2.843
24	75.39	452.38	576	13824	4.898	2.884
25	78.54	490.87	625	15625	5.000	2.924
26	81.68	530.93	676	17576	5.099	2.962
27	84.82	572.55	729	19683	5.196	3.000
28	87.96	611.75	784	21952	5.291	3.036
29	91.10	660.52	841	24389	5.385	3.072
30	94.24	706.85	900	27000	5.477	3.107
31	97.38	754.76	961	29791	5.567	3.141
32	100.53	804.24	1024	32768	5.656	3.174
33	103.67	855.29	1089	35937	5.744	3.207
34	106.81	907.92	1156	39304	5.830	3.239
35	109.95	962.11	1225	42875	5.916	3.271
36	113.09	1017.87	1296	46656	6.000	5.301
37	116.23	1075.21	1369	50653	6.082	3.332
38	119.33	1134.11	1444	54872	6.164	3.361
39	122.52	1194.59	1521	59319	6.244	3.391
40	125.66	1256.63	1600	64000	6.324	3.419

Tables numériques.

Nombre	Circonfér.	Surface	Carré	Cube	Racine carrée	Racine cubique
41	128.80	1320.25	1681	68921	6.403	3.448
42	131.94	1385.54	1764	74088	6.480	3.476
43	135.08	1452.20	1849	79507	6.557	3.503
44	138.23	1520.52	1936	85184	6.633	3.530
45	141.37	1590.43	2025	91125	6.708	3.556
46	144.51	1661.90	2116	97336	6.782	3.583
47	147.65	1734.94	2209	103823	6.855	3.608
48	150.79	1809.55	2304	110592	6.928	3.634
49	153.93	1885.74	2401	117649	7.000	3.659
50	157.08	1963.49	2500	125000	7.071	3.684
51	160.22	2042.82	2601	132651	7.141	3.708
52	163.36	2123.71	2704	140608	7.211	3.732
53	166.50	2206.18	2809	148877	7.280	3.756
54	169.64	2290.21	2916	157464	7.348	3.779
55	172.78	2375.82	3025	166375	7.416	3.802
56	175.92	2463.01	3136	175616	7.483	3.825
57	179.07	2511.76	3249	185193	7.549	3.848
58	182.21	2642.08	3364	195112	7.615	3.870
59	185.35	2733.07	3481	205379	7.681	3.892
60	188.49	2827.43	3600	216000	7.745	3.914
61	191.63	2922.46	3721	226981	7.810	3.936
62	194.77	3019.07	3844	238328	7.874	3.957
63	197.92	3117.24	3969	250047	7.937	3.979
64	201.06	3216.99	4096	262144	8.000	4.000
65	204.20	3318.30	4225	274625	8.062	4.020
66	207.34	3421.18	4356	287496	8.185	4.041
67	210.48	3525.65	4489	300763	8.246	4.061
68	213.62	3631.68	4624	314432	8.306	4.081
69	216.77	3739.28	4761	328509	8.360	4.101
70	219.91	3848.45	4900	343000	8.360	4.121
71	223.05	3959.19	5041	357911	8.426	4.140
72	226.19	4071.50	5184	373248	8.485	4.160
73	229.33	4185.38	5329	389017	8.544	4.179
74	232.47	4300.84	5476	405224	8.602	4.198
75	235.61	4417.86	5625	421875	8.660	4.217
76	238.76	4536.45	5776	438976	8.717	4.235
77	241.90	4656.62	5929	456533	8.774	4.254
78	245.04	4778.36	6084	474552	8.831	4.272
79	248.18	4901.66	6241	493039	8.888	4.290
80	251.32	5026.54	6400	512000	8.944	4.308
81	254.46	5153.00	6561	531441	9.000	4.326
82	257.61	5281.01	6724	551368	9.055	4.344
83	260.75	5410.59	6889	571787	9.110	4.362
84	263.89	5541.77	7056	592704	9.165	4.379
85	267.03	5674.50	7225	614125	9.219	4.396

Tables numériques.

Nombre	Circonfér.	Surface	Carré	Cube	Racine carrée	Racine cubique
86	270.17	5808.80	7396	636056	9.273	4.414
87	273.31	5944.67	7569	658503	9.327	4.431
88	276.46	6082.11	7744	681472	9.380	4.447
89	279.60	6221.13	7921	704969	9.433	4.464
90	282.74	6361.72	8100	729000	9.486	4.481
91	285.88	6503.87	8281	753571	9.539	4.497
92	289.02	6647.61	8464	778688	9.591	4.514
93	292.16	6792.90	8649	804357	9.643	4.530
94	295.31	6939.78	8836	830584	9.695	4.546
95	298.45	7088.21	9025	857375	9.746	4.562
96	301.59	7238.23	9216	884736	9.797	4.578
97	304.73	7389.81	9409	912673	9.848	4.594
98	307.87	7542.96	9604	941192	9.899	4.610
99	311.01	7697.68	9801	970299	9.949	4.626
100	314.15	7853.97	10000	1000000	10.000	4.641
101	317.30	8011.86	10201	1030301	10.049	4.657
102	320.44	8171.30	10404	1061208	10.099	4.672
103	323.58	8332.30	10609	1092727	10.148	4.687
104	326.72	8494.88	10816	1124864	10.198	4.702
105	329.86	8659.03	11025	1157625	10.246	4.717
106	333.00	8824.75	11236	1191016	10.295	4.732
107	336.15	8992.04	11449	1225043	10.344	4.747
108	339.29	9160.90	11664	1259712	19.392	4.762
109	342.43	9331.33	11881	1295029	10.440	4.776
110	345.57	9503.34	12100	1331000	10.488	4.791
111	348.71	9676.91	12321	1367631	10.535	4.805
112	351.85	9852.05	12544	1404928	10.583	4.820
113	355.01	10028.77	12769	1442897	10.630	4.834
114	358.14	10207.05	12996	1481544	10.677	4.848
115	361.28	10386.91	13225	1520875	10.723	4.862
116	364.42	10568.34	13456	1560896	10.770	4.876
117	367.56	10751.34	13689	1601613	10.816	4.890
118	370.70	10935.90	13924	1643032	10.862	4.904
119	373.85	11122.04	14161	1685159	10.908	4.918
120	376.99	11309.76	14400	1728000	10.954	4.932

La table précédente ne renferme que les nombres de 1 à 120 ; elle peut néanmoins s'appliquer à tous les nombres par un simple déplacement de virgule, en multipliant ou en divisant ces nombres par 10, par 100 ou par 1000. — Il va sans dire qu'elle ne peut donner alors que des résultats approximatifs, néanmoins fort utiles dans la pratique.

Transformation des pentes métriques en degrés d'inclinaison.

Pente métrique.	Degrés d'inclinaison.	Pente métrique.	Degrés d'inclinaison.
0ᵐ.005	0°17' 10"	0ᵐ.080	4°34'30"
0 .010	0 35 0	0 .085	4 51 30
0 .015	0 51 30	0 .090	5 8 30
0 .020	1 8 40	0 .095	5 25 30
0 .025	1 26 0	0 .100	5 42 30
0 .030	1 43 01	0 .105	5 50 30
9 .035	2 0 20	0 .110	6 16 30
0 .040	2 17 30	0 .115	6 33 40
0 .045	2 34 40	0 .120	6 50 30
0 .050	2 51 40	0 .125	7 7 30
0 .055	3 8 50	0 .130	7 24 20
0 .060	3 26 0	0 .135	7 41 20
0 .065	3 43 10	0 .140	7 58 10
0 .070	4 0 20	0 .145	8 15 05
0 .075	4 17 20	0 .150	8 31 50

Transformation des degrés d'inclinaison en pentes métriques.

Degrés d'inclinaison.	Pente métrique.	Degrés d'inclinaison.	Pente métrique.
0°15'	0.00436	10°	0.17633
0 30	0.00873	12	0.21256
0 45	0.01309	14	0.24933
0 60	0.01746	16	0.28675
1 30	0.02618	18	0.32492
2	0.03492	20	0.36397
2 30	0.04366	22	0.40403
3	0.05241	24	0.44523
3 30	0.06116	26	0.48773
5	0.06993	28	0.53171
4 30	0.07870	30	0.57735
5	0.08749	32	0.62487
6	0.10510	34	0.67451
7	0.12278	36	0.72654
8	0.14054	38	0.78129
9	0.15838	40	0.83910

Racines carrées et cubiques de quelques fractions.

n	$\sqrt{n}$	$\sqrt[3]{n}$	n	$\sqrt{n}$	$\sqrt[3]{n}$	n	$\sqrt{n}$	$\sqrt[3]{n}$	n	$\sqrt{n}$	$\sqrt[3]{n}$
$\frac{1}{3}$	0.577	0.693	$\frac{1}{7}$	0.378	0.523	$\frac{1}{8}$	0.354	0.500	$\frac{4}{9}$	0.667	0.763
$\frac{2}{3}$	0.816	0.874	$\frac{2}{7}$	0.535	0.659	$\frac{3}{8}$	0.612	0.721	$\frac{5}{9}$	0.745	0.822
$\frac{1}{4}$	0.500	0.630	$\frac{3}{7}$	0.655	0.754	$\frac{5}{8}$	0.791	0.855	$\frac{7}{9}$	0.882	0.920
$\frac{3}{4}$	0.866	0.909	$\frac{4}{7}$	0.756	0.830	$\frac{7}{8}$	0.935	0.956	$\frac{1}{12}$	0.289	0.437
$\frac{1}{6}$	0.408	0.550	$\frac{5}{7}$	0.845	0.894	$\frac{1}{9}$	0.333	0.481	$\frac{5}{12}$	0.645	0.747
$\frac{5}{6}$	0.913	0.941	$\frac{6}{7}$	0.926	0.950	$\frac{2}{9}$	0.471	0.696	$\frac{7}{12}$	0.764	0.836

Racines et puissances du nombre π.

$$\pi = 3.1415926535\ldots$$
$$\frac{1}{\pi} = 0.31831\ldots$$
$$\sqrt{\frac{1}{\pi}} = 0.5642\ldots$$
$$\sqrt{\frac{4}{\pi}} = 1.1284\ldots$$

Log. $\pi = 0{,}497149872.$

Log. hyp. $\pi = 1{,}144729885.$

$$\sqrt{\pi} = 1.77245$$
$$\pi^2 = 9.8696$$
$$\pi^3 = 31.0063$$
$$\sqrt[3]{\pi} = 1.4646$$

Long. de l'arc de $1°$ (cercle de rayon 1) $= \dfrac{\pi}{180} = 0{,}0174522$

Arc de $1'\ \dfrac{\pi}{10.800} = 0{,}00009088$

Arc de $1''\ \dfrac{\pi}{648.000} = 0{,}00000484$

Mécanique et Hydraulique.

$$v = gt = \sqrt{2gh} \qquad g = 9.^{m}80896 \qquad \frac{1}{g} = 0.10194$$
$$e = 2{,}71828 \qquad \log e = 0.43429$$
$$\Sigma mv^2 - \Sigma mv_0^2 = 2\Sigma \int_0^s P \cos \psi \, ds$$
$$R\,\delta x = P\,\delta p' + P'\,\delta p' + P''\,\delta p'' + \ldots$$
$$RI = aU + bU^2$$
$$a = 0{,}000024 \qquad b = 0.000366.$$

Calcul des intérêts.

Taux	Diviseurs	Taux	Diviseurs

Année de 365 jours.

Taux	Diviseurs	Taux	Diviseurs
1 0/0	36.500	5 3/4	6.348
1 1/4	29.200	6 0/0	6.085
1 1/2	24.333	6 1/4	5.840
1 3/4	20.857	6 1/2	5.615
2 0/0	18.250	6 3/4	5.407
2 1/4	16.222	7 0/0	5.214
2 1/2	14.600	7 1/4	5.034
2 3/4	13.272	7 1/2	4.866
3 0/0	12.166	7 3/4	4.709
3 1/4	11.231	8 0/0	4.562
3 1/2	10.428	8 1/4	4.424
3 3/4	9.733	8 1/2	4.294
4 0/0	9.125	8 3/4	4.171
4 1/4	8.588	9 0/0	4.055
4 1/2	8.111	9 1/4	3.946
4 3/4	7.684	9 1/2	3.842
5 0/0	7.300	9 3/4	3.743
5 1/4	6.952	10 0/0	3.650
5 1/2	6.636	10 1/4	3.561

Année de 360 jours.

Taux	Diviseurs	Taux	Diviseurs
1 0/0	36.000	5 3/4	6.200
1 1/4	28.000	6 0/0	6.000
1 1/2	24.000	6 1/4	5.760
1 3/4	20.500	6 1/2	5.538
2 0/0	18.000	6 3/4	5.333
2 1/4	16.000	7 0/0	5.143
2 1/2	14.400	7 1/4	4.966
2 3/4	13.091	7 1/2	4.800
3 0/0	12.000	7 3/4	4.645
3 1/4	11.077	8 0/0	4.500
3 1/2	10.286	8 1/4	4.363
3 3/4	9.600	8 1/2	4.235
4 0/0	9.000	8 3/4	4.114
4 1/4	8.471	9 0/0	4.000
4 1/2	8.000	9 1/4	3.891
4 3/4	7.579	9 1/2	3.789
5 0/0	7.200	9 3/4	3.692
5 1/4	6.857	10 0/0	3.600
5 1/2	6.545	10 1/4	3.512

Application.

Pour obtenir la somme d'intérêt I à payer, pour un capital C placé à un taux T p. 100 pendant N jours.

La formule générale est $I = C \times \dfrac{T}{100} \times \dfrac{N}{365}$.

Dans cette formule le diviseur fixe est $D = \dfrac{36.500}{T}$

Et par suite on a $I = C \times N \times \dfrac{I}{D}$.

Amortissement.

Si l'on a engagé un capital C dans une entreprise, qui doit anéantir ce capital au bout de N années, il faut prélever sur les produits annuels de l'entreprise une somme $C\,\dfrac{T}{100}$ pour l'intérêt du capital et une somme $C\,\dfrac{t}{100}$ pour l'amortissement de ce capital.

T est le taux de l'intérêt.

t est le taux de l'amortissement.

Cette dernière quantité t doit être prise telle que les sommes annuelles $C\,\dfrac{t}{100}$ placées à intérêt composé à un taux T, qui peut être différent de T' produisant au bout de N années le capital C.

Temps nécessaire pour opérer l'amortissement d'un capital.

Taux x T de l'amortissement	Taux de l'intérêt T									
	3		4		4 1/2		5		6	
	ans	jours	ans	jours	ans	jours	ans	jours	ans	jours
0.001	116	64	94	250	86	358	80	214	70	201
0.002	93	292	77	228	71	264	66	284	58	341
0.0025	86	283	72	87	66	326	62	146	55	88
0.003	81	45	67	324	62	361	58	317	52	91
0.004	72	146	61	51	56	337	53	126	47	213
0.005	65	304	56	8	52	114	49	54	44	7
0.006	60	225	51	341	48	226	45	285	41	56
0.007	65	120	48	202	45	204	42	359	38	279
0.0075	54	164	47	23	44	76	41	273	37	259
0.008	52	261	45	250	42	350	40	220	36	266
0.009	49	222	43	76	40	258	38	197	34	350
0.01	46	328	41	13	38	266	36	265	33	144
0.011	44	187	39	40	36	355	35	40	32	1
0.012	42	140	37	141	35	146	33	241	30	274
0.0125	41	147	36	216	34	245	32	361	30	61
0.013	40	172	35	304	33	256	32	126	29	224
0.014	38	271	34	153	32	248	31	55	28	210
0.015	37	61	33	47	31	181	30	20	27	227
0.016	35	266	31	344	30	148	29	16	26	271
0.017	34	148	30	309	29	145	28	40	25	328
0.0175	33	285	30	121	28	336	27	244	25	197
0.018	33	66	29	304	28	168	27	88	25	60
0.019	32	19	28	325	27	216	26	158	24	167
0.02	31	0	28	4	26	284	25	247	23	289
0.0225	28	243	26	18	24	350	23	359	22	109
0.025	26	246	24	132	23	143	22	189	21	1
0.0275	24	349	22	327	22	8	21	86	19	316
0.03	23	164	21	220	20	299	20	38	18	312
0.0325	22	45	20	167	19	271	19	34	17	347
0.035	20	344	19	158	18	285	18	68	17	350
0.0375	19	323	18	186	17	334	17	133	16	145
0.04	18	341	17	246	17	46	16	227	15	265

FORMULES GÉOMÉTRIQUES.

Surfaces planes.

1. Carré $S = a^2$.
2. Rectangle $S = bh$.
3. Parallélogramme $S = bh$.
4. Losange $S = bh$.

5. Trapèze $S = \dfrac{b + b'}{2} h$,

6. Triangle $S = \dfrac{b}{2} h$.

7. Polygones réguliers $S = \dfrac{1}{2} nar$

$n = $ nombre de côtés.

$a = $ côté du polygone.

$r = $ apothème $=$ rayon du cercle inscrit.

8. Cercle $S = \pi R^2 = \pi \dfrac{D}{4}$. Rayon $=R$. Diamètre $=D$.

9. Circonférence ou $C = \pi D = 2 \pi R$. Arc $= \dfrac{\pi R \alpha}{180}$.

Surfaces courbes.

10. Sphère $S = 4 \pi R^2 = \pi D^2$. Diamètre $=D$ Rayon R.
11. Calotte sphérique $S = 2 \pi R h$.
12. Zone sphérique $S = 2 \pi R h$.
13. Cylindre circulaire droit $S = 2 \pi RH$. Rayon de la base $=R$. Hauteur$=$H
14. Cône à base circulaire droit $S = \pi RL$. Rayon de la base $=R$. Longueur des génératrices $=L$.
15. Tronc du cône circulaire droit à bases parallèles $S = \pi (R + r) L$. Rayon des bases R et r. Longueur des génératrices $=L$.

Volumes.

14. Cube $V = a^3$.
15. Parallélipipède rectangle $V = abc$.
16. Prismes $V = BH$. Surface de la base $=B$. Hauteur$=$H.

17. Pyramide $V = \dfrac{1}{3} BH$.

18. Tronc de pyramide $V = \dfrac{1}{3} H \left(B + b + \sqrt{\overline{Bb}} \right.$

Formules géométriques.

19. Cylindre circulaire droit $V = \dfrac{\pi \overline{D}^2}{4} H$. Diamètre de la base $= D$. Hauteur $= H$.

20. Cylindre quelconque $V = BH$. Surface de la base $= B$. Hauteur $= H$.

21. Cylindre équilatéral $V = \dfrac{\pi \overline{D}^3}{4}$. $D = H$.

22. Cône à base circulaire droit ou oblique $V = \pi \overline{R}^3 \dfrac{H}{3}$.

23. Tronc de cône $V = \dfrac{1}{3} H \left(\overline{R}^2 + r^2 + Rr \right)$.

Rayon de la grande base $= R$. Rayon de la petite base $= r$.

24. Sphère pleine $V = \dfrac{4}{3} \pi \left(\overline{R}^2 - r^3 \right)$.

25. Secteur de sphère $V = \dfrac{2}{3} \pi \overline{R}^2 H$.

26. Segment de sphère $V = \dfrac{1}{6} \pi \overline{R}^3 + \dfrac{1}{2} \pi \overline{r}^2 H$.

Hauteur du segment $= H$. Rayon de la base $= r$.

27. Polyèdres irréguliers. Surfaces des diverses bases $SS'S''$, etc.

Distance à chaque base d'un des sommets du polygone choisi arbitrairement.

H, H', H'', etc., nous aurons $V = \dfrac{1}{3} \left(SH + S'H' + S''H'' + \text{etc.} \right)$

28. Polyèdres réguliers. $V = \dfrac{1}{3} nsh = \dfrac{1}{3} nsr$.

Distance du centre à chaque base $= h$. Nombre de faces $= n$.

XI. POIDS DES MÉTAUX

Poids par mètre carré, de feuilles de divers métaux.

Épaisseur en millimètres	Tôle de fer	Fer de fonte	Acier fondu	Cuivre rouge	Cuivre jaune	Zinc	Plomb
1	7.78	7.25	7.87	8.90	8.55	6.90	11.4
2	15.56	14.20	15.74	17.80	17.10	13.80	22.8
3	23.34	21.75	23.61	26.70	25.65	20.70	34.2
4	31.12	29.00	31.48	35.60	34.20	27.60	45.6
5	38.90	36.25	39.35	44.50	42.75	34.50	57.0
6	46.68	43.50	47.22	53.40	51.30	41.40	68.4
7	54.46	50.75	55.09	62.30	59.85	48.30	79.2
8	62.24	58.00	62.96	71.20	68.40	55.20	91.6
9	70.02	65.25	70.83	80.10	76.95	62.10	102.8
10	77.80	72.50	78.70	89.00	85.50	69.00	114.0
11	85.58	79.75	86.57	97.90	94.05	75.90	125.4
12	93.36	87.00	94.44	106.80	102.60	82.80	136.8
13	101.14	94.25	102.31	115.70	111.15	89.70	148.2
14	108.92	101.50	110.18	124.60	119.70	96.60	159.6
15	116.70	108.75	118.05	133.50	128.25	103.50	171.0
16	124.48	116.00	125.92	142.40	136.80	110.40	182.4
17	132.26	123.25	133.79	151.30	145.35	117.30	193.8
18	140.04	130.50	141.66	160.20	153.90	124.20	205.2
19	147.82	137.75	149.53	169.10	162.45	131.10	216.6
20	155.60	145.60	157.40	178.00	171.00	138.00	228.0

Poids en kilogrammes de 1 mètre de tuyaux de différents calibres. — Tuyaux en fer étiré.

Diamètre intérieur des tuyaux	Épaisseurs	Poids par mètre de longueur.
millimètres	milimètres	kilogr.
13	3	1.174
19	4	2.251
25	4	2.838
31	4	3.424
38	5	5.260
51	6	8.368
57	6.5	10.099
64	7	12.180

POIDS DES MÉTAUX

Poids par mét{re} courant des fers à sections rectangulair{es}.

Épaisseur en millimètres	Largeurs en millimètres										
	10	12	14	15	16	18	20	22	24	25	26
1	0.078	0.093	0.109	0.117	0.125	0.140	0.156	0.171	0.187	0.195	0.20
2	0.156	0.187	0.218	0.234	0.249	0.280	0.312	0.343	0.374	0.390	0.40
3	0.234	0.280	0.327	0.351	0.374	0.421	0.467	0.514	0.561	0.584	0.60
4	0.312	0.374	0.436	0.467	0.499	0.561	0.623	0.686	0.748	0.779	0.813
5	0.390	0.467	0.545	0.584	0.623	0.701	0.779	0.857	0.935	0.974	1.01
6	0.467	0.561	0.654	0.701	0.748	0.841	0.935	1.028	1.122	1.169	1.215
7	0.545	0.654	0.763	0.818	0.872	0.982	1.091	1.200	1.309	1.363	1.418
8	0.623	0.748	0.872	0.935	0.997	1.122	1.246	1.371	1.496	1.558	1.620
9	0.701	0.841	0.982	1.051	1.122	1.262	1.402	1.542	1.683	1.753	1.823
10	0.779	0.935	1.091	1.169	1.246	1.402	1.558	1.714	1.870	1.948	2.025
11	0.857	1.028	1.200	1.285	1.371	1.542	1.714	1.885	2.057	2.142	2.228
12	0.935	1.122	1.309	1.402	1.496	1.683	1.870	2.057	2.244	2.337	2.430
13	1.013	1.215	1.418	1.519	1.620	1.823	2.025	2.228	2.430	2.532	2.633
14	1.091	1.309	1.527	1.636	1.745	1.963	2.181	2.399	2.617	2.727	2.836
15	1.169	1.402	1.636	1.753	1.870	2.103	2.337	2.571	2.804	2.921	3.038
16	1.246	1.496	1.745	1.870	1.994	2.244	2.493	2.742	2.991	3.116	3.241
17	1.324	1.589	1.854	1.986	2.119	2.384	2.649	2.913	3.179	3.311	3.443
18	1.402	1.683	1.963	2.103	2.224	2.524	2.804	3.085	3.365	3.506	3.646
19	1.480	1.776	2.072	2.220	2.368	2.664	2.960	3.256	3.552	3.700	3.848
20	1.558	1.870	2.181	2.337	2.493	2.804	3.116	3.428	3.739	3.895	4.051
21	1.636	1.963	2.290	2.454	2.617	2.945	3.272	3.599	3.926	4.090	4.253
22	1.714	2.057	2.399	2.571	2.742	3.085	3.428	3.770	4.113	4.285	4.456
23	1.792	2.150	2.508	2.688	2.867	3.225	3.585	3.942	4.300	4.479	4.658
24	1.870	2.224	2.617	2.804	2.991	3.365	3.739	4.113	4.487	4.674	4.861
25	1.948	2.337	2.727	2.921	3.116	3.506	3.895	4.285	4.674	4.869	5.064
26	2.025	2.430	2.836	3.038	3.241	3.646	4.051	4.456	4.861	5.064	5.266
27	2.103	2.524	2.945	3.155	3.365	3.786	4.207	4.627	5.048	5.258	5.469
28	2.181	2.617	3.054	3.272	3.490	3.926	4.362	4.799	5.235	5.453	5.671
29	2.259	2.711	3.163	3.389	3.615	4.066	4.518	4.970	5.422	5.648	5.874
30	2.337	2.804	3.272	3.506	3.739	4.207	4.674	5.141	5.609	5.843	6.076
31	2.415	2.898	3.381	3.622	3.864	4.347	4.830	5.313	5.796	6.037	6.279
32	2.493	2.991	3.490	3.739	3.988	4.487	4.986	5.484	5.983	6.232	6.481
33	2.571	3.085	3.599	3.856	4.113	4.627	5.141	5.656	6.170	6.427	6.684
34	2.649	3.178	3.708	3.973	4.238	4.767	5.297	5.827	6.357	6.622	6.886
35	2.727	3.272	3.817	4.090	4.362	4.908	5.453	5.998	6.544	6.816	7.089
36	2.804	3.365	3.926	4.207	4.487	5.048	5.609	6.170	6.731	7.011	7.291
37	2.882	3.459	4.035	4.323	4.612	5.188	5.765	6.314	6.918	7.206	7.494
38	2.960	3.552	4.144	4.440	4.736	5.328	5.920	6.512	7.104	7.401	7.697
39	3.038	3.646	4.253	4.557	4.861	5.469	6.076	6.684	7.291	7.595	7.899
40	3.116	3.739	4.362	4.674	4.986	5.609	6.232	6.855	7.478	7.790	8.102
41	3.194	3.833	4.471	4.791	5.110	5.749	6.388	7.027	7.665	7.985	8.304
42	3.272	3.926	4.581	4.908	5.235	5.889	6.544	7.198	7.852	8.180	8.507
43	3.350	4.020	4.690	5.025	5.360	6.029	6.699	7.369	8.039	8.374	8.709
44	3.428	4.113	4.799	5.141	5.484	6.170	6.855	7.541	8.226	8.569	8.912
45	3.506	4.207	4.908	5.258	5.609	6.310	7.011	7.712	8.413	8.764	9.114
46	3.583	4.300	5.017	5.375	5.733	6.450	7.167	7.883	8.600	8.959	9.317
47	3.661	4.394	5.126	5.492	5.858	6.595	7.323	8.055	8.787	9.153	9.519
48	3.739	4.487	5.236	5.609	5.983	6.731	7.478	8.226	8.974	9.348	9.722
49	3.817	4.581	5.344	5.726	6.107	6.871	7.634	8.398	9.161	9.543	9.924
50	3.895	4.674	5.453	5.843	6.232	7.011	7.790	8.569	9.348	9.738	10.13

Poids par mètre courant des fers à sections rectangulaires.

Épaisseur en millimètres	Largeurs en millimètres										
	28	30	32	34	35	36	38	40	42	44	45
1	0.218	0.234	0.249	0.265	0.273	0.280	0.296	0.312	0.327	0.343	0.351
2	0.436	0.467	0.499	0.530	0.545	0.561	0.592	0.623	0.654	0.686	0.701
3	0.654	0.701	0.748	0.795	0.818	0.841	0.888	0.935	0.981	1.028	1.052
4	0.872	0.935	0.997	1.059	1.091	1.122	1.184	1.249	1.309	1.371	1.402
5	1.091	1.169	1.246	1.324	1.363	1.402	1.480	1.558	1.636	1.714	1.753
6	1.309	1.402	1.496	1.589	1.636	1.683	1.776	1.870	1.963	2.057	2.103
7	1.527	1.636	1.745	1.854	1.909	1.963	2.072	2.181	2.290	2.399	2.454
8	1.745	1.870	1.994	2.119	2.181	2.244	2.368	2.493	2.617	2.742	2.804
9	1.963	2.103	2.244	2.384	2.454	2.524	2.664	2.804	2.945	3.085	3.155
10	2.181	2.337	2.493	2.649	2.727	2.804	2.960	3.116	3.272	3.428	3.506
11	2.399	2.571	2.742	2.913	2.999	3.085	3.256	3.428	3.599	3.770	3.856
12	2.617	2.804	2.991	3.178	3.272	3.365	3.552	3.739	3.926	4.113	4.207
13	2.836	3.038	3.241	3.443	3.544	3.646	3.848	4.051	4.253	4.456	4.557
14	3.054	3.272	3.490	3.708	3.817	3.926	4.144	4.362	4.581	4.799	4.908
15	3.272	3.506	3.739	3.973	4.090	4.207	4.440	4.674	4.908	5.141	5.258
16	3.490	3.739	3.988	4.238	4.362	4.487	4.736	4.986	5.235	5.484	5.609
17	3.708	3.973	4.238	4.503	4.635	4.767	5.032	5.297	5.562	5.827	5.959
18	3.926	4.267	4.487	4.767	4.908	5.048	5.328	5.609	5.889	6.170	6.310
19	4.144	4.440	4.736	5.032	5.180	5.328	5.624	5.920	6.216	6.512	6.600
20	4.362	4.674	4.986	5.297	5.453	5.609	5.920	6.232	6.544	6.855	7.011
21	4.581	4.907	5.235	5.562	5.726	5.889	6.216	6.544	6.871	7.198	7.362
22	4.799	5.141	5.484	1.827	5.998	6.170	6.512	6.855	7.198	7.541	7.712
23	5.017	5.375	1.733	6.092	6.271	6.450	6.808	7.167	7.525	7.883	8.063
24	5.235	5.609	5.983	6.357	6.544	6.731	7.104	7.478	7.852	8.226	8.413
25	5.453	5.843	6.232	6.622	6.816	7.011	7.401	7.790	8.180	8.569	8.704
26	5.671	6.076	6.481	6.886	7.089	7.291	7.697	8.102	8.507	8.912	9.114
27	5.889	6.310	6.731	7.151	7.362	7.572	7.993	8.413	8.824	9.255	9.465
28	6.107	6.544	6.980	7.416	7.634	7.852	8.289	8.725	9.161	9.597	9.815
29	6.325	6.777	7.229	7.681	7.907	8.133	8.585	9.036	9.488	9.940	10.17
30	6.544	7.011	7.478	7.946	8.180	8.413	8.881	9.348	9.815	10.28	10.52
31	6.762	7.245	7.728	8.210	8.452	8.694	9.176	9.660	10.14	10.63	10.87
32	6.980	7.478	7.976	8.476	8.724	8.974	9.472	9.971	10.47	10.97	11.22
33	7.198	7.712	8.226	8.740	8.997	9.254	9.768	10.28	10.80	11.31	11.57
34	7.416	7.946	8.476	9.006	9.270	9.534	10.06	10.59	11.12	11.65	11.92
35	7.634	8.180	8.724	9.270	9.543	9.816	10.36	10.91	11.45	12.00	12.27
36	7.852	8.413	8.974	9.524	9.816	10.10	10.66	11.22	11.78	12.34	12.62
37	8.070	8.647	9.224	9.800	10.09	10.38	10.95	11.53	12.11	12.68	12.97
38	8.289	8.881	9.472	10.06	10.36	10.66	11.25	11.84	12.43	13.02	13.32
39	8.507	9.114	9.722	10.33	10.73	10.91	11.54	12.15	12.76	13.37	13.67
40	8.725	9.348	9.972	10.59	10.91	11.22	11.84	12.46	13.09	13.71	14.02
41	8.943	9.582	10.22	10.86	11.18	11.50	12.14	12.78	13.41	14.05	14.37
42	9.161	9.816	10.47	11.12	11.45	11.78	12.43	13.09	13.74	14.40	14.72
43	9.379	10.05	10.72	11.39	11.72	12.06	12.73	13.40	14.07	14.70	15.07
44	9.597	10.28	10.97	11.65	12.00	12.34	13.02	13.71	14.40	15.08	15.42
45	9.815	10.52	11.22	11.92	12.27	12.62	13.32	14.02	14.72	15.42	15.77
46	10.03	10.75	11.47	12.18	12.54	12.90	13.62	14.33	15.05	15.77	16.23
47	10.25	10.98	11.72	12.45	12.81	13.18	13.91	14.65	15.38	16.11	16.47
48	10.47	11.22	11.97	12.71	13.00	13.46	14.21	14.96	15.70	16.46	16.82
49	10.69	11.45	12.21	12.98	13.30	13.74	14.50	15.27	16.03	16.80	17.18
50	10.91	11.69	12.46	13.24	13.63	14.02	14.80	15.58	16.36	17.14	17.58

Poids par mètre courant des fers à sections rectangulaires.

Épaisseur en millimètres	Largeurs en millimètres										
	46	48	50	55	60	65	70	75	80	85	90
1	0.358	0.374	0.390	0.428	0.467	0.506	0.545	0.584	0.623	0.662	0.701
2	0.717	0.748	0.779	0.857	0.935	1.013	1.091	1.169	1.246	1.324	1.402
3	1.075	1.122	1.169	1.285	1.402	1.519	1.636	1.753	1.870	1.986	2.103
4	1.433	1.496	1.558	1.714	1.870	2.025	2.181	2.337	2.493	2.649	2.804
5	1.792	1.870	1.948	2.142	2.337	2.532	2.727	2.921	3.116	3.311	3.506
6	2.150	2.244	2.337	2.571	2.804	3.038	3.272	3.506	3.739	3.973	4.207
7	2.508	2.617	2.727	2.999	3.272	3.544	3.817	4.090	4.362	4.635	4.908
8	2.867	2.991	3.116	3.428	3.739	4.051	4.362	4.674	4.986	5.297	5.609
9	3.225	3.365	3.506	3.856	4.207	4.557	4.908	5.258	5.600	5.959	6.310
10	3.583	3.739	3.895	4.285	4.674	5.064	5.453	5.843	6.232	6.622	7.001
11	3.943	4.113	4.285	4.713	5.141	5.570	5.998	6.427	6.855	7.284	7.712
12	4.300	4.487	4.674	5.141	5.609	6.076	6.544	7.011	7.478	7.946	8.413
13	4.658	4.861	5.064	5.570	6.076	6.583	7.089	7.595	8.102	8.608	9.114
14	5.017	5.235	5.453	5.998	6.544	7.089	7.634	8.180	8.725	9.270	9.815
15	5.375	5.609	5.843	6.427	7.011	7.595	8.180	8.764	9.348	9.932	10.52
16	5.733	5.983	6.232	6.855	7.478	8.102	8.725	9.348	9.971	10.59	11.22
17	6.092	6.357	6.622	7.284	7.946	8.608	9.270	9.932	10.59	11.26	11.92
18	6.450	6.731	7.011	7.712	8.414	9.114	9.815	10.52	11.22	11.92	12.62
19	6.808	7.104	7.401	8.141	8.881	9.621	10.36	11.10	11.84	12.58	13.32
20	7.167	7.478	7.790	8.569	9.348	10.13	10.91	11.69	12.46	13.24	14.02
21	7.525	7.852	8.180	8.997	9.815	10.63	11.45	12.27	13.09	13.91	14.72
22	7.883	8.226	8.569	9.426	10.28	11.14	12.00	12.85	13.71	14.57	15.42
23	8.242	8.600	8.959	9.854	10.75	11.65	12.54	13.44	14.33	15.23	16.13
24	8.600	8.974	9.248	10.28	11.22	12.15	13.09	14.02	14.96	15.89	16.83
25	8.959	9.348	9.738	10.71	11.69	12.66	13.63	14.61	15.58	16.55	17.53
26	9.317	9.722	10.13	11.14	12.15	13.17	14.18	15.19	16.20	17.22	18.23
27	9.675	10.10	10.52	11.57	12.62	13.67	14.72	15.77	16.83	17.88	18.93
28	10.03	10.47	10.91	12.00	13.09	14.18	15.27	16.36	17.45	18.54	19.63
29	10.39	10.84	11.30	12.43	13.55	14.68	15.81	16.94	18.07	19.20	20.33
30	10.75	11.22	11.69	12.86	14.02	15.19	16.36	17.53	18.70	19.86	21.03
31	11.11	11.59	12.07	13.28	14.49	15.70	16.90	18.11	19.32	20.53	21.73
32	11.47	11.97	12.46	13.71	14.96	16.20	17.45	18.70	19.94	21.19	22.44
33	11.83	12.34	12.85	14.14	15.42	16.71	17.99	19.28	20.57	21.85	23.14
34	12.18	12.71	13.24	14.57	15.89	17.22	18.54	19.86	21.19	22.51	23.84
35	12.54	13.09	13.63	14.99	16.36	17.72	19.09	20.45	21.81	23.17	24.54
36	12.90	13.46	14.02	15.42	16.83	18.23	19.63	21.03	22.44	23.84	25.24
37	13.26	13.84	14.41	15.85	17.29	18.73	20.18	21.62	23.06	24.50	25.94
38	13.62	14.21	14.80	16.23	17.76	19.24	20.72	22.20	23.68	25.16	26.64
39	13.98	14.58	15.19	16.71	18.23	19.75	21.27	22.79	24.30	25.82	27.34
40	14.33	14.96	15.58	17.14	18.70	20.25	21.81	23.37	24.93	26.49	28.04
41	14.69	15.33	15.97	17.57	19.16	20.76	22.36	23.95	25.55	27.15	28.75
42	15.05	15.70	16.36	17.99	19.63	21.27	22.90	24.54	26.17	27.81	29.45
43	15.41	16.08	16.75	18.42	20.10	21.78	23.45	25.12	26.80	28.47	30.15
44	15.77	16.45	17.14	18.85	20.57	22.28	23.99	25.71	27.42	29.13	30.85
45	16.13	16.83	17.53	19.28	21.03	22.78	24.54	25.29	28.04	29.80	31.55
46	16.48	17.20	17.92	19.71	21.50	23.29	25.08	26.88	28.67	30.46	32.25
47	16.84	17.57	18.31	20.14	21.97	23.80	25.63	27.46	29.29	31.12	32.95
48	17.20	17.95	18.70	20.57	22.44	24.30	26.17	28.04	29.91	31.70	33.65
49	17.56	18.32	19.09	21.00	22.90	24.81	26.72	28.63	30.54	32.45	34.35
50	17.92	18.70	19.48	21.42	23.37	25.32	27.27	29.21	31.16	33.11	35.06

POIDS DES MÉTAUX

Poids des tuyaux de fonte par mètre courant, en kilogr.

Diam. intér. des tuyaux	Épaisseur en millimètres											
	1	5	6	8	10	12	15	20	25	30	35	40
25	0.592	3.417	4.221	6.013	7.975	10.01	13.67	20.50	28.47	37.58	47.83	59.22
30	0.706	3.987	4.920	6.924	9.113	11.48	15.38	22.78	31.32	41.00	51.81	63.77
35	0.820	4.557	5.603	7.260	10.25	12.85	17.08	25.05	34.17	44.41	55.80	68.32
40	0.934	5.126	6.286	8.746	11.39	14.21	18.79	27.33	37.01	47.83	59.78	72.88
45	1.048	5.695	6.969	9.658	12.53	15.58	20.50	29.61	39.86	51.24	63.77	77.43
50	1.161	6.254	7.653	10.57	13.67	17.14	22.21	31.89	42.70	54.66	67.75	81.98
55	1.265	6.833	8.336	14.48	14.80	18.38	23.92	34.17	45.50	58.08	71.55	86.55
60	1.390	7.402	9.020	12.39	15.94	19.68	25.62	36.44	48.39	61.49	75.74	91.12
65	1.503	7.972	9.812	13.30	17.08	21.05	27.33	38.72	51.25	63.50	79.72	95.66
70	1.617	8.540	10.39	14.22	18.22	22.41	29.04	40.99	54.10	68.34	83.71	100.2
75	1.731	9.111	11.07	15.12	19.36	23.78	30.75	43.28	56.94	71.75	87.96	104.3
80	1.845	9.679	11.75	16.04	20.50	25.25	32.46	45.56	59.79	75.16	91.68	109.8
85	1.959	10.25	12.44	16.95	21.64	26.51	34.16	47.83	62.64	78.58	95.66	112.0
90	2.073	10.82	13.12	17.86	22.78	27.88	35.88	50.11	65.49	82.00	99.65	118.4
95	2.186	11.39	13.80	18.77	23.92	29.25	37.58	52.39	68.33	85.41	103.6	123.0
100	2.300	11.96	14.48	19.68	25.06	30.61	39.29	54.29	71.17	88.83	107.6	127.5
125	2.870	14.80	17.90	24.24	30.75	37.45	47.83	60.04	85.40	105.9	127.5	150.3
150	3.439	17.65	21.32	28.79	36.45	44.28	56.38	77.44	99.65	123.0	147.5	173.1
175	4.008	20.50	24.74	33.34	42.14	51.11	64.91	88.83	113.8	140.0	167.4	195.9
200	4.578	23:34	28.15	37.90	47.82	57.94	73.45	100.2	128.1	157.1	187.3	218.7
225	5.138	26.19	31.57	42.46	53.53	64.79	82.00	111.6	142.3	174.2	207.3	241.4
250	5.720	29.04	34.99	47.02	59.22	71.62	90.53	122.8	156.6	191.3	227.2	264.2
275	6.290	31.89	38.40	51.56	64.92	78.44	99.80	134.3	170.8	208.4	247.2	287.0
300	6.856	34.73	41.84	56.07	70.61	85.27	107.6	145.7	185.0	225.5	267.0	309.7
325	7.425	37.58	45.23	60.50	76.30	91.93	116.1	157.2	199.3	242.5	287.0	332.6
350	7.996	40.42	48.85	65.24	82.00	98.94	124.7	168.5	213.5	259.7	307.0	355.2
375	8.562	43.28	52.06	69.78	87.72	105.8	133.2	179.9	227.8	276.6	326.8	378.3
400	9.128	46.11	55.48	74.34	93.38	112.6	141.8	191.3	241.9	293.8	346.4	400.8
425	9.700	48.97	58.90	78.84	99.07	119.4	150 3	202.7	256.2	310.9	366.7	423.6
450	10.27	51.82	62.32	83 45	104.8	126.3	158.9	214.1	270.5	328.0	386.3	446.4
475	10.85	54.66	65.76	88.01	110.5	133.1	167.4	225.5	284.7	345.1	406.6	469.2
500	11.32	57.49	69.16	92.56	116.2	139.9	176.0	236.9	298.9	362.1	426.5	492.0
550	12.55	63.21	75.98	101.7	127.6	153.6	193.0	259.7	327.4	396.3	466.4	537.5
600	13.70	68.95	82.87	110.8	139.0	167.3	210.2	282.5	355.9	430.5	506.3	583.1
650	14.86	74.60	89.68	119.9	150.4	181.0	227.2	305.2	384.4	464.7	546.1	628.7
700	15.96	80.26	96.40	129.0	161.7	194.6	244.3	327.9	412.8	498.8	585.9	674.2
750	17.11	85.98	103.3	138.1	173.1	209.2	261.4	350.7	441.3	532.9	625.7	719.7
800	18.24	91.71	110.2	147.2	184.5	222.0	278.5	373.6	471.8	567.2	665.7	765.3
900	19.81	103.1	123.8	165.4	207.3	249.3	312.1	419.1	526.7	635.5	745.4	856.4
1000	22.80	114.5	134.5	180.8	230.1	272.9	346.8	464.6	583.6	703.8	825.1	947.5

XII. VAPEUR ET CHAUDIÈRES A VAPEUR.

GRANDEUR D'UNE ATMOSPHÈRE EN MESURE DE DIFFÉRENTS PAYS.

Une atmosphère mesurée par la hauteur dune colonne de mercure.

Pieds de Paris	Centimèt.	Pieds anglais	Pieds autrichien	Pieds prussien	Pieds bavarois	Pieds saxon	Pieds badois
28	75.80	29.84	28.77	28.98	31.16	32.12	30.32

VAPEUR ET CHAUDIÈRES A VAPEUR.

Une atmosphère mesurée par la hauteur d'une colonne d'eau.

Pieds de Paris	Mètre	Pieds anglais	Pieds autrichien	Pieds prussien	Pieds bavarois	Pieds saxon	Pieds badois
31.73	10.308	33.82	32.61	32.84	35.32	36.40	31.36

Pression de l'atmosphère sur des aires données.

Nombre de centimètres carrés	Pression en kilogrammes	Nombre de centimètres carrés	Pression en kilogrammes
1	1.033	5	6.198
2	2.066	7	7.221
3	3.099	8	8.264
4	4.132	9	9.297
5	5.165	10	10.333

La pression sur une surface circulaire est les 0,785 de celle qui s'exerce sur le carré circonscrit.

Cheval-vapeur. — Valeur industrielle : 75 kilogrammètres par seconde de temps. En France, aujourd'hui, la puissance nominale est le quart de la puissance effective (en chevaux de 75 kilogrammes), que la machine peut développer à toute vapeur sur les pistons moteurs.

Quantité d'eau à injecter pour la condensation. — Environ 250 litres par cheval et par heure. Le produit de la condensation ne doit guère excéder 45° de température.

Surface de chauffe des chaudières. — Au moins 1 m. c. par cheval avec un tirage naturel et une combustion peu active ; 0 m. c., 50 avec un tirage forcé.

Hauteur des cheminées. — On détermine habituellement la section de la cheminée, pour une hauteur de 30 mètres environ, de telle façon qu'elle contienne autant de fois 0 m. c., 01 que l'on brûle de fois 4 kilos de charbon par heure. Les carnaux doivent avoir une section totale peu différente de la cheminée.

Épaisseur des chaudières. — D'après l'ordonnance du 22 mai 1843, l'épaisseur des chaudières en tôle était déterminée à l'aide de la formule :

$$c = 1,8 \, D \, (n - 1) + 3$$

$c =$ épaisseur en millimètres ;
$D =$ diamètre de la chaudière en mètre ;
$n =$ tension absolue de la vapeur en atmosphères.

Le tableau suivant donne le diamètre D, d'après la formule précédente.

Vitesse du piston. — Machines fixes, 1 mètre à 1 mètre 50 par seconde ; locomotives, jusqu'à 3 mètres ; machines marines à moyenne pression, jusqu'à 2 mètres.

VAPEUR ET CHAUDIÈRES A VAPEUR.

Tables donnant les dimensions des tuyaux à vapeur, chaudières et cylindres à vapeur. — Mesures métriques. — Chaudières et tuyaux en tôle de fer avec pression intérieure.

Épaisseur en millimètres	Nombre d'atmosphères absolus													
	1	1 1/2	2	2 1/2	3	3 1/2	4	4 1/2	5	6	7	8	9	10

Le plus grand diamètre en centimètres.

	1	1 1/2	2	2 1/2	3	3 1/2	4	4 1/2	5	6	7	8	9	10
4	160	103	79	63	53	45	39	35	31	26	22	20	18	16
5	244	159	121	96	80	69	60	53	48	40	34	30	27	24
6	330	215	162	129	107	93	81	72	64	54	46	41	36	32
7	—	272	204	163	135	116	101	90	81	68	58	51	45	40
8	—	—	245	196	162	140	122	109	98	82	70	61	54	49
9	—	—	286	230	190	164	143	127	114	95	81	71	63	57
10	—	—	—	263	217	188	164	145	131	109	93	82	72	65
11	—	—	—	—	244	211	184	164	147	123	105	92	81	73
12	—	—	—	—	272	235	205	182	164	137	117	102	90	81
13	—	—	—	—	—	259	226	200	181	151	129	112	99	89
14	—	—	—	—	—	—	247	219	197	165	141	123	108	97
15	—	—	—	—	—	—	267	237	214	179	153	133	117	105
16	—	—	—	—	—	—	—	256	231	193	165	143	126	114

Chaudières à vapeur et tuyaux en acier fondu avec pression intérieure

	1	1 1/2	2	2 1/2	3	3 1/2	4	4 1/2	5	6	7	8	9	10
4	271	179	135	106	89	77	67	59	53	45	38	33	30	27
5	—	254	190	150	126	109	95	84	75	63	54	47	42	38
6	—	329	245	195	162	140	122	108	97	82	70	61	54	49
7	—	—	300	239	199	172	150	133	119	100	85	74	66	60
8	—	—	—	283	235	204	177	158	142	118	101	88	79	71
9	—	—	—	—	272	235	205	182	164	136	117	102	91	81
10	—	—	—	—	—	267	232	207	186	155	133	116	103	92
11	—	—	—	—	—	—	260	231	218	173	148	129	115	103
12	—	—	—	—	—	—	—	256	230	191	164	143	127	114

Tuyaux à vapeur en cuivre avec pression intérieure

	1	1 1/2	2	2 1/2	3	3 1/2	4	4 1/2	5	6	7	8	9	10
2	27	18	14	12	—	8	7	6	6	5	4	4	3	3
3	—	62	48	38	9	27	23	21	19	16	14	12	10	9
4	—	—	—	—	32	—	40	36	32	27	25	20	17	16
5	—	—	—	—	—	—	—	—	—	—	35	28	25	22
6	—	—	—	—	—	—	—	—	—	—	—	35	35	29

Cylindres à vapeur et tuyaux en fonte avec pression intérieure

	1	1 1/2	2	2 1/2	3	3 1/2	4	4 1/2	5	6	7	8	9	10
10	25	17	13	10	8	7	6	5	5	4	3	2	3	2
15	125	73	62	49	41	35	31	27	25	20	17	15	14	12
20	225	149	112	89	74	63	55	49	44	36	31	27	24	21
25	325	216	161	128	107	91	80	70	64	53	44	39	35	31
30	—	282	211	168	140	119	104	92	83	69	58	51	46	40
35	—	—	260	207	173	148	129	114	103	85	72	63	56	50
40	—	—	—	237	206	176	154	136	122	101	86	75	67	59
45	—	—	—	286	239	204	178	158	142	117	100	87	77	69
50	—	—	—	—	272	232	203	180	161	133	114	99	88	8
55	—	—	—	—	—	260	227	201	181	150	127	111	99	88
60	—	—	—	—	—	288	252	223	200	166	141	123	109	97
65	—	—	—	—	—	—	277	245	220	182	155	135	120	107

VAPEUR ET CHAUDIÈRES A VAPEUR.

Tables donnant les dimensions des tuyaux à vapeur, chaudières et cylindres à vapeur. — Mesures métriques. — Chaudières et tuyaux en tôle de fer avec pression intérieure.

Épaisseur en millimètres	Nombre d'atmosphères absolus													
	1	1 1/2	2	2 1/2	3	3 1/2	4	4 1/2	5	6	7	8	9	10

Le plus grand diamètre en centimètres.

Épaisseur	1	1 1/2	2	2 1/2	3	3 1/2	4	4 1/2	5	6	7	8	9	10
2	2	9	—	—	—	—	—	—	—	—	—	—	—	—
3	12	10	9	9	8	8	7	7	7	7	6	6	5	5
4	22	19	17	16	15	14	13	13	13	12	11	11	10	10
5	—	28	26	23	22	21	20	19	19	18	17	16	15	15

Tuyaux de fer dans le feu avec pression extérieure.

Épaisseur	1	1 1/2	2	2 1/2	3	3 1/2	4	4 1/2	5	6	7	8	9	10
6	70	61	56	52	48	46	44	42	41	39	37	35	34	32
7	85	74	68	63	59	56	53	51	50	47	45	42	41	39
8	100	87	80	74	70	66	63	60	58	55	53	50	48	46
9	115	101	91	85	81	76	72	69	67	64	60	57	55	53
10	130	114	103	96	93	85	82	78	76	72	68	65	62	60
11	—	127	115	107	104	95	91	87	84	80	76	72	69	67
12	—	—	127	118	115	105	101	97	93	88	84	80	77	74
13	—	—	—	129	126	115	110	106	102	96	92	87	84	81
14	—	—	—	—	—	125	120	115	111	105	99	95	91	88
15	—	—	—	—	—	—	129	124	119	112	107	102	98	95
16	—	—	—	—	—	—	—	133	128	121	115	110	105	102

Températures de fusion.

Acier	1400°	Cuivre	1050
Alcool absolu	—90°	Étain	235°
Alliages:		Fer	1500°
1 plomb, 1 étain	241°	Fonte de fer	1050 à 1200°
1 plomb, 3 étain	186°	Huile d'olive	2°,5
1 plomb, 5 étain	194°	Huile de palme	29°
2 plomb, 9 étain, 1 zinc	168°	Iode	107°
Alliage de Darcet:		Mercure	—39°5
5 plomb, 3 étain, 8 bismuth	94°	Or	1250°
Aluminium	600°	Phosphore	44°
Antimoine	440°	Platine	1700°
Argent	1000°	Plomb	335°
Arsenic	210°	Soufre	114°
Beurre	30°	Stéarine	61°
Bismuth	265°	Sucre de canne	160°
Bronze	900°	Suif	33°
Camphre	195°	Zinc	450°
Cire blanche	68°		

VAPEUR ET CHAUDIÈRES A VAPEUR.

Transformation de 1 kilogramme d'eau en vapeur saturée de même température, d'après la théorie mécanique de la chaleur

Température en degrés centigrades t	Volume du kilogramme de vapeur en mètres cubes	Poids du mètre cube de vapeur en kilogrammes	Travail externe en kilogramme-tres pendant la vaporisation	Quantité de chaleur équivalant à ce travail
	m³	kil.	kgm.	cal.
0	215.201	0.0046	13460	30.97
10	111.201	0.0090	13850	31.38
20	60.151	0.0166	14220	32.73
30	34.091	0.0293	14620	33.65
40	20.131	0.0497	15030	43.58
50	12.351	0.0806	15440	35.53
60	7.842	0.1275	15860	36.50
70	5.138	0.1945	16280	37·47
80	3.462	0.2890	16690	38.42
90	2.392	0.4184	17080	39.32
100	1.697	0.5900	17449	40.27
110	1.221	0.8196	17830	41.04
120	0.898	1.1136	18190	41.86
130	0.672	1.4859	18520	42.61
140	0.511	1.9570	18840	43.38
150	0.394	2.5381	19150	44.08
160	0.030	3.2467	19450	44.76
170	0.244	4.089	19720	45.39
180	0.196	5.1020	19980	46.01
190	0.159	6.2893	20240	46.58
200	0.130	7.6923	20480	47.13
210	0.107	9.3458	20760	47.64
220	0.089	11.2359	20910	48.12
230	0.075	13.3333	21110	48.58

Points d'ébullition

Acide acétique	120°	Essence de térébenthine	157°
— azotique ordinaire	86°	Ether sulfurique	35°,5
— carbonique	78°	Huile de lin	387°
— chlorhydrique	110°	Iode	176°
— sulfureux	− 10°	Mercure	210°
— sulfurique	326°	Nitrobenzine	213°
Alcool	78°	Pétrole	106°
Benzine	81°	Phosphore	290°
Brome	63°	Potasse caustique	175°
Camphre	245°	Soufre	400°
Sel marin saturé	108°	Sulfure de carbonne	48°
Créosote	203°	Zinc	1300°
Eau de mer	103°		

VAPEUR ET CHAUDIÈRES A VAPEUR.

Table des vitesses d'écoulement de la vapeur d'eau.

TEMPÉRATURE dans la chaudière en degrés centigrades t	Pression en dehors de la chaudière en millimètres de mercure (1)			OBSERVATIONS
	4.6	92.0	760.0	
	Vitesses d'écoulement de la vapeur saturée à la température t, exprimée en mètres.			
	m.	m.	m.	
200	1452.0	1240.0	967.9	(1) Les pressions ex-
190	1431.0	1193.0	929.7	térieures choisies sont
180	1408.0	1163.6	887.0	celles de la vapeur sa-
170	1385.0	1131.0	840.1	turée aux températu-
160	1360.0	1096.0	788.3	res de 0°, 50°, 100°.
150	1333.0	1059.0	792.3	
140	1304.0	1018.0	660.6	
130	1278.0	972.3	581.0	
120	1254.0	921.9	480.6	
110	1203.0	805.6	344.2	
100	1165.0	801.1	0	
90	1120.0	728.2		
80	1072.0	640.3		
70	1018.0	531.2		
60	977.0	380.7		
50	888.0	0		
40	806.6			
30	712.2			
20	592.6			
10	427.1			
0	0			

Vitesses d'écoulement de la vapeur d'eau saturée sèche.

PRESSIONS intérieures en atmosphères	Pressions extérieures en atmosphères					
	6	5	4	3	2	1
	m.	m.	m.	m.	m.	m.
10	410	512	590	670	762	887
9	387	468	552	639	741	870
8	325	414	500	600	712	848
7	740	346	450	590	675	817
6		261	385	506	631	788
5			275	430	574	744
4				330	519	690
3					355	610
2						485
						10

XIII. — DÉCRET.

Portant réglement d'administration publique sur les chaudières à vapeur autres que celles placées à bord des bateaux.

————

Le Président de la République française,
Sur le rapport du Ministre des Travaux publics,
Vu le décret du 25 janvier 1865, relatif aux chaudières à vapeur autres que celles qui sont placées sur des bateaux ;
Vu les avis de la Commission centrale des machines à vapeur ;
Le Conseil d'Etat entendu,

DÉCRÈTE :

Art. 1er. — Sont soumis aux formalités et aux mesures prescrites par le présent règlement : 1° les générateurs de vapeur, autres que ceux qui sont placés à bord des bateaux ; 2° les récipients définis ci-après (titre V).

TITRE PREMIER.

Mesures de sûreté relatives aux chaudières placées à demeure.

Art. 2. — Aucune chaudière neuve ne peut être mise en service qu'après avoir subi l'épreuve réglementaire ci-après définie. Cette épreuve doit être faite chez le constructeur et sur sa demande.

Toute chaudière venant de l'étranger est éprouvée avant sa mise en service, sur le point du territoire français désigné par le destinataire dans sa demande.

Art. 3. — Le renouvellement de l'épreuve peut être exigé de celui qui fait usage d'une chaudière.

1° Lorsque la chaudière, ayant déjà servi, est l'objet d'une nouvelle installation ;

2° Lorsqu'elle a subi une réparation notable ;

3° Lorsqu'elle est remise en service après un chômage prolongé. .

A cet effet, l'intéressé devra informer l'ingénieur des mines de ces diverses circonstances. En particulier, si l'épreuve exige la démolition du massif du fourneau ou l'enlèvement de l'enveloppe de la chaudière et un chômage plus ou moins prolongé, cette épreuve pourra ne point être exigée lorsque des renseignements authentiques sur l'époque et les résultats de la dernière visite, intérieure et extérieure, constitueront une présomption suffisante en faveur du bon état de la chaudière. Pourront être notamment considérés comme renseignements probants les certificats délivrés aux membres des associations de propriétaires d'appareils à vapeur par celles de ces associations que le Ministre aura désignées.

Le renouvellement de l'épreuve est exigible également lorsque, à raison des conditions dans lesquelles une chaudière fonctionne, il y a lieu, par l'ingénieur des mines, d'en suspecter la solidité.

Dans tous les cas, lorsque celui qui fait usage d'une chaudière contestera la nécessité d'une nouvelle épreuve, il sera, après une instruction où celui-ci sera entendu, statué par le Préfet.

En aucun cas, l'intervalle entre deux épreuves consécutives n'est supérieur à dix années. Avant l'expiration de ce délai, celui qui fait usage d'une chaudière à vapeur doit lui-même demander le renouvellement de l'épreuve.

Art. 4. — L'épreuve consiste à soumettre la chaudière à une pression hydraulique supérieure à la pression effective qui ne doit point être dépassée dans le service. Cette pression d'épreuve sera maintenue pendant le temps nécessaire à l'examen de la chaudière dont toutes les parties doivent pouvoir être visitées.

La surcharge d'épreuve par centimètre carré est égale à la pression effective, sans jamais être inférieure à un demi-kilogramme ni supérieure à 6 kilogrammes.

L'épreuve est faite sous la direction de l'ingénieur des mines et en sa présence, ou, en cas d'empêchement, en présence du garde-mine opérant d'après ses instructions.

Elle n'est pas exigée pour l'ensemble d'une chaudière dont les diverses parties, éprouvées séparément, ne doivent être réunies que par des tuyaux placés, sur tout leur parcours, en dehors du foyer et des conduits de flamme, et dont les joints peuvent être facilement démontés.

Le chef de l'établissement où se fait l'épreuve fournit la main-d'œuvre et les appareils nécessaires à l'opération.

Art. 5. — Après qu'une chaudière ou partie de chaudière a été éprouvée avec succès, il y est apposé un timbre, indiquant, en kilogrammes par centimètre carré, la pression effective que la vapeur ne doit pas dépasser.

Les timbres sont poinçonnés et reçoivent trois nombres, indiquant le jour, le mois et l'année de l'épreuve.

Un de ces timbres est placé de manière à être toujours apparent après la mise en place de la chaudière.

Art. 6. — Chaque chaudière est munie de deux soupapes de sûreté, chargées de manière à laisser la vapeur s'écouler dès que sa pression effective atteint la limite maximum indiquée par le timbre réglementaire.

L'orifice de chacune des soupapes doit suffire à maintenir, celle-ci étant au besoin convenablement déchargée ou soulevée et qu'elle que soit l'activité du feu, la vapeur dans la chaudière à un degré de pression qui n'excède, pour aucun cas, la limite ci-dessus.

Le constructeur est libre de répartir, s'il le préfère, la section totale d'écoulement nécessaire des deux soupapes réglementaires entre un plus grand nombre de soupapes.

Art. 7. — Toute chaudière est munie d'un manomètre en bon état placé en vue du chauffeur et gradué de manière à indiquer en kilogrammes la pression effective de la vapeur dans la chaudière.

Une marque très apparente indique sur l'échelle du manomètre la limite que la pression effective ne doit pas dépasser.

La chaudière est munie d'un ajutage terminé par une bride de quatre centimètres (0,^{m}04) de diamètre et cinq millimètres (0,^{m}005) d'épaisseur disposée pour recevoir le manomètre vérificateur.

Art. 8. — Chaque chaudière est munie d'un appareil de retenue, soupape ou clapet, fonctionnant automatiquement et placé au point d'insertion du tuyau d'alimentation qui lui est propre.

Art. 9. — Chaque chaudière est munie d'une soupape ou d'un robinet d'arrêt de vapeur placé, autant que possible, à l'origine du tuyau de conduite de vapeur, sur la chaudière même.

Art. 10. — Toute paroi en contact par une de ses faces avec la flamme doit être baignée par l'eau sur sa face opposée.

Le niveau de l'eau doit être maintenu dans chaque chaudière, à une hauteur de marche telle qu'il soit, en toute circonstance, à six centimètres (0m,06) au moins au-dessus du plan pour lequel la condition précédente cesserait d'être remplie. La position limite sera indiquée d'une manière très apparente, au voisinage du tube de niveau mentionné à l'article suivant.

Les prescriptions énoncées au présent article ne s'appliquent point :

1° Aux surchauffeurs de vapeur distincts de la chaudière;

2° A des surfaces relativement peu étendues et placées de manière à ne jamais rougir, même lorsque le feu est poussé à son maximum d'activité, tels que les tubes ou parties de cheminée qui traversent le réservoir de vapeur, en envoyant directement à la cheminée principale les produits de la combustion.

Art. 11. — Chaque chaudière est munie de deux appareils indicateurs du niveau de l'eau, indépendants l'un de l'autre, et placés en vue de l'ouvrier chargé de l'alimentation.

L'un de ces deux indicateurs est un tube en verre, disposé de manière à pouvoir être facilement nettoyé et remplacé au besoin.

Pour les chaudières verticales de grande hauteur, le tube en verre est remplacé par un appareil disposé de manière à reporter en vue de l'ouvrier chargé de l'alimentation l'indication du niveau de l'eau dans la chaudière.

TITRE II.

Etablissement des chaudières à vapeur placées à demeure.

Art. 12. — Toute chaudière à vapeur destinée à être employée à demeure ne peut être mise en service qu'après une déclaration adressée par celui qui fait usage du générateur, au Préfet du département. Cette déclaration est enregistrée à sa date. Il en est donné acte. Elle est communiquée sans délai à l'ingénieur en chef des mines.

Art. 13. — La déclaration fait connaître avec précision :

1° Le nom et le domicile du vendeur de la chaudière ou l'origine de celle-ci ;

2° La commune et le lieu où elle est établie;

3° La forme, la capacité et la surface de chauffe ;

4° Le numéro du timbre réglementaire ;

5° Un numéro distinctif de la chaudière, si l'établissement en possède plusieurs.

6° Enfin, le genre d'industrie et l'usage auquel elle est destinée.

Art. 14. — Les chaudières sont divisées en trois catégories.

Cette classification est basée sur le produit de la multiplication du nombre exprimant en mètres cubes la capacité totale de la chaudière (avec ses bouilleurs et ses réchauffeurs alimentaires, mais sans y comprendre les surchauffeurs de vapeur) par le nombre exprimant en degrés centigrades, l'excès de la température de l'eau correspondant à la pression indiquée par le timbre réglementaire sur la température de 100 degrés, conformément à la table annexée au présent décret.

Si plusieurs chaudières doivent fonctionner ensemble dans un même emplacement, et si elles ont entre elles une communication quelconque, directe ou indirecte, on prend, pour former le produit comme il vient d'être dit, la somme des capacités de ces chaudières.

Les chaudières sont de la première catégorie quand le produit est plus grand que 200; de la deuxième, quand le produit n'excède pas 200, mais surpasse 50; de la troisième, si le produit n'excède pas 50.

Art. 15. — Les chaudières comprises dans la première catégorie doivent être établies en dehors de toute maison d'habitation et de tout atelier surmonté d'étages. N'est pas considérée comme un étage, au-dessus de l'emplacement d'une chaudière, une construction dans laquelle ne se fait aucun travail nécessitant la présence d'un personnel à poste fixe.

Art. 16. — Il est interdit de placer une chaudière de première catégorie à moins de trois mètres (3^m) d'une maison d'habitation.

Lorsqu'une chaudière de première catégorie est placée à moins de dix mètres (10^m) d'une maison d'habitation, elle en est séparée par un mur de défense.

Ce mur, en bonne et solide maçonnerie, est construit de manière à défiler la maison par rapport à tout point de la chaudière distant de moins de dix mètres (10^m), sans toutefois que sa hauteur dépasse de un mètre (1^m) la partie la plus élevée de la chaudière. Son épaisseur est égale au tiers au moins de sa hauteur, sans que cette épaisseur puisse être inférieure à un mètre (1^m) en couronne. Il est séparé du mur de la maison voisine par un intervalle libre de trente centimètres (0^m,30, de largeur au moins.

L'établissement d'une chaudière de première catégorie à la distance de dix mètres (10^m) ou plus d'une maison d'habitation, n'est assujetti à aucune condition particulière.

Les distances de trois mètres (3^m, et de dix mètres (10^m, fixées ci-dessus, sont réduites respectivement à un mètre cinquante centimètres et à cinq mètres, lorsque la chaudière est enterrée de façon que la partie supérieure de la dite chaudière se trouve à un mètre (1^m, en contre-bas du sol, du coté de la maison voisine.

Art. 17. — Les chaudières comprises dans la deuxième catégorie peuvent être placées dans l'intérieur de tout atelier, pourvu que l'atelier ne fasse pas partie d'une maison d'habitation.

Les foyers sont séparés des murs des maisons voisines par une intervalle libre de un mètre au moins.

Art. 18. — Les chaudières de troisième catégorie peuvent être établies dans un atelier quelconque, même lorsqu'il fait partie d'une maison d'habitation.

Les foyers sont séparés des murs des maisons voisines par un intervalle libre de cinquante centimètres au moins.

Art. 19. — Les conditions d'emplacement prescrites pour les chaudières à demeure, par les précédents articles, ne sont pas applicables aux chaudières pour l'établissement desquelles il aura été satisfait au décret du 25 janvier 1865, antérieurement à la promulgation du présent règlement.

Art. 20. — Si, postérieurement à l'établissement d'une chaudière, un terrain contigu vient à être affecté à la construction d'une maison d'habitation, celui qui fait usage de la chaudière devra se conformer aux mesures prescrites par les articles 16, 17 et 18, comme si la maison avait été construite avant l'établissement de la chaudière.

Art. 21. — Indépendamment des mesures générales de sûreté prescrites au titre 1er et de la déclaration prévue par les articles 12 et 13, les chaudières à vapeurs fonctionnant dans l'intérieur des mines sont soumises aux conditions que pourra prescrire le Préfet, suivant les cas, et sur le rapport de l'Ingénieur des mines.

TITRE III.

Chaudières locomobiles.

Art. 22. — Sont considérées comme locomobiles les chaudières à vapeur qui peuvent être transportées facilement d'un lieu dans un autre, n'exigent

150

aucune construction pour fonctionner sur un point donné et ne sont employées que d'une manière temporaire à chaque station.

Art. 23. — Les dispositions des articles 2 à 11 inclusivement du présent décret sont applicables aux chaudières locomobiles.

Art. 24. — Chaque chaudière porte une plaque sur laquelle sont gravés, en caractères très apparents, le nom et le domicile du propriétaire et un numéro d'ordre, si ce propriétaire possède plusieurs chaudières locomobiles.

Art. 25. Elle est l'objet de la déclaration prescrite par les articles 12 et 13. Cette déclaration est adressée au Préfet du département où est le domicile du propriétaire.

L'ouvrier chargé de la conduite devra représenter, à toute réquisition, le récépissé de cette déclaration.

TITRE IV.

Chaudières des machines locomotives.

Art. 26. — Les machines à vapeur locomotives sont celles qui, sur terre, travaillent en même temps qu'elles se déplacent par leur propre force, telles que les machines de chemins de fer et des tramways, les machines routières, les rouleaux compresseurs, etc.

Art. 27. — Les dispositions des articles 2 à 8 inclusivement et celles des articles 11 et 24 sont applicables aux chaudières des machines locomotives.

Art. 28. — Les dispositions de l'article 55, § 1er, s'appliquent également à ces chaudières.

Art. 29. — La circulation des machines locomotives a lieu dans les conditions déterminées par les règlements spéciaux.

TITRE V.

Récipients.

Art. 30. — Sont soumis aux dispositions suivantes les récipients de formes diverses, d'une capacité de plus de 100 litres, au moyen desquels les matières à élaborer sont chauffées, non directement au feu nu, mais par de la vapeur empruntée à un générateur distinct, lorsque leur communication avec l'atmosphère n'est point établie par des moyens excluant toute pression effective nettement appréciable.

Art. 31. — Ces récipients sont assujettis à la déclaration prescrite par les articles 12 et 13.

Ils sont soumis à l'épreuve, conformément aux articles 2, 3, 4 et 5. Toutefois, la surcharge d'épreuve sera, dans tous les cas, égale à la moitié de la pression maximum à laquelle l'appareil doit fonctionner, sans que cette surcharge puisse excéder 4 kilogrammes par centimètre carré.

Art. 32. — Ces récipients sont munis d'une soupape de sûreté réglée pour la pression indiquée par le timbre, à moins que cette pression ne soit égale ou supérieure à celle fixée pour la chaudière alimentaire.

L'orifice de cette soupape, convenablement déchargée ou soulevée au besoin, doit suffire à maintenir, pour tous les cas, la vapeur dans le récipient à un degré de pression qui n'excède pas la limite du timbre.

Elle peut être placée soit sur le récipient lui-même, soit sur le tuyau d'arrivée de la vapeur, entre le robinet et le récipient.

Art. 33. — Les dispositions des articles 30, 31 et 32 s'appliquent également aux reservoirs dans lesquels de l'eau à haute température est emmagasinée, pour fournir ensuite un dégagement de vapeur ou de chaleur, quel qu'en soit l'usage.

Art. 34. — Un délai de six mois, à partir de la promulgation du présent décret, est accordé pour l'exécution des quatre articles qui précèdent.

TITRE VI.

Dispositions générales.

Art. 35. — Le Ministre peut, sur le rapport des ingénieurs des mines, l'avis du Préfet et celui de la Commission centrale des machines à vapeur, accorder dispense de tout ou partie des prescriptions du présent décret, dans tous les cas où, à raison soit de la forme, soit de la faible dimension des appareils, soit de la position spéciale des pièces contenant de la vapeur, il serait reconnu que la dispense ne peut pas avoir d'inconvénient.

Art. 36. — Ceux qui font usage de générateurs ou de récipients de vapeur veilleront à ce que ces appareils soient entretenus constamment en bon état de service.

A cet effet, ils tiendront la main à ce que des visites complètes, tant à l'intérieur qu'à l'extérieur, soient faites à des intervalles rapprochés pour constater l'état des appareils et assurer l'exécution, en temps utile, des réparations ou remplacements nécessaires.

Ils devront informer les ingénieurs des réparations notables faites aux chaudières et aux récipients, en vue de l'exécution des articles 3 (1°, 2° et 30) et 31, § 2.

Art. 37. — Les contraventions au présent règlement sont constatées, poursuivies et réprimées conformément aux lois.

Art. 38. — En cas d'accident ayant occasionné la mort ou des blessures, le chef de l'établissement doit prévenir immédiatement l'autorité chargée de la police locale et l'ingénieur des mines chargé de la surveillance. L'ingénieur se rend sur les lieux, dans le plus bref délai, pour visiter les appareils, en constater l'état et rechercher les causes de l'accident. rédige sur le tout :

1° Un rapport qu'il adresse au Procureur de la République, et dont une expédition est transmise à l'ingénieur en chef, qui fait parvenir son avis à ce magistrat.

2° Un rapport qui est adressé au Préfet, par l'intermédiaire et avec l'avis de l'ingénieur en chef.

En cas d'accident n'ayant occasionné ni mort ni blessure, l'ingénieur des mines seul est prévenu ; il rédige un rapport qu'il envoie, par l'intermédiaire et avec l'avis de l'ingénieur en chef, au Préfet.

En cas d'explosion, les constructions ne doivent point être réparées et les fragments de l'appareil rompu ne doivent point être déplacés ou dénaturés avant la constatation de l'état des lieux par l'ingénieur.

Art. 39. — Par exception, le Ministre pourra confier la surveillance des appareils à vapeur aux ingénieurs ordinaires et aux conducteurs des ponts et chaussées, sous les ordres de l'ingénieur en chef des mines de la circonscription.

Art. 40. — Les appareils à vapeur qui dépendent des services spéciaux de l'État sont surveillés par les fonctionnaires et agents de ces services.

Art. 41. — Les attributions conférées aux Préfets des départements par le présent décret sont exercées par le Préfet de police dans toute l'étendue de son ressort.

Art. 42. — Est rapporté le décret du 25 janvier 1865.

Art. 43. — Le Ministre des Travaux publics est chargé de l'exécution du présent décret, qui sera inséré au *Bulletin des Lois*.

JULES GRÉVY.

Par le Président de la République :

Le Ministre des Travaux publics,

A. VARROY.

XIV. — LOI

SUR LE

TRAVAIL DES ENFANTS & DES FILLES MINEURES

EMPLOYÉS DANS L'INDUSTRIE.

SECTION Ire.

AGE D'ADMISSION. — DURÉE DU TRAVAIL.

ARTICLE PREMIER. Les enfants et les filles mineures ne peuvent être employés à un travail industriel, dans les manufactures, fabriques, usines, mines, chantiers et ateliers, que sous les conditions déterminées dans la présente loi.

2. Les enfants ne pourront être employés par des patrons ni être admis dans les manufactures, usines, ateliers ou chantiers avant l'âge de douze ans révolus.

Ils pourront être toutefois employés à l'âge de dix ans révolus dans les industries spécialement déterminées par un règlement d'administration publique rendu sur l'avis conforme de la commission supérieure ci-dessous instituée.

3. Les enfants, jusqu'à l'âge de douze ans révolus, ne pourront être assujettis à une durée de travail de plus de six heures par jour, divisée par un repos.

A partir de douze ans, ils ne pourront être employés plus de douze heures par jour, divisées par des repos.

SECTION II.

TRAVAIL DE NUIT, DES DIMANCHES ET JOURS FÉRIÉS.

4. Les enfants ne pourront être employés à aucun travail de nuit jusqu'à l'âge de seize ans révolus.

La même interdiction est appliquée à l'emploi des filles mineures de seize à vingt et un ans, mais seulement dans les usines et manufactures.

Tout travail entre neuf heures du soir et cinq heures du matin est considéré comme travail de nuit.

Toutefois, en cas de chômage résultant d'une interruption accidentelle et de force majeure, l'interdiction ci-dessus pourra être temporairement levée, et pour un délai déterminé, par la commission locale ou l'inspecteur ci-dessous institués, sans que l'on puisse employer au travail de nuit des enfants âgés de moins de douze ans.

5. Les enfants âgés de moins de seize ans et les filles âgées de moins de vingt et un ans ne pourront être employés à aucun travail, par leurs patrons, les dimanches et fêtes reconnues par la loi, même pour l'arrangement de l'atelier.

6. Néanmoins, dans les usines à feu continu, les enfants pourront être employés la nuit ou les dimanches et jours fériés aux travaux indispensables.

Les travaux tolérés et le laps de temps pendant lequel ils devront être exécutés seront déterminés par des règlements d'administration publique.

Ces travaux ne seront, dans aucun cas, autorisés que pour des enfants âgés de douze ans au moins.

On devra, en outre, leur assurer le temps et la liberté nécessaires pour l'accomplissement des devoirs religieux.

SECTION III.

TRAVAUX SOUTERRAINS.

7. Aucun enfant ne peut être admis dans les travaux souterrains des mines, minières et carrières avant l'âge de douze ans révolus.

Les filles et femmes ne peuvent être admises dans ces travaux.

Les conditions spéciales du travail des enfants de douze à seize ans dans les galeries souterraines seront déterminées par des règlements d'administration publique.

SECTION IV.

INSTRUCTION PRIMAIRE.

8. Nul enfant, ayant moins de douze ans révolus, ne peut être employé par un patron qu'autant que ses parents ou tuteur justifient qu'il fréquente actuellement une école publique ou privée.

Tout enfant admis avant douze ans dans un atelier devra, jusqu'à cet âge, suivre les classes d'une école pendant le temps libre du travail.

Il devra recevoir l'instruction pendant deux heures au moins, si une école spéciale est attachée à l'établissement industriel.

La fréquentation de l'école sera constatée au moyen d'une feuille de présence dressée par l'instituteur et remise chaque semaine au patron.

9. Aucun enfant ne pourra, avant l'âge de quinze ans accomplis, être admis à travailler plus de six heures chaque jour, s'il ne justifie, par la production d'un certificat de l'instituteur ou de l'inspecteur primaire, visé par le maire, qu'il a acquis l'instruction primaire élémentaire.

Ce certificat sera délivré sur papier libre et gratuitement.

SECTION V.

SURVEILLANCE DES ENFANTS. — POLICE DES ATELIERS.

10. Les maires sont tenus de délivrer aux père, mère ou tuteur un livret sur lequel sont portés les nom et prénoms de l'enfant, la date et le lieu de sa naissance, son domicile, le temps pendant lequel il a suivi l'école.

Les chefs d'industrie ou patrons inscriront sur le livret la date de l'entrée dans l'atelier ou établissement, et celle de la sortie.

Ils devront également tenir un registre sur lequel seront mentionnées toutes les indications insérées au présent article.

11. Les patrons ou chefs d'industrie seront tenus de faire afficher dans chaque atelier les dispositions de la présente loi et les règlements d'administration publique relatifs à son exécution.

12. Des règlements d'administration publique détermineront les différents genres de travaux présentant des causes de danger ou excédant leurs forces, qui seront interdits aux enfants dans les ateliers où ils seront admis.

13. Les enfants ne pourront être employés dans les fabriques et ateliers indiqués au tableau officiel des établissements insalubres ou dangereux que sous les conditions spéciales déterminées par un règlement d'administration publique.

Cette interdiction sera généralement appliquée à toutes les opérations où l'ouvrier est exposé à des manipulations ou à des émanations préjudiciables à sa santé.

En attendant la publication de ce règlement, il est interdit d'employer les enfants âgés de moins de seize ans :

1° Dans les ateliers où l'on manipule des matières explosibles et dans ceux où l'on fabrique des mélanges détonnants, tels que poudre, fulminates, etc. ou tous autres, éclatant par le choc ou par le contact d'un corps enflammé;

2° Dans les ateliers destinés à la préparation, à la distillation ou à la manipulation de substances corrosives, vénéneuses et de celles qui dégagent des gaz délétères ou explosibles.

La même interdiction s'applique aux travaux dangereux ou malsains tels que :

L'aiguisage et le polissage à sec des objets en métal et des verres ou cristaux ;

Le battage ou grattage à sec des plombs carbonatés, dans les fabriques de céruse ;

Le grattage à sec d'émaux à base d'oxyde de plomb, dans les fabriques de verre dits *de mousseline;*

L'étamage au mercure des glaces ;

La dorure au mercure.

14. Les ateliers doivent être tenus dans un état constant de propreté et convenablement ventilés.

Ils doivent présenter toutes les conditions de sécurité et de salubrité nécessaires à la santé des enfants.

Dans les usines à moteurs mécaniques, les roues, les courroies, les engrenages ou tout autre appareil, dans le cas où il aura été constaté qu'ils présentent une cause de danger, seront séparés des ouvriers de telle manière que l'approche n'en soit possible que pour les besoins du service.

Les puits, trappes et ouvertures de descente doivent être clôturés.

15. Les patrons ou chefs d'établissement doivent, en outre, veiller au maintien des bonnes mœurs et à l'observation de la décence publique dans leurs ateliers.

SECTION VI.

INSPECTION.

16. Pour assurer l'exécution de la présente loi, il sera nommé quinze inspecteurs divisionnaires. La nomination des inspecteurs sera faite par le Gouvernement, sur une liste de présentation dressée par la commission supérieure ci-dessous instituée, et portant trois candidats pour chaque emploi disponible.

Ces inspecteurs seront rétribués par l'État.

Chaque inspecteur divisionnaire résidera et exercera sa surveillance dans l'une des quinze circonscriptions territoriales déterminées par un règlement d'administration publique.

17. Seront admissibles aux fonctions d'inspecteur les candidats qui justifieront du titre d'ingénieur de l'État ou d'un diplôme d'ingénieur civil, ainsi que les élèves diplômés de l'école centrale des arts et manufactures et des écoles des mines.

Seront également admissibles ceux qui auront déjà rempli, pendant trois ans au moins, les fonctions d'inspecteur du travail des enfants ou qui justifieront avoir dirigé ou surveillé pendant cinq années des établissements industriels occupant cent ouvriers au moins.

18. Les inspecteurs ont entrée dans tous les établissements manufacturiers, ateliers et chantiers. Ils visitent les enfants ; ils peuvent se faire représenter le registre prescrit par l'article 10, les livrets, les feuilles de présence aux écoles, les règlements intérieurs.

Les contraventions seront constatées par les procès-verbaux des inspecteurs, qui feront foi jusqu'à preuve contraire.

Lorsqu'il s'agira de travaux souterrains, les contraventions seront constatées concurremment par les inspecteurs ou par les gardes-mines.

Les procès-verbaux seront dressés en double exemplaire, dont l'un sera envoyé au préfet du département et l'autre déposé au parquet.

Toutefois, lorsque les inspecteurs auront reconnu qu'il existe dans un établissement ou atelier une cause de danger ou d'insalubrité, ils prendront l'avis de la commission locale ci-dessous instituée, sur l'état du danger ou d'insalubrité, et ils consigneront cet avis dans un procès-verbal.

Les dispositions ci-dessus ne dérogent point aux règles du droit commun quant à la constatation et à la poursuite des infractions commises à la présente loi.

19. Les inspecteurs devront, chaque année, adresser des rapports à la commission supérieure ci-dessous instituée.

SECTION VII.

COMMISSIONS LOCALES.

20. Il sera institué dans chaque département des commissions locales dont les fonctions seront gratuites, chargées : 1° de veiller à l'exécution de la présente loi ; 2° de contrôler le service de l'inspection ; 3° d'adresser au préfet du département, sur l'état du service et l'exécution de la loi, des rapports qui seront transmis au ministre et communiqués à la commission supérieure.

A cet effet, les commissions locales visiteront les établissements industriels, ateliers et chantiers ; elles pourront se faire accompagner d'un médecin quand elles le jugeront convenable.

21. Le conseil général déterminera dans chaque département, le nombre et la circonscription des commissions locales; il devra en établir une au moins dans chaque arrondissement ; il en établira, en outre, dans les principaux centres industriels ou manufacturiers, là où il le jugera nécessaire.

Le conseil général pourra également nommer un inspecteur spécial rétribué par le département ; cet inspecteur devra toutefois agir sous la direction de l'inspecteur divisionnaire.

22. Les commissions locales seront composées de cinq membres au moins et de sept au plus, nommés par le préfet sur une liste de présentation arrêtée par le conseil général.

On devra faire entrer, autant que possible, dans chaque commission, un ingénieur de l'État ou un ingénieur civil, un inspecteur de l'Instruction primaire et un ingénieur des mines dans les régions minières.

Les commissions sont renouvelées tous les cinq ans ; les membres sortants pourront être de nouveau appelés à en faire partie.

SECTION VIII.

COMMISSION SUPÉRIEURE.

23. Une commission supérieure, composée de neuf membres dont les fonctions seront gratuites, est établie auprès du ministre du commerce ; cette commission est nommée par le Président de la République ; elle est chargée :

1° De veiller à l'application uniforme et vigilante de la présente loi ;

2° De donner son avis sur les règlements à faire et généralement sur les diverses questions intéressant les travailleurs protégés ;

3° Enfin d'arrêter les listes de présentation des candidats pour la nomination des inspecteurs divisionnaires.

24. Chaque année, le président de la commission supérieure adressera au Président de la République un rapport général sur les résultats de l'inspection et sur les faits relatifs à l'exécution de la présente loi.

Ce rapport devra être, dans le mois de son dépôt, publié au Journal officiel.

Le Gouvernement rendra compte chaque année à l'Assemblée nationale de l'exécution de la loi et de la publication des règlements d'administration publique destinés à la compléter.

SECTION IX.

PÉNALITÉS.

25. Les manufacturiers, directeurs ou gérants d'établissements industriels et les patrons qui auront contrevenu aux prescriptions de la présente loi et des règlements d'administration publique relatifs à son exécution seront poursuivis devant le tribunal correctionnel et punis d'une amende de seize à cinquante francs.

L'amende sera appliquée autant de fois qu'il y a eu de personnes employées dans des conditions contraires à la loi, sans que son chiffre total puisse excéder cinq cents francs.

Toutefois, la peine ne sera pas applicable si les manufacturiers, directeurs ou gérants d'établissements industriels et les patrons établissent que l'infraction à la loi a été le résultat d'une erreur provenant de la production d'actes de naissance, livrets ou certificats contenant de fausses énonciations ou délivrés pour une autre personne.

Les dispositions des articles 12 et 13 de la loi du 22 juin 1854, sur les livrets d'ouvriers, seront, dans ce cas, applicables aux auteurs des falsifications.

Les chefs d'industrie sont civilement responsables des condamnations prononcées contre leurs directeurs ou gérants.

26. S'il y a récidive, les manufacturiers, directeurs ou gérants d'établissement industriels et les patrons seront condamnés à une amende de cinquante à deux cents francs.

La totalité des amendes réunies ne pourra toutefois excéder mille francs.

Il y a récidive lorsque le contrevenant a été frappé, dans les douze mois qui ont précédé le fait qui est l'objet de la poursuite. d'un premier jugement pour infraction à la présente loi ou aux règlements d'administration publique relatifs à son exécution.

27. L'affichage du jugement pourra, suivant les circonstances et en cas de récidive seulement, être ordonné par le tribunal de police correctionnelle.

Le tribunal pourra également ordonner, dans le même cas, l'insertion de sa sentence, aux frais du contrevenant, dans un ou plusieurs journaux du département.

28. Seront punis d'une amende de seize à cent francs les propriétaires d'établissements industriels et les patrons qui auront mis obstacle à l'accomplissement des devoirs d'un inspecteur, des membres des commissions, ou des médecins, ingénieurs et experts délégués pour une visite ou une constatation.

29. L'article 463 du Code pénal est applicable aux condamnations prononcées en vertu de la présente loi.

Le montant des amendes résultant de ces condamnations sera versé au fonds de subvention affecté à l'enseignement primaire dans le budget de l'instruction publique.

SECTION X.

DISPOSITIONS SPÉCIALES.

30. Les articles 2, 3, 4 et 5 de la présente loi sont applicables aux enfants placés en apprentissage et employés à un travail industriel.

Les dispositions des articles 18 et 25 ci-dessus seront appliqués auxdits cas, en ce qu'elles modifient la juridiction et la quotité de l'amende indiquées au premier paragraphe de l'article 20 de la loi du 22 février 1851.

Ladite loi continuera à recevoir son exécution dans ses autres prescriptions.

31. Par mesure transitoire, les dispositions édictées par la présente loi ne seront applicables qu'un an après sa promulgation.

Toutefois, à la dite époque, les enfants déjà admis légalement dans les ateliers continueront à y être employés aux conditions spécifiées dans l'article 3.

32. A l'expiration du délai susindiqué, toutes dispositions contraires à la présente loi seront et demeureront abrogées.

Délibéré en séances publiques, à Versailles, les 25 novembre 1872, 10 février 1873 et 19 mai 1874.

Le Président,
(*Signé* L. BUFFET,

Les Secrétaires,
(*Signé* FÉLIX VOISIN, FRANCISQUE RIVE, LOUIS DE SÉGUR,
E. DE CAZENOVE DE PRADINE.

LE PRÉSIDENT DE LA RÉPUBLIQUE PROMULGE LA PRÉSENTE LOI.
(*Signé*) Maréchal DE MAC MAHON, duc DE MAGENTA.

Le Ministre de l'agriculture et du commerce,
(*Signé*) L. GRIVART.

XV. — POIDS ET MESURES.

Mesures françaises. — Mesures légales.

Mesures de longueur.

1 myriamètre (10 kilomètres).	10.000 mètres.
1 kilomètre (10 hectomètres).	1.000
1 hectomètre (10 décamètres)	100
1 décamètre (10 mètres)	10
Mètre, unité fondamentale du système métrique; c'est à peu près le quart de la dix-millionième partie de la circonférence de la terre, en passant par les pôles (10 décimètres)	1
1 décimètre (10 centimètres).	$0^m,1$
1 centimètre (10 millimètres,.	$0^m,01$
1 millimètre	$0^m,001$

Mesures géographiques usuelles.

Mille géographique de 15 au degré de l'équateur.	7.420 mètres.
Lieue marine de 20 au degré, 3 milles marins. .	5.556
Mille marin de 60 au degré, ou axe du méridien d'une minute	1.852
Brasse marine.	1.624
Encablure	200
Vitesse de n nœuds = vitesse de n mille marin à l'heure.	

Mesures de surface.

	Mètres carrés.
1 myriamètre carré (100 kilom. carrés)	100.000.000
1 kilomètre carré (100 hectom. carrés)	1.000.000
1 hectomètre carré (100 décam. carrés) . . .	10.000
1 décamètre carré (100 mètres carrés)	100
Mètre carré, unité de surface (100 décim. carrés).	1
1 décimètre carré (100 centim. carrés) . . .	0.01
1 centimètre carré (100 $^m/^m$ carrés).	0.0001
1 millimètre carré	0.000001

Pour les terrains.

	Mètres carrés.
1 hectare (100 ares).	10.000
1 are (100 centiares).	100
1 centiare (mètre carré)	1

Mesures de volume.

Mètres cubes.

1 décamètre cube (100 mètres cubes) 100
1 mètre cube unité de volume (1,000 décim. cubes) . 1
1 décimètre cube (1,000 centim. cubes) 0.001
1 centimètre cube (1,000 millim. cubes) 0.000.001
1 millimètre cube. 0.000.000.001

Pour les bois de chauffage.

Mètres cubes.

1 décastère (10 stères) 10
1 stère (10 décistères) 1
1 décistère 0.01

Mesures de poids.

Grammes.

1 tonne = 1,000 kilogrammes.
1 quintal métrique = 100 kilogrammes.
1 kilogramme (10 hectogrammes) 1.000
1 hectogramme (10 décagrammes) 100
1 décagramme (10 grammes). 10
1 gramme, unité de poids, poids d'un centimètre cube d'eau distillée à la température de 4 degrés centigr., déduction faite de la perte de poids causée par l'air qu'il déplace. 1
1 décigramme (10 centigrammes) 0.1
1 centigramme (10 milligrammes) 0.01
1 milligramme. 0.001

Conversion des Mesures étrangères en Mesures françaises et réciproquement.

LONGUEURS.

Allemagne. — Usage du système métrique français, avec les appellations ci-après :
   Stab-Mètre.
   Neuzoll-Centimètre.
   Strich-Millimètre.
   Kette-Décamètre.

Angleterre. —
Londres (pied) 0.304794
Pouce anglais 0.025399
Yard anglais 0.914383
Fathom angl. (2 yards) 1.828767
Perche anglaise (5 1/2 yards) 5.02911
Furlong (220 yards) . . . 201.16437
Mille angl. (1760 yards) 1609.3149
Pouce angl. (inch) 1/36 de yard 0.5254
Lieue marine 5558.000

Autriche-Hongrie. — Comme en France depuis le 1er janvier 1876.
Mesures anciennes.
Fuss, pied de Vienne. 0.31610
Klafter (Toise) 6 pieds.
Mille 7586.000
Mille marin 1852.000
Bade. —
Carlsruhe (pied nouv.) 0.300000
Bavière. —
Munich (pied) 0.291857
Nuremberg (pied) 0.303793
Belgique. — Usage du système métrique français.
Danemark. — pied . . 0.31385
Le Mül (lieue) 7532.000
Egypte. — Adopte le système français.
Coudée ancienne 0.525922
Espagne. — Adoption du système métrique français. 1er janvier 1859.

160

<table>
<tr><td>

Mesures anciennes.
Pied de Burgos ou Bur-
  galès 0.27833
Palmo 0.20875
L'aune de Castille 0.8359
L'aune (Vara) 3 pieds
  de Burgos 0.83499
L'estada (Toise)...... 1.672
La legua (Lieue) 6680.000
La lieue géographique. 5348.000
La lieue marine...... 5555.000
   États-Unis. — (Mesures d'Angle-
terre.)
France.—Mètre (Unité de longueur)
Kilomètre 1000
Myriamètre......... 10000
Lieue — 4 kilomètres.
Lieue marine ou géographique
      5556ᵐ.(Un 20ᵉ de degré).
Mille marin.1852ⁿ (Un 60ᵉ de degré).
Brasse.............. 1ᵐ624
Nœud 1543ᵐ20
Encablure 200.000
Pied de Paris(de Roy). 0.32484
Toise 1.94904
Grèce. — Ora......... 500.000
Pic royal 1.000
Pic 0.669
Stadion............. 1000.000
Mille Grec 10000.000
Hambourg. — Pied... 0.287818
Hollande.— El (aune). 1.000
  Le palm, le duim, le streep for-
ment les divisions.
Roede (perche)....... 10.000
Mijl (Mille) 1000.000
   Norwège.—(Comme le Danemark.)
Portugal.—Vare(5 pal-
mes)................ 1.10
Pied (12 pouces) 0.33
Palme (8 pouces) 0.22
Pouce............... 0.0275
Roumanie.—L'halbin
  (aune) 0.7013
L'endèse 0.6623
Russie.—Sagène(7 pieds 2.1336
Le pied (pied angl.).. 0.304794
L'archine (1/3 de Sag.) 0.7112
Verchkoffs (1/16 d'Ar-
  chine) 0.0444
La Verste (mesure iti-
  néraire 1067.000
Suède. — Le pied.... 0.29687
Le mille (3600 pieds).. 1068.73
Suisse. — Comme en France depuis
  le 1ᵉʳ janvier 1877.
Ancienne mesures.
Le pied 0.30
La toise (Klafter)...... 1.80
La lieue (Wesglundte). 4800.000
Turquie. — Archine... 0.75774

</td><td>

SUPERFICIES.

  Allemagne. — Comme en Franc
Mètre carré (Quadratstab).
  Angleterre. — (Yard
carré) 9 pieds carrés.. 0.836007
Pied carré (144 pouces
  carrés)............. 0.092
Rod. (Perche carré)... 25.291039
Rood (1210 yards car-
  rés). 10 ares 116765.
Acre (4840 yards car-
  rés). 0 hec. 404671.
  Autriche-Hongrie. — (Comme e⁰
France à partir du 1ᵉʳ janvier 1876.
Mesures anciennes.
Pied carré, 0.09902066.
Le joch, 57 ares 5544.
Le boisseau (1/3 du jock), 19 ares
  1848.
Le rabel (vignobles), 14 ares 3886.
Belgique. — (Système français).
Danemark.—Perche carrée 9ᵐ²8504
Egypte. — Le Fedan, 58 ares 9824
  Espagne. — Les mêmes qu'e⁰
France depuis le 1ᵉʳ janvier 1859.
Mesures anciennes.
L'Estadal, 11ᵐ²156.
La Fanega, 64 ares 256.
L'arunzada, 44 ares 624.
France. — Are 100ᵐ²00
       Hectare, 10,000.
Grèce. — Strama 100ᵐ².
Hollande. — Vierkante el 1ᵐ²00.
Vierkante roede, 1 are.
Bunder, 1 hectare.
  Italie. — (Système français depuis
1859.
  Norwège. — Comme le Danemark
  Russie. — La désactine impérial
109 ares 25.
  Suède.— Les mesures de superfi-
cie sont les mesures de longueur
mises au carré (voir ci-dessus).
Turquie—Pic archêne carré,0.75774

VOLUMES ET SOLIDES.

  Allemagne. — Système français
depuis le 1ᵉʳ janvier 1872.
Mètre cube .... Kubikstab.
Litre................ Kanne.
1/2 litre............. Schoppen.
Fass .... Hectolitre.
50 litres............ Scheffel.
Angleterre.—Fathom cube 6ᵐ³116
Load (last de bois)..... 1 415
Tonneau de mer........ 1 13
Pied cube............ 0 283
Pouce cube 016
Tonne .... 1144 litr
Baril (32 gallons....... 1451.37
Gallon impérial(4 quarts) 4 5

</td></tr>
</table>

Quart (2 pints) 1 1359
Pint (8e de gallon) 0 5079
Boisseau (8 gallons) 36 3470
Sack (3 boisseaux) 109 0430
Autriche-Hongrie. — (Comme en France au 1er janvier 1876.)
Mesures anciennes. Toise cube............. 6ms822 0
Metze (boisseau)........... 61 lit. 496
Mass impérial............. 1 415
Le tonneau de bière ..... 85 mass.
Belgique. —'(Système français).
Danemark. — Pied cub. 0.03092
Le pot .... 0 litre 96603
La tonne (blé)........ 139 lit. 11000
La tonne (bière) 131 3923
Le leste de Harengs 12 tonn. de bière.
Espagne. — Même système qu'en France depuis le 1er janvier 1859.
Mesures anciennes. .
Fanega (blé)......... 54 litres 80
Le Cahiz (blé)......... 6 hectol. 576
Arroba Mayor (vin) ... 16 litres 137
Arroba Menor (huile) . 12 litres 564
Coudée cube 0ms170
Pied cube 0 022
France. — Stère, cube de 1m de côté.
Litre 1 décimètre cube.
Hectolitre 100 litres ou 100 décimètres cubes.
Grèce. — Kilo royal, 1 hectolitre.
Litre = 10 kotylis = 100 mystras = 1000 kubus.
Hollande. — Système français depuis 1821).
Kubieke el 1ms000
Wisse (mesure de bois).... 1 stère
Vat (baril 100 kan).. 1 hectolitre.
Kan (litron)....... 1 litre.
Last .... 30 hectolitres.
Schepel (boisseau) . 1 décalitre.
Italie. — (Système français depuis 1859.)
Norwège. Tonne de goudron 115 litres 93 (120 pots danois).
Russie. — Tschetvert 2 hectolitres 09726.
Tschetvérick (blé) ... 26 litres 2175
Sachine cube (mat secher 9ms 632
Wedro (liquides) .... 12 litres 229
Le Botscha (tonneau 40 Wedros) .... 491 litres 940
Suède. — Pied cube. 26 litres 172
Turquie. — Métro 10 okes) liquides .... 13 litres 33
Oke (liquides) 1 33
Kilo, pour céréales . 35 27

POIDS.

Allemagne. — L'unité est le kilogramme égal à 2 livres (deux *pfund*).
Neuloth .... Décagrammesa
Pfund .... demi-kilogramme.
Zentner .... 50 kilogrammes.
Tonne........ 1000 kilogrammes.
Angleterre. — Ton (20 q. 1016k.048)
Quintal (112 livres) .. 50 802
Livre *avoir du poids* (16 onces) 45352645
Once 028349450
Livre troy........ 373g.241948
Once 12e de livre troy. 31 553175
Grain.......... 0 064798
Autriche-Hongrie. — (Le système français à partir du 1er janvier 1876.)
Ancien système. — Centner (quintal) 56k.000
Pfund (livre) 560g.012
Loth 17 500
Quentchen 4 400
Danemark.
Livre de commerce 0k.500.
Le quintal, 100 livres. 50k.
La schiffpund. (livre de navire, 320 livres), 310k.
Le last de navire 52 quint. = 5200 livres, 2600k.
France. — Kilogramme. 1000g.
1/2 kilo (livre métrique)... 500g.
Hectogramme........... 100g.
Décagramme........... 10g.
Quintal métrique........ 100k.
Millier ou tonneau de mer. 1000k.
Poids d'un mètre cube d'eau.
Grèce. — Tonos (tonneau).. 1500 kil.
Talandos............ 150
Mine.......... 1 500
Millar............ 478 720
Cantar.......... 56 320
Oka.......... 1 280
Hollande. — (Système français depuis 1821.)
Pond (livre) .... 1k.
Ons (once)........... 0 100
Lood (gros)........... 0 010
Wichtje (esterling) 0 001
Korrel grain) 0 0001
Norwège. — (Système danois.)
Portugal. — livre ..... 4g59.
Roumanie. — Oke.... 1k2829
Russie. — Livre dorée. 0k.4095174
Poud. (40 livres) 16 3810
Berkowitz (10 pouds). 1683 810
Le tonneau de mer (Berkowitz)........ 982 800
Le last de navire (2 tonneaux) 1905 720
La livre d'artillerie .. 489g.408
Suède. — Comme le Danemark.
Turquie. — Quintal (Cantar). 56k.408
Cheky (20 kes)........... 2 804
Oke................ 1 282

Conversions des Mesures françaises en Mesure anglaises.

FRANÇAIS.	ANGLAIS.	FRANÇAIS.	ANGLAIS.
1 Millimètre vaut	0,03937 pouce.	1 Myriamètre....	6,2138 milles
1 Centimètre....	0,393708 pouce.	1 Mètre carré...	1,196033 yard carré
1 Décimètre.....	3,937079 pouces.	1 Arc.............	0,098845 rood.
	39,37079 pouces.	1 Hectare........	2,471143 acres.
1 Mètre....... }	3,2808992 pieds.	1 Mètre cube	35pc.320 pieds cubes.
	1,093688 yards.	1 Mètre cube.	220g.265 gallons.

Conversion spéciale des Mesures agraires.

La perche des eaux et forêts avait 22 pieds de côté. — L'arpent des eaux et forêts était composé de 100 perches. — La perche de Paris avait 18 pieds de côté. — L'arpent de Paris était de 100 perches. — L'unité nouvelle que l'on nomme *arc* est un carré de 10 mètres de côté. — L'*hectare* se compose de 100 ares.

Noms des mesures.	Pieds car.	Toises car.	Mètres car.
Perche des eaux et forêts	484	13,44	51,07
Arpent des eaux et forêts	48400	1344,44	5108,20
Perche de Paris...............	324	9	34,19
Arpent de Paris	32400	900	3418,97
Are.........................	947,7	26,32	100
Hectare	94768,2	2632,45	10000

Réduction des arpents en hectares et des hectares en arpents.

NOMBRE d'arpents.	ARPENTS		NOMBRE d'hectare.	HECTARES	
	de Paris en hectares.	des eaux et forêts en hectares.		en arpents de Paris.	en arpents des eaux et forêts.
1	0,3419	0,5107	1	2,9249	1,9580
2	0,6838	1,0214	2	5,8499	3,9160
3	1,0257	1,5322	3	8,7748	5,8641
4	1,3675	2,0429	4	11,6998	7,8321
5	1,7094	2,5536	5	14,6247	8.7901
6	2,0513	3,0643	6	17,5497	9,7481
7	2,3932	3,5750	7	20,4746	13,7061
8	2,7351	4,0858	8	23,3995	15,6642
9	3,0770	4,5965	9	26,3245	17,6222
10	3,4189	5,1072	10	29,2494	19,5800
100	34,1887	51,0720	100	292,4944	198,8000
1000	341,8869	510,7198	1000	2924,9437	1956,0000

Valeurs, poids et diamètres des Monnaies françaises.

OR.			ARGENT.			BILLON.		
Valeur.	Poids.	Diam.	Valeur.	Poids.	Diam.	Valeur.	Poids.	Diam.
fr.	gr.	mill.	fr. c.	gr.	mill.	fr. c.	gr.	mill.
100	32 258	35	5 »	25 »	37	0 10	10 »	30
40	12 903	26	2 »	10 »	27	0 05	5 »	25
20	6 4516	24	1 »	5 »	23	0 02	2 »	20
10	3 225	19	0 50	2 50	18	0 01	1 »	15
5	1 612	17	0 20	1 »	15			

La tolérance des poids est pour l'*or* de 1 millième sur les pièces de 100 francs, de 8 millièmes sur celles de 5 francs, et de 2 millièmes sur les autres ; pour l'*argent,* elle est de 3 millièmes sur les pièces de 5 et 2 francs, 5, 7 et 10 pour les autres. Pour le *billon,* la tolérance est de 10 millièmes sur les pièces de 10 et 5 centimes, et de 15 millièmes sur les autres.

Le titre français est 9 fins $+$ 1 alliage : un sac de 1,000 francs en pièce d'argent de 5 francs pèse 5 kilog.; 100 francs d'argent pèsent 0^k.500 ; 100 francs en pièces d'or de 20 francs pèsent 0^k.032258 ; et 1,000 francs *idem* pèsent 0^k.32258.

Valeurs au pair des principales monnaies étrangères, d'après l'annuaire du bureau des longitudes.

NOMS DES PAYS	Poids légal en grammes	Valeurs en francs
EUROPE.	gr.	fr. c.
ALLEMAGNE (Empire d')		
20 marks (*or*)	7.965	24.64
10 id. id.	3.982	12.32
Mark (*monn. de compte*)		1.23
Thaler d'association. (Vereinsthaler (*argent*). Prusse, Bavière, Saxe, Wurtemberg.	18.517	3.68
ANGLETERRE.		
Livre sterling (*monnaie de compte*)=1 sovereign souverain = 20 shillings (*or*)	7.988	25.15
Demi-souverain (*or*)	3.994	12.57
Crown=5 shillings (*arg*)	28.276	5.75
Demi-couronne (*argent*)	14.138	2.87
Florin=2 shillings (*id.*)	11.310	2.30
Shilling=12 pences (*id.*)	5.655	1.15
6 pences (*argent*)	2.828	0.57
4 pences great (*argent*)	1.885	0.38
3 pences (*argent*)	1.414	0.28
Penny (*bronze*)		0.11
AUTRICHE.		
Ducat (*or*)	3.480	11.80
8 florins (*or*)	6.451	19.95
Florin, 100 neukreuzers (*argent*)	12.345	2.45
10 kreuzers (*argent*)	2.000	0.22
BADE (Grand Duché de) BAVIÈRE, WURTEMBERG.		
Florin, 2 gulden (*arg.*)	21.464	4.24
1 gulden = 60 kreuzers (*argent*)	10.582	2.10
DANEMARK.		
Christian (*or*)	6.642	20.40
Rigsdaler = 6 marks (*argent*)	14.446	2.77
Skilling (*cuivre*)		0.12
ESPAGNE.		
Avant l'application complète de la convention monétaire :		
Doblon=10 escudos (*or*)	8.387	25.95
Duro = 2 escudos (*arg.*)	25.960	5.15
Escudo=10 réaux *id.*	12.980	2.57
Peseta = 4 réaux *id.*	5.192	0.92
Réal de vellon (*argent*)	1.298	0.23
5 pesetas (*argent*)		5.00
GRÈCE.		
5 drachmes (*or*)	1.612	5
1 drachme, 100 lepta (*argent*)	5	1
EMPIRE OTTOMAN.		
Medjidich d'or=100 piastres (*or*)	7.216	22.69
1 piastre=40 paras (*arg*)	1.202	0.21
PORTUGAL.		
Coroa = 10 milréis (*or*)	17.735	55.88
Milréis = 1000 réis (*or*)	1.774	5.59
Teston = 100 réis (*arg.*)	2.500	0.50
Réi (*monnaie de compte*)		
PAYS-BAS.		
Guillaume (*or*)	6.729	20.79
Ducat (*or*)	3.494	11.74
Rixdale = 2 florins 1/2 (*argent*)	25.000	5.21
Gulden (florin] = 100 cents (*argent*)	10.000	2.08
5 cents (*argent*)	0.715	0.10
PRUSSE.		
Frédéric (*or*)	6.682	20.60
Gros [silbergroschen]=		0.12
1/30 thaler (*argent*)		0.01
Pfenning (*cuivre*)		
RUSSIE.		
1/2 impériale (*or*)	6.545	20.60
Rouble = 100 kopecks (*argent*)	20.511	3.92
Tchetvertak = 25 kopecks (*argent*)	5.127	0.98
Florin polonais = 15 kopecks (*argent*)	3.059	0.33
Pictak=5 kopecks (*arg.*)	1.019	0.11
ROME.		
5 lires (*or*)	1.612	4.99
1 lire (*argent*)	5.000	0.92

NOMS DES PAYS	Poids légal en grammes	Valeurs en francs	NOMS DES PAYS	Poids légal en grammes	Valeurs en francs
	gr.	fr. c,		gr.	fr. c.
ROUMANIE.			1 dollar (*or*)	1.672	5.17
5 leys (*or*)	1.613	4.98	Dollar = 100 cents (*argent*)	26.729	5.31
1 ley, 100 banis (*argent*)	5.00	0.92	Dime = 10 cents (*argent*).	2.672	0.53
SAXE.			MEXIQUE.		
Thaler de 30 gros (*argent*)	14.519	3.68	Quadruple = onza de oro = 4 pistoles = 16 pesos (*or*)	27.000	81.19
SUÈDE.			Pistole = 2 escudos de oro (*or*)	6.750	20.29
Ducat (*or*)	3.482	11.66	Escudo de oro = 2 escudillos (*or*)	3.375	10.14
Carolin (*id.*)	3.225	10.00	Peso ou piastre = 8 réaux de plata (*argent*)	27.000	5.85
Rixdaler species = 4 risdaler riks mynt (*argent*)	34.006	5.62	Réal de plata = 2 medios (*argent*)	3.375	0.66
1 risdaler = 100 öre (*id.*).	8.501	1.40	BRÉSIL.		
NORWÈGE.			5000 réis (*or*)	4.486	14.07
Species daler (*argent*).	28.949	5.58	Milréis = 1000 réis (*argent*)	12.500	2.48
Ort = 24 skillings (*argent*)	5.970	0.77	Réi (*monnaie de compte*).		
AFRIQUE ET ASIE TUNIS.			CHILI.		
5 piastres (*or*)	0.940	2.92	Condor = 2 doblons = 5 escudos = 10 pesos (*or*)	12.253	47.18
2 piastres (*argent*)	6.194	1.23	Peso ou piastre (*or*)	1.525	4.72
ALGER.			Peso = 10 decimos (*arg*).	25.000	4.96
Boudjou (*argent*)		1.80	1 decimo = 10 centavos.	2.500	0.49
EGYPTE.			PÉROU.		
25 piastres (*or*)	2.120	6.39	1 sol (*or*)	1.613	4.99
1 piastre = 40 paras (*argent*)	1.25	0.25	1 sol = 10 dineros (*argent*)	25.000	4.96
PERSE.			COLOMBIE.		
Thoman = 200 schahis (*or*)	3.76	11.14	Condor = 10 pesos (*or*).		50.27
Banabat = 10 schahis (*argent*)	5.20	1.11	GUATEMALA.		
JAPON.			Dollar (*or*)		5.07
1 yen (*or*)	1.666	5.16	AMÉRIQUE DU SUD.		
1 yen (*argent*)	26.956	5.39	Peso ou piastre = 10 réaux = 100 cents.		4.96
10 sen (*id.*)	2.500	0.44	ILES PHILIPPINES.		
INDES ANGLAISES.			Doblon de oro = 4 pesos (*or*)	6.766	20.34
Mohur = 4 pagodes (*or*).	11.664	36.72	Escudos de oro = 2 pesos (*or*)	3.383	10.17
Roupie = 8 annas (*argent*)	11.664	2.36	Escudillo de oro = 1 peso = 100 centavos (*or*)	1.691	5.08
Annas (*argent*)	1.458	0.29			
AMÉRIQUE ET OCÉANIE ÉTATS-UNIS.					
Aigle = 10 dollars (*or*)	16.718	51.71			

XVI. — UNION POSTALE.

Pays compris dans l'union postale.

Europe entière, Antigoa, Bahama ou Lucayes (îles , Barbade, Bermudes, Brésil, Canada, Cariacou, Chili, Chine (voie de Suez ou de Russie), Colombie, Colonies anglaises en Asie et en Afrique (moins le Cap, Natal, Ascension et Sainte-Hélène), Colonies françaises, Colonies danoises, espagnoles, néerlandaises et portugaises, Dominique, Egypte, Equateur, Etats-Unis de l'Amérique du Nord, Falkland (île), la Grenade, Guatémala, Guyane anglaise, Haïti, Hawaï, Honduras, Honduras britannique, îles turques, Indes britanniques et leurs bureaux indiens en Asie, à Aden et à Zanzibar, Jamaïque, Japon, Libéria, Lucayes ou Bahama (îles), Maroc. Mexique, Mont-Serrat, Nevis, Paraguay, Pérou, Perse, République argentine, Russie d'Asie et Turquie d'Asie (y compris l'Hedjaz et l'Yémen en Arabie); Saint-Christophe, Saint-Domingue, Sainte-Lucie, Saint-Vincent, Salvador, Tabago, Terre-Neuve, Trinité, Uruguay, Vénézuéla, îles Vierges (Tortola).

Taxe.

	France et Algérie.	Union postale	
Lettres affranchies . . .	15 c. par 15 gr.	25 c. par 15 gr.	Les journaux publiés dans les départements de la Seine et de Seine-et-Oise et. expédiés dans le département où ils sont publiés sont taxés seulement à la *moitié* du prix ci-contre. — Les journaux publiés dans les autres départements et expédiés soit dans les départements où ils sont publiés, soit dans les départements limitrophes, sont taxés seulement à raison de 1 centime de 1 à 50 grammes, plus 1/2 centime pour chaque 25 grammes en plus.
Lettres non affranchies.	30 c. par 15 gr.	50 c. par 15 gr.	
Cartes postales	10 centimes.	10 centimes.	
Papiers d'affaires . . .	5 c. par 50 gr.	5 c. par 50 gr. minimum 25 c.	
Échantillons	5 c. par 50 gr.	5 c. par 50 gr. minimum 10 c.	
Journaux	1 c. par 25 gr. plus 1 c. par journal.	5 c. par 50 gr.	
Imprimés sous enveloppe (non close). . .	5 c. par 50 gr.	5 c. par 50 gr.	
Imprimés sous bande :		5 c. par 50 gr.	
De 1 à 20 grammes. .	1 c. par 5 gr.		
De 20 à 50 grammes. .	5 centimes		
Au-dessus de 50 gr. .	5 c. par 50 gr,		
Lettres et objets de toute nature recommandés	25 c. en sus de la taxe ordin	25 c en sus de la taxe ordin.	
Avis de réception des lettres et objets recommandés	10 centimes.	10 centimes.	

Poids et dimensions.

Les imprimés, les épreuves d'imprimerie corrigées et les papiers de commerce et d'affaires pour la *France et l'Algérie* ne doivent pas dépasser le poids de 3 kilogrammes, ni la dimension de 45 centimètres en longueur, largeur ou épaisseur. — Pour les pays de l'*Union postale*, le poids ne doit pas dépasser 2 kilogr., mais il n'est assigné aucune limite de dimension.

Les *Echantillons* ne peuvent pas dépasser le poids et les dimensions ci-après :

	Poids	Longueur	Largeur	Epaisseur
		30 cent.	30 cent.	30 cent.
France et Algérie . .	300 gr.	30 —	30 —	30 —
Colonies françaises . .	350 —	30 —	20 —	10 —
Angleterre, Belgique .	300 —	30 —	20 —	10 —
Etats-Unis, Espagne, Grèce, Luxembourg, Portugal, Suisse . .	350 —	30 —	20 —	10 —
Autres pays de l'Union postale.	250 —	20 —	10 —	5 —

Timbres-poste, enveloppes et bandes timbrées

Les timbres-poste sont de quinze valeurs différentes, savoir : 1 c., 2 c., 3 c., 4 c., 5 c., 10 c., 15 c., 20 c., 25 c., 30 c., 35 c., 40 c., 75 c., 1 fr. et 5 fr.

Le prix des cartes postales est fixé à 10 c. pour les cartes ordinaires et à 20 c., pour les cartes postales avec réponse payée.

La Poste vend, au prix de 16 c., des enveloppes portant un timbre d'affranchissement de 15 c. ; et au prix de 5 c. 1/2 des enveloppes revêtues d'un timbre-poste de 5 c.

Les bandes timbrées pour l'envoi des imprimés et des journaux sont timbrées à 1 c., 2 c., et 3 c., On ne peut pas acheter moins de quinze bandes à la fois et l'on a à payer, en plus du prix des timbres, 1 c. par trois bandes.

Le public peut faire timbrer des enveloppes à 5 c. et à 15 cent. et des bandes à 1 c., 2 c., et 3 c. lui appartenant, en payant, en plus du prix des timbres, 2 fr. pour 1,000 enveloppes, et 1 fr. 20 c. pour 1,000 bandes. Le minimum est fixé à 1,000 pour chaque sorte.

Les enveloppes et les bandes peuvent être présentées au timbrage de deux manières : 1° en feuilles, 2° découpées (dans ce dernier cas, elles doivent être à plat). Leurs dimensions seront, pour les enveloppes : minimum, 0^m,070 sur 0^m,100, maximum, 0^m,240 sur 0^m,350; pour les bandes : minimum, 0^m,035 sur 0^m,150, maximum, 0^m,060 sur 0^m,400.

On aura soin, dans les enveloppes imprimées, de laisser la place du timbre, qui doit se trouver dans l'angle du haut à droite.

Mandats-postes

Des envois de fonds peuvent être faits, au moyen de mandats-poste, soit en France, soit dans les pays étrangers indiqués ci-après :

PAYS DE DESTINATION	MONTANT du droit d'émission à payer par l'expéditeur	Maximun de chaque mandat
France, Algérie, Tunisie	1 0/0	illimité
Allemagne (y compris Héligoland), Autriche-Hongrie, Belgique, Danemark (y compris l'Islande et les îles Feroë) Egypte, Italie, Luxembourg, Norwège, Pays-Bas, Portugal, Roumanie, Suède, Suisse, Antilles danoises	25 centimes par 25 fr. ou fraction de 25 fr.	500 francs
Colonies françaises	1 0/0 avec minimum de 25 centimes	
Grande-Bretagne	0 fr. 20 cent. par 10 fr.	500 —
Indes-Orientales néerlandaises	ou fraction de 10 fr.	252 —
Etats-Unis de l'Amérique du Nord.	15 centimes par 10 fr.	315 — | 250 —

Des envois de fonds peuvent, en outre, être adressés aux conditions du tarif intérieur français, dans les villes de l'étranger où la France entretient des bureaux de poste, savoir : Alevandrie, Port Saïd, Suez (Egypte), Beyrouth, Constantinople, Salonique, Smyrne, Jaffa, Mersina, Rhodes, Tripoli de Syrie (Turquie), Shanghaï (Chine).

Bons de poste

Des bons de poste de sommes fixes de la valeur de 1 fr., 2 fr., 5 fr., 10 fr. et 20 fr. sont mis à la disposition du public.

Le droit à percevoir est de 5 c. pour les bons de poste de 1 fr., 2 fr., et 5 fr. ; de 10 c. pour ceux de 10 fr. et de 20 c. pour ceux de de 20 fr.

Valeurs déclarées

Le port des lettres contenant des valeurs déclarées se compose : 1° de la taxe ordinaire d'une lettre suivant son poids ; 2° du droit fixe de chargement de 25 centimes ; 3° d'un droit pour chaque 100 fr. ou fraction de 100 fr. de valeurs déclarées qui varie suivant les pays, savoir :

France, Allemagne, Belgique, Espagne, Italie, Luxembourg, Suisse	10 c. par 100 fr.
Colonies françaises, Antilles danoises	20 c. par 100 fr.
Autriche-Hongrie, Danemark, Norwège, Pays-Bas, Portugal, Roumanie, Russie, Serbie, Suède	25 c. par 100 fr.
Egypte, Groënland, Colonies portugaises du Cap-Vert, de San Thomé et de Loando	35 c. par 100 fr.

La déclaration ne peut être reçue que jusqu'à concurrence de la somme de 5,000 fr. pour l'Italie, la Serbie, l'Egypte, et les colonies portugaises sus désignées, — et jusqu'à 10,000 fr. pour les autres pays.

Valeurs à recouvrer.

On peut faire des recouvrements par la poste dans les pays suivants France, Allemagne, Belgique, Luxembourg, Monaco, Pays-Bas, en Portugal : Lisbonne et Porto seulement, Roumanie, Suède, Suisse.

Les valeurs à recouvrer doivent être adressées comme lettres recommandées, dans des enveloppes spéciales, au Bureau de poste de la localité où doit se faire le recouvrement. Pour la France, la Belgique, Monaco, et les Pays-Bas on peut mettre dans la même enveloppe un nombre illimité de valeurs. — Pour les autres pays on ne peut mettre dans la même enveloppe que les valeurs à recouvrer à la même échéance, par un même bureau de poste, sur le même débiteur et au profit de la même personne. Chaque enveloppe doit être affranchie avec un timbre de 25 centimes. La poste prélève pour les valeurs circulant en France un droit proportionnel de 1 % sur le montant des valeurs recouvrées jusqu'à 50 francs, et de 1/2 % pour toute fraction excédant la somme de 50 francs, plus 10 cent. pour 20 francs ou fraction de 20 francs de chaque valeur recouvrée, sans pouvoir dépasser 50 centimes par valeur. Les recouvrements internationaux donnent lieu au prélèvement d'une taxe d'encaissement de 10 centimes par 20 francs avec maximum de 50 centimes, du droit de timbre s'il y a lieu et du droit proportionnel afférent aux mandats de poste internationaux.

Transports de petits colis.

1o Colis postaux.

Sont admis au bénéfice des prix ci-dessous, sous la dénomination de colis postaux, les colis sans déclaration de valeur ne dépassant pas le poids de 3 kilos, la dimension de 60 centimètres et le volume de 20 décimètres cubes. Toutefois, aucune condition de volume ni de dimension n'est exigée pour les colis circulant à l'intérieur de la France continentale ou échangés entre la France continentale et la Belgique, le Luxembourg et la Suisse. Le dépôt est effectué dans les gares ou agences et dans les bureaux désignés par les Compagnies de chemins de fer.

Les colis postaux doivent être affranchis par l'expéditeur. Sauf le cas de force majeure, lorsqu'un colis postal a été perdu ou avarié, l'expéditeur a droit à une indemnité correspondant au montant réel de la perte ou de l'avarie, sans toutefois que cette indemnité puisse dépasser 15 francs.

De France en France, livrables en gare	. . 0 60 à domicile . . 0 85
— en Algérie, —	. . 1 10 — . . 1 35
— en Tunisie, —	. . 1 10 — . . 1 35
— en Corse, —	. . 0 85 — . . 1 10

Obs. Les colis postaux ne peuvent être remis à domicile que dans les localités pourvues d'un service de factage ou de correspondance. La liste de ces localités est mise à la disposition du public partout où peut s'effectuer le dépôt des colis postaux.

De France à l'étranger (en gare).

En Allemagne	1 10		A la Martinique	2 60
En Autriche-Hongrie	1 60		Au Monténégro	2 35
En Belgique	1 10		En Norwège	1 85
En Bulgarie	2 85		Pays-Bas	1 60
En Cochinchine	3 60		Portugal (non compris les Açores et Madère)	1 85
En Danemark	1 60		Les Açores et Madère	2 85
En Egypte { à Alexandrie : voie de Marseille.	1 85		A Pondichéry	2 60
voie d'Italie sur la demande expresse de l'expéditeur.	1 85		A la Réunion	2 60
autres localités	2·35		En Roumanie	2 35
A la Guadeloupe	2 60		Au Sénégal	1 60
A la Guyane française	2 60		En Serbie	2 35
En Italie	1 35		En Suède	2 85
A Karikal	2 60		En Suisse	1 10
Au Luxembourg	0 85		En Turquie { Contantinople	2 10
			autres ports	2 10
			villes de l'intérieur	2 35

Obs. Les frais de factage des colis postaux à domicile, pour l'étranger ou venant de l'étranger sont payés par le destinataire.

Les colis postaux circulant à l'intérieur de la France continentale peuvent seuls être expédiés contre remboursement. Le montant de chaque remboursement ne peut dépasser cent francs, et la taxe à payer d'avance est de 60 c. ou 85 c. selon que la somme encaissée doit être payée à l'expéditeur au bureau d'expédition du colis ou à son domicile.

2° Petits paquets.

Sont admis aux Tarifs ci-dessous, les colis de 0 à 5 kilos dont la valeur n'excède pas la somme de cent francs.

Les petits paquets peuvent être expédiés en port dû ou en port payé. Le montant d'un envoi contre remboursement ne peut excéder la somme de cent francs.

Sauf le cas de force majeure, lorsqu'un petit paquet a été perdu ou avarié, l'expéditeur a droit à une indemnité correspondant au montant réel de la perte ou de l'avarie, sans toutefois que cette indemnité puisse dépasser cent francs.

De France en France

De 0 à 3 kilos, en gare.	1 »	à domicile	1 25
De 3 à 5 kilos. —	1 20	—	1 45

Le prix, pour chaque remboursement, est de 1 fr. ou de 1 fr. 25 cent., selon que la somme encaissée doit être payée à l'expéditeur au bureau d'expédition ou à son domicile.

Tarif des télégrammes.

Pays correspondants	Taxe par mot	Pays correspondants	Taxe par mot
Entre deux bureaux quelconques de la France (la Corse comprise), ou entre deux bureaux de l'Algérie ou de la Tunisie et, par assimilation, entre les bureaux français et les bureaux de la principauté de Monaco, ou entre ces derniers (avec un minimun de perception de 50 centimes)	0 05	Kythira (Cerigo) et Skiathos	0 75
		c) Syra	0 85
		Héligoland (Ile de).	0 50
		Herzégovine et Bosnie.	0 40
		Hongrie	0 35
		Italie.	0 20
		Luxembourg :	
		a) Relations frontières.	0 05
Entre la France et l'Algérie ou la Tunisie (avec un minimun de perception de 1 franc).	0 10	b) Relations générales.	0 125
		Malte (Ile de).	0 55
		Manche (Iles de la).	0 25
		Montenegro	0 40
		Norwège.	0 45
		Pays-Bas.	0 20
Entre la France et les pays ci-dessous désignés :		Portugal.	0 25
		Roumanie.	0 40
Allemagne.	0 20	Russie :	
Autriche.	0 30	a) d'Europe	0 60
Belgique :		b) Du Caucase.	0 85
a) Correspondance frontière.	0 10	Serbie.	0 40
b) Correspondance générale.	0 15	Suède	0 45
Bosnie et Herzégovine.	0 40	Suisse :	
Bulgarie.	0 45	a) Relations frontières.	0 10
Danemark.	0 35	b) Relations générales.	0 15
Espagne.	0 20	Turquie :	
Gibraltar	0 25	a) d'Europe	0 60
Grande-Bretagne	0 25	b) d'Asie (ports de mer)	0 85
Grèce :		c) d'Asie (intérieur) 1er rég.	0 95
1º Grèce continentale	0 60	2e rég.	1 05
2º Iles :		d) Ile de Chio	0 70
a) Corfou	0.55	e) Iles de Matelin, Samos, Rhodes	1 00
b) Céphalonie, Ithaque, Sainte-Maure, Zante, Hydra, Spezzia, Andros, Tynos, Kytnos, Kea,		f) Iles de Candie et de Chypre.	1 10

La taxe des dépêches pneumatiques circulant dans les limites de l'ancien octroi de Paris et dans Grenelle, Auteuil, Passy, Les Ternes, Les Batignolles, Montmartre, La Chapelle, La Violette, est de 30 centimes pour les cartes-télégrammes, de 50 centimes pour les télégrammes fermés et de 60 centimes pour les cartes-télégrammes avec réponse payée.

Mandats télégraphiques.

Le Tarif des Mandats télégraphiques est fixé ainsi qu'il suit :

1º 1 % sur la valeur du mandat qui ne peut être inférieure à 1 fr. ni supérieure à 5,000 fr.

2º 0 fr. 05 cent. pour chaque mot composant le libellé du mandat et l'adresse du destinataire.

3º 0 fr. 30 cent. pour avis au destinaire.

Adresses.

Adresses.

Adresses.

Adresses.

GRILLE ARTICULÉE WACKERNIE

Pour tous Foyers industriels, Chaudières marines, Locomotives, etc.

SPÉCIALITÉ DE BARREAUX EN FER, A 3 LAMES avec entretoises variables permettant les écartements de 8 à 14 $^{m/m}$ suivant la nature du charbon.

Extrait de la liste de 1.360 applications en France et à l'Étranger.

Notre prospectus servira à rectifier les noms et professions :

Bourgin, Drin et Trouvé, à Courbevoie (Seine)	7	grilles.
Boutemy, filateur, à Lincoy (Nord)	3	—
Chappat et Cⁱᵉ, teinturiers, à Clichy-la-Garenne (Seine)	9	—
Caulliez et fils et Delaou re, à Tourcoing (Nord)	2	—
5 Décat, frères, fil teurs, à Amiens (Somme)	1	—
Deneux, frères, à Hallencourt (Somme)	2	—
Dubus, Coget et Cⁱᵉ, teinturiers, à S clin (Nord)	2	—
Isaac Holden et fils, fila.eu.s, à Croix (Nord)	1	—
Hulot et Colin-Chambaut, à Puteaux (Seine)	3	—
10 Gillet et fils, teinturiers, à Lyon	2	—
Guillaumet et fils, teinturiers, à Suresnes	9	—
Mama·, Bonnet et fils, teinturiers, à Lyon	3	—
Ménager, teinturier, à Passy-Paris	2	—
Alfred Motte et Cⁱᵉ, filateurs, à Roubaix	11	—
15 Motte Bossut, filateurs, à Roubaix	2	—
Motte Meillasoux, teinturiers, à Roubaix	6	—
Mumier Prévost, filateurs, à Albert (Somme)	2	—
Charles Six, filateur, à Tourcoing	3	—
Tiberghien, frères, filateurs, à Tourcoing	4	—
20 De Tilly, teint rier, à Reims	3	—
Gans et Cⁱᵉ, couleurs d'aniline, à Francfort (Allemagne)	10	—
Antonio Gosolvez, teinturier, à Béjar (Espagne)	1	—

ALPHONSE WACKERNIE & Cⁱᵉ
INGÉNIEURS-CONSTRUCTEURS

PARIS — 25, rue de la Grange-aux-Belles, 25. — PARIS

NOTE DE L'AUTEUR

Nous rappelons à nos souscripteurs que le prix des annonces est fixé comme suit :

La page entière	100 francs
1/2 page	75 »
1/4 page	40 »

Toute page entière donne droit à un exemplaire
GRATUIT

ÉLÉMENTS DE TISSAGE MÉCANIQUE

(364 pages de texte. — Nombreuses figures et tableaux.)

Par E. SALADIN

professeur à l'École supérieure de Rouen.

Extrait de la table des matières. — Notions élémentaires sur le tissage. — Tissage mécanique. — Bobinage. — Ourdissage. — Parage. — Encollage. — Métier à tisser mécanique. — Métiers à navettes multiples. — Accessoires de tissage. — Mouillage des trames. — Essoreuse. — Des peignes ou ros, leur fabrication. — Harnais. — Navettes. — Métier à rentrer les chaînes. — Métier à nouer les chaînes. — Nettoyage des tissus. — Métrage. — Fils retors. — Économie industrielle. — Numérotage du coton français et anglais. — Romaine micrométrique. — Formation des tissus. — Décomposition des tissus. — Prix de revient.

Prix : 30 francs

Chez l'éditeur M. M. Léon Deshays, rue des Carmes

ROUEN

PRIX DE DIVERS SYSTÈMES DE MACHINES A VAPEUR

Machine à vapeur verticale. Chaudière à bouilleurs de **1** à **20** chev.

Force en chev.-vapeur	Force en chev.-vapeur	Prix	Piston		Vitesse
			Diamèt.	Course.	
min.	max.	fr.	mill.	mill.	p. m
1	1 1/2	1.800	0.095	0.180	12
2	3	2.400	0.115	0 200	11
3	4 1/2	3.000	0.140	0.240	10
4	6	3.600	0.160	0.260	9
6	9	4.850	0 190	0.300	8
8	12	6.100	0.220	0.350	7
10	15	7.500	0.245	0 400	7
12	18	8.800	0.275	0.400	7
15	22	11.000	0.300	0.450	7
20	30	12.000	0.300	0.450	85

Force en chev.-vapeur	Force en chev.-vapeur	Prix	Diamèt.	Course.	Vitesse
3	4	3.700	0.120	0.220	190
4	6	4.600	0.155	0.240	175
5	7	5.000	0.160	0.250	175
7	10	6.100	0.175	0.270	155
10	15	7.600	0.195	0.300	140
12.14	18	9.000	0.220	0.330	125
15.18	22	10.100	0.240	0.360	115
20.22	30	12.200	0.270	0.380	105
25.30	36	15.000	0.300	0.420	100
35	50	19.000	0.330	0.450	90
45	65	22.500	0.350	0.500	80

Locomobile ou sur patins. Chaud. à flamme directe de **5** à **30** chevaux.

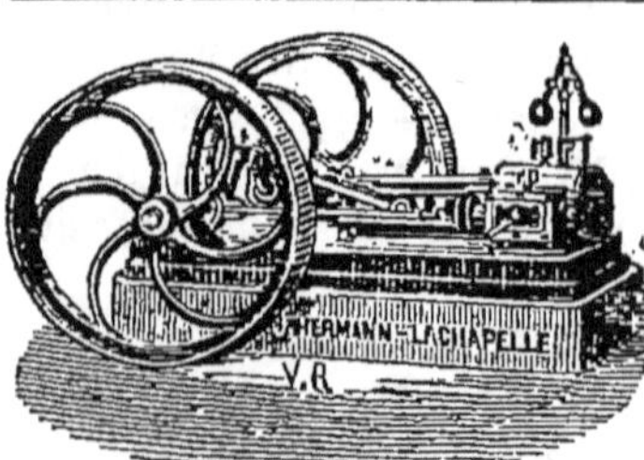

Force en chev.-vapeur	Force en chev.-vapeur	Prix	Diamèt.	Course.	Vitesse
5	7	4.800	0.155	0.240	175
7	10	6.100	0.175	0.270	155
10	15	7.600	0.195	0.300	140
12.14	18	9.000	0.220	0.330	125
15.18	22	10.000	0.240	0.360	115
20.22	30	12.000	0.270	0.380	105
25.30	36	14.500	0.300	0.420	100
35	50	18.500	0.330	0.450	90
45	65	22.000	0.350	0.500	80

Locomob. ou sur patins. Chaud. à retour de flamme de **6** à **50** chevaux.

Force en chev.-vapeur	Force en chev.-vapeur	Prix	Diamèt.	Course.	Vitesse
2.3	4	1.600	0.125	0.220	150
4	6	2.000	0.155	0.240	140
6	9	2.500	0.175	0.270	125
8	12	3.100	0.195	0.300	115
10	15	3.800	0.220	0.330	105
12	18	4.400	0.240	0.360	95
15	22	5.200	0.270	0.380	85
20	30	6.500	0.300	0.420	75
25	38	8.000	0.330	0.450	70
30	45	9.200	0.350	0.500	65

Machine horiz. fixe de **2** à **25** chev.

SOCIÉTÉ ANONYME

DES

Générateurs inexplosibles

Système A. COLLET et Cie

Breveté en France S.G.D.G. et à l'Étranger

BUREAUX et ATELIERS : 125, rue de Flandre, PARIS

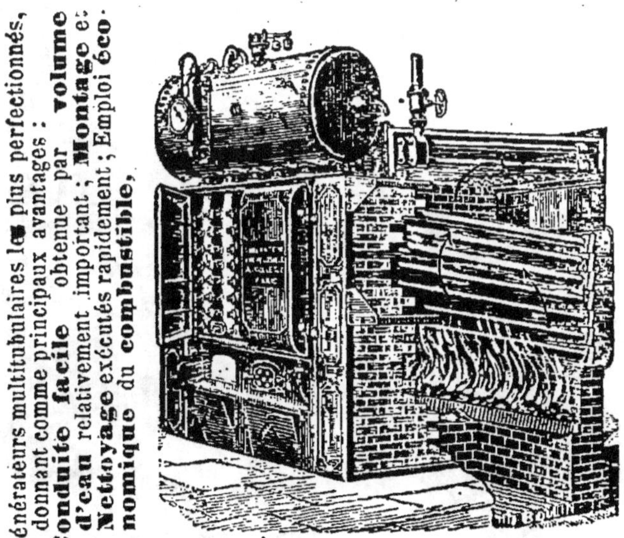

APPLICATIONS : Raffinerie Parisienne. — Compagnie de Fives-Lille. — Siemens frères. — Raffinerie Lebaudy. — Maison Meunier, etc.

APPLICATIONS A TOUTES INDUSTRIES : Sucreries, Raffineries, Distilleries, Teintureries, Éclairages électriques, Filatures, Constructions mécaniques, Chauffages, etc., etc.

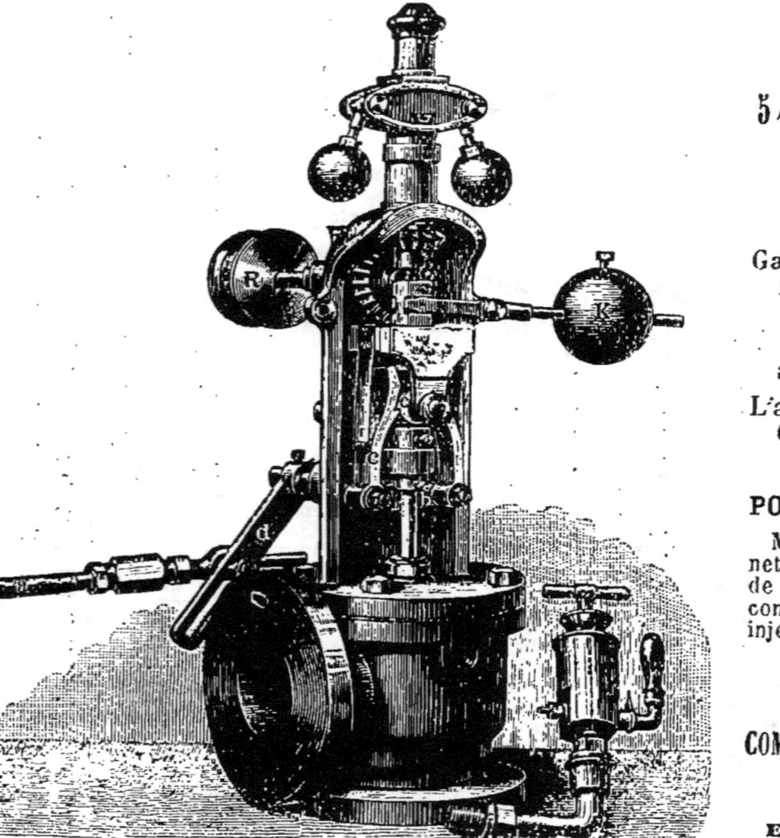

O. GEORGES & Cie

54, boulevard Richard-Lenoir. — PARIS

RÉGULATEURS

D'EXPANSION OU A DÉTENTE

Garanties : Économie de vapeur et marche régulière de la machine sous toutes les charges.

PULSOMÈTRES

àpiston distributeur, syst. br. s. g. d. g.

L'appareil le plus perfectionné en son genre. —
Consommation de vapeur réduite au minimum.

ACCESSOIRES
POUR MACHINES & CHAUDIÈRES A VAPEUR

Manomètres, niveaux d'eau, sifflets, soupapes, robi-
netterie générale, détendeurs de vapeur, purgeurs d'eau
de condensation, graisseurs, thermomètres, pyromètres,
contrôleurs de ronde, indicateurs Richards et Thompson,
injecteurs, pompes en tous genres.

CLAPETS AUTOMATIQUES D'ARRÊT
Décret du 29 Juin 1886.

COMPTEURS DE TOURS DE DIVERS SYSTÈMES

VENTILATEURS
POUR TOUTES ESPÈCES D'USAGE

Envoi franco de l'album général sur demande

PLATT BROTHERS & C° (LIMITED)

HARTFORD WORKS, OLDHAM (Angleterre)

CONSTRUCTEURS DES MACHINES SUIVANTES :

MACHINES pour la PRÉPARATION, le FILAGE et le RETORDAGE du COTON, de la LAINE, de la LAINE FILÉE et de la SOIE.

MACHINES A CARDER TOURNANTES ET A DÉCHARGEMENT AUTOMATIQUE

De plusieurs grandeurs, depuis 67 surfaces à 2 pouces de largeur jusqu'à 105 surfaces à 3 pouces 1/4 de largeur.

ÉGRENOIR MACARTY breveté, pour coton à longues ou courtes soies.

NOUVˡˡᵉˢ MACHINES à nettoyer le coton, brevetées.

OUVREUSE CRIGHTON, avec appareil alimentaire (creeper feed).

MACHINES à effilocher les déchets durs.

MACHINES brev., à épurer la laine.

APPAREILS continus diviseurs pour la laine, de Martin, de Holette et d'autres systèmes.

PEIGNEUSES pour coton, système Heilmann, 6 ou 8 têtes, pour nappes de 20 à 25 centimètres de large.

MACHINES à carder et à filer les déchets de soie.

PEIGNEUSES, pour laine à carde et à peigne, etc., brevets Little et Eastwood.

MÉTIERS à tisser mécaniques, pour tous les genres d'étoffes unies ou fantaisies en coton et en laine.

MACHINES à encoller, à parer, à ourdir, à plier la chaîne, à canneler et à dévider.

MACHINES à mesurer et plier les étoffes.

PRESSES à empaqueter et emballer, hydrauliques ou mécaniques, pour fils et tissus.

MACHINES à faire les briques, brev.

MÉTIERS A FILER A ANNEAUX, POUR CHAINES ET TRAME

POUR RENVIDER SUR BOBINES, TUBES EN PAPIER, BROCHES SIMPLES, ETC.

MACHINES A RETORDRE AUTOMATIQUES BREVETÉES. — MÉTIERS A DOUBLER A ANNEAUX

POUR LE COTON, LA LAINE, LES FILÉS DE LAINE, AVEC MÉCANISME POUR TACHER, RAYER ET FAIRE TOUS LES GENRES DE FILÉS DE FANTAISIE

MACHINES POUR LA PRÉPARATION DU TISSAGE

Grand choix de métiers unis et fantaisie pour le coton, le lin, la laine, la laine filée, le jute, etc.

MM. Platt Brothers et Cᵉ attirent également l'attention des manufacturiers sur leurs machines perfectionnées pour le peignage, le cardage, le filage et le tissage d'après le système français, qui ont figuré aux expositions récentes de Bratford, Huttersfield et Édimbourg.

MACHINES A RETORDRE BREVETÉES DE BOYD, AVEC MÉCANISME D'ARRÊT

CHEMIN DE FER DECAUVILLE

Construit par les ateliers DECAUVILLE ainé
à Petit-Bourg (Seine-et-Oise)

LES PLUS GRANDS ATELIERS DU MONDE

POUR LES CHEMINS DE FER PORTATIFS

4,700 CLIENTS EN 10 ANS en ont acheté pour

41 millions de francs

33 MÉDAILLES D'OR & TOUS LES 1ers PRIX (21)

depuis qu'il existe.

LOCATION AVEC FACULTÉ D'ACHAT

Le locataire devient propriétaire du matériel
au moyen d'une location mensuelle très modérée.

UNE VOITURE ATTEND LES VISITEURS

Les mardis et vendredis, train de 11 h. 20, gare de Lyon
pour Evry-Petit-Bourg.

APPLICATION DU « DECAUVILLE » AU SERVICE DES CAVES

Le « Decauville » est employé par MM. Mercier et Cie, à Épernay,
Ackerman-Laurance et Bouvet-Ladubay, à Saumur ; Veuve Pommery et
Théophile Rœderer, à Reims.

Spécimen des gravures du catalogue envoyé gratis et franco sur demande

ADOLPHUS SINGTON & Cᵒ

MANCHESTER, MILAN, ROUEN, LILLE, AUGSBOURG

SEULS AGENTS DE

MM. PLATT BROTHERS & Cᵒ LIM, OLDHAM

CONSTRUCTEURS DE TOUTES LES MACHINES

Pour filer et tisser le coton et la laine, tant cardée que peignée.

POUR LA FILATURE DU COTON

Machines à égrener les cotons. — Machines à ouvrir les balles et machines à mélanger avec disposition automatique pour déposer les mélanges à volonté en cinq ou six endroits différents dans la salle. — Ouvreuses verticales avec ou sans alimenteurs. — Ouvreuses horizontales à cylindres avec enroulerie. — *Ouvreuses " Exhaust "* à aspiration travaillant en combinaison avec les batteurs. — Batteurs simples, doubles et triples avec enroulerie. — Régulateurs brevetés Piano. — Cardes simples et doubles à hérissons, à chapeaux tournants. (Production jusqu'à 7 kilogs par heure. — Eclairages. — Peigneuses Heilmann de 6 et 8 têtes. — Bancs à broches en gros, intermédiaires, en fin et surfin à collets courts ou longs. — Métiers à filer continus à ailettes. — Métiers à filer renvideurs. — Métiers à filer à anneaux, broches Rabbeth et broches nouvelles brevetées marchant à 10,000 tours par minute. — Métiers à filer à anneaux pour trame. — Métiers à retordre Selfacting Troiners. — Métiers à retordre à anneaux. — Dévidoirs. — Appareil pour les titrages des fils.

Les usines de Messieurs Platt Brothers et Cᵒ sont si vastes qu'elles produisent en moyenne par semaine une filature complète de 32,000 broches avec toutes les préparations et un tissage complet de 200 métiers à tisser

POUR FILER LA LAINE CARDÉE

Ouvreuses, Echardonneuses, Mélangeuses, Assortiments de cordes avec continues de Bollette et autres, Métiers Renvideurs, Retordeuses.

POUR FILER LA LAINE PEIGNÉE

Toutes les Machines tant pour le système **français** que pour le système anglais. — *Tissages complets* pour étoffes en coton, en laine et en demi-laine.

Adolphus Sington et Cᵒ fournissent en outre toutes les machines de la meilleure construction pour filer et tisser le lin, le jute, l'étoupe, la soie et les déchets de soie et la ramie; pour lavages, blanchissages, teintureries, impressions d'indiennes; apprêts etc.

MACHINES POUR LA FABRICATION DES

CHAPEAUX DE LAINE & DE POIL

Chaudières brevetées Galloway

(seuls agents en France)

INSTALLATIONS COMPLÈTES D'USINES

DEVIS, PLANS ET RENSEIGNEMENTS SUR DEMANDE

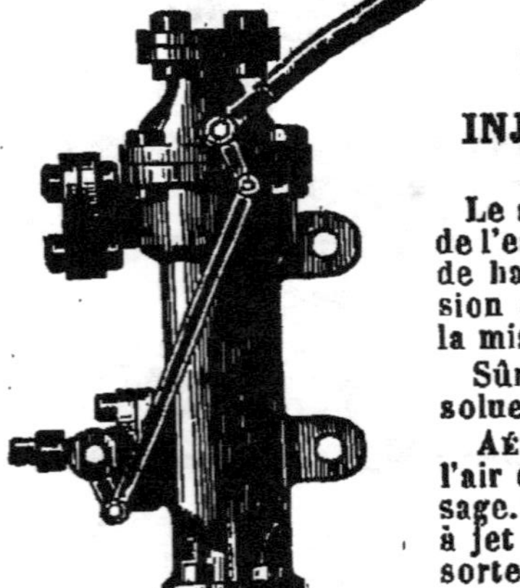

BIBLIOTHEQUE NATIONALE DE FRANCE
3 7502 01594840 1